Depoimentos sobre *Deep Tech e a Organização Amplificada*

"Um blueprint eficaz para criar uma organização do século XXI com propósito. A abordagem transdisciplinar da Deep Tech inspirará CEOs, designers e tecnólogos."

— Dave Gray, fundador da XPLANE e autor dos livros *A Empresa Conectada*, *Gamestorming* e *Liminal Thinking*

"Um futuro que nunca vivenciamos surgiu enquanto muitos não estavam olhando. Os autores apresentam uma mudança profunda de perspectiva neste guia elucidativo para a Deep Tech — as possibilidades, as consequências inesperadas e a necessidade premente de tornar a dimensão humana (e a verdade) a parte mais importante da equação. Você tem em mãos um conjunto essencial de estratégias para o futuro. Beba da fonte expressiva de sabedoria impressa nestas páginas. A evolução da humanidade depende disso."

— Kimberly Faith, especialista em pensamento sistêmico, futurista e autora premiada

"Em um contexto de mudança contínua, a relação entre plataformas, propósito, pessoas e nosso planeta representa um caminho promissor aos desafios da Indústria 4.0. A obra *Deep Tech e a Organização Amplificada* nos inspira a fomentar ambientes mais colaborativos nas organizações, em que a criatividade e o conhecimento podem ser compartilhados a fim de solucionar os desafios atuais e futuros, gerando um impacto consciente para um mundo melhor."

— Ricardo Carvalho, CEO da CBA — Companhia Brasileira de Alumínio

"Numa época em que a adoção de tecnologias de ponta está aumentando, *Deep Tech e a Organização Amplificada* e seus autores demonstram como uma visão sistêmica e as relações entre essas novas tecnologias, a humanidade e o meio ambiente são de suma importância, já que momentos de verdadeira evolução nunca têm a tecnologia como um fim em si mesma."

— Giuliano Michel Fernandes, diretor de marketing e comunicações, CBMM

"Em uma era que sofre com as consequências indesejadas de usos tecnológicos imediatistas, é animador ver uma estratégia de negócios perspicaz para reinventar o uso de plataformas de Deep Tech, a fim de que impulsionem e aumentem a igualdade social e a vitalidade ecológica. Os autores de *Deep Tech e a Organização Amplificada* apresentam um blueprint ousado para os líderes empresariais estimularem um escalonamento coletivo e centrado no propósito do impacto organizacional sistêmico, visando à possibilidade maior de um futuro regenerativo. Se em algum momento houver esperança de redirecionar as Deep Techs a fim de atender holisticamente às aspirações humanas de um futuro melhor para todos, este livro é uma contribuição notável ao caminho que devemos trilhar."

— Scott Boylston, coordenador de pós-graduação, Programa de Mestrado em Design para Sustentabilidade da SCAD e autor do livro *Designing with Society*

DEEP TECH

e a

ORGANIZAÇÃO AMPLIFICADA

ALTA BOOKS
GRUPO EDITORIAL
Rio de Janeiro, 2023

Como elevar, escalar e amplificar seus negócios por meio dos Novos 4Ps de plataformas, propósito, pessoas e planeta

DEEP TECH

e a

ORGANIZAÇÃO AMPLIFICADA

SIMON ROBINSON · IGOR COUTO · MARIA MORAES ROBINSON

Deep Tech e a Organização Amplificada

Copyright © 2023 da Starlin Alta Editora e Consultoria Eireli.
ISBN: 978-85-508-1879-5

Translated from original Deep Tech and the Amplified Organisation. Copyright © 2021 by Simon Robinson, Igor Couto and Maria Moraes Robinson. ISBN 978-0-995-71582-0. This translation is published and sold by permission of Holonomics Publishing, the owner of all rights to publish and sell the same. PORTUGUESE language edition published by Starlin Alta Editora e Consultoria Eireli, Copyright © 2023 by Starlin Alta Editora e Consultoria Eireli.

Impresso no Brasil — 1ª Edição, 2023 — Edição revisada conforme o Acordo Ortográfico da Língua Portuguesa de 2009.

Dados Internacionais de Catalogação na Publicação (CIP) de acordo com ISBD

R658d   Robinson, Simon
         Deep Tech e a Organização Amplificada: Como elevar, escalonar e amplificar seus negócios por meio dos Novos 4Ps: plataformas, propósito, pessoas e planeta / Simon Robinson, Igor Couto, Maria Moraes Robinson ; traduzido por Cibelle Ravaglia. - Rio de Janeiro : Alta Books, 2023.
         272 p. ; 15,8cm x 23cm.

         Tradução de: Deep Tech and the Amplified Organisation
         Inclui índice.
         ISBN: 978-85-508-1879-5

         1. Administração de empresas. 2. Negócios. 3. Gestão. I. Couto, Igor. II. Robinson, Maria Moraes. III. Ravaglia, Cibelle. IV. Título.

2022-4006   CDD 658.401
                                                   CDU 658.011.2

Elaborado por Odilio Hilario Moreira Junior — CRB-8/9949

Índice para catálogo sistemático:
1. Administração : gestão 658.401
2. Administração : gestão 658.011.2

Todos os direitos estão reservados e protegidos por Lei. Nenhuma parte deste livro, sem autorização prévia por escrito da editora, poderá ser reproduzida ou transmitida. A violação dos Direitos Autorais é crime estabelecido na Lei nº 9.610/98 e com punição de acordo com o artigo 184 do Código Penal.

A editora não se responsabiliza pelo conteúdo da obra, formulada exclusivamente pelo(s) autor(es).

Marcas Registradas: Todos os termos mencionados e reconhecidos como Marca Registrada e/ou Comercial são de responsabilidade de seus proprietários. A editora informa não estar associada a nenhum produto e/ou fornecedor apresentado no livro.

Erratas e arquivos de apoio: No site da editora relatamos, com a devida correção, qualquer erro encontrado em nossos livros, bem como disponibilizamos arquivos de apoio se aplicáveis à obra em questão.

Acesse o site www.altabooks.com.br e procure pelo título do livro desejado para ter acesso às erratas, aos arquivos de apoio e/ou a outros conteúdos aplicáveis à obra.

Suporte Técnico: A obra é comercializada na forma em que está, sem direito a suporte técnico ou orientação pessoal/exclusiva ao leitor.

A editora não se responsabiliza pela manutenção, atualização e idioma dos sites referidos pelos autores nesta obra.

Produção Editorial Editora Alta Books	**Coordenação Comercial** Thiago Biaggi	**Produtor Editorial** Thales Silva	Betânia Santos Brenda Rodrigues Caroline David
Diretor Editorial Anderson Vieira anderson.vieira@altabooks.com.br	**Coordenação de Eventos** Viviane Paiva comercial@altabooks.com.br	**Produtores Editoriais** Illysabelle Trajano Maria de Lourdes Borges Paulo Gomes Thiê Alves	Erick Brandão Elton Manhães Fernanda Teixeira Gabriela Paiva Henrique Waldez
Editor José Ruggeri j.ruggeri@altabooks.com.br	**Coordenação ADM/Finc.** Solange Souza	**Equipe Comercial** Adenir Gomes Ana Carolina Marinho Ana Claudia Lima	Karolayne Alves Kelry Oliveira Lorrahn Candido Luana Maura
Gerência Comercial Claudio Lima claudio@altabooks.com.br	**Coordenação Logística** Waldir Rodrigues logistica@altabooks.com.br	Daiana Costa Everson Sete Kaique Luiz Luana Santos Maira Conceição Natasha Sales	Marcelli Ferreira Mariana Portugal Matheus Mello Milena Soares Patricia Silvestre Viviane Corrêa Yasmin Sayonara
Gerência Marketing Andréa Guatiello andrea@altabooks.com.br	**Direitos Autorais** Raquel Porto rights@altabooks.com.br	**Equipe Editorial** Ana Clara Tambasco Andreza Moraes Arthur Candreva Beatriz de Assis Beatriz Frohe	**Marketing Editorial** Amanda Mucci Guilherme Nunes Livia Carvalho Pedro Guimarães Thiago Brito

Atuaram na edição desta obra:

Tradução
Cibelle Ravaglia

Copidesque
Rafael Surgek

Revisão Gramatical
Denise Elisabeth Himpel
Hellen Suzuki

Diagramação
JoyceMatos

Editora afiliada à: ASSOCIADO

ALTA BOOKS
GRUPO EDITORIAL

Rua Viúva Cláudio, 291 — Bairro Industrial do Jacaré
CEP: 20.970-031 — Rio de Janeiro (RJ)
Tels.: (21) 3278-8069 / 3278-8419
www.altabooks.com.br — altabooks@altabooks.com.br
Ouvidoria: ouvidoria@altabooks.com.br

Aos nossos amigos, familiares e colegas que nos apoiaram na escrita deste livro.

Sumário

xi	*Figuras*
xiii	*Agradecimentos*
xv	*Prefácio*

1. Por que Deep Tech?   xxi

1	EM DEFESA DA DEEP TECH
5	A ASCENSÃO DA PLATAFORMA
11	DEFININDO O TERMO DEEP TECH

2. Os Novos 4Ps   17

19	DEEP TECH E A ECONOMIA DIGITAL
24	VALORES HUMANOS UNIVERSAIS
31	DEEP IMPACT POR MEIO DA COLABORAÇÃO NA EDUCAÇÃO

3. A Dimensão Viva da Tecnologia   39

41	SISTEMAS VIVOS
47	ESTRATÉGIA DE MAPEAMENTO SISTÊMICA
53	EXPERIÊNCIA VIVIDA

4. A Lógica e a Arquitetura das Plataformas Deep Tech   63

65	AS FORÇAS DO ECOSSISTEMA DEEP TECH
68	ELEVAÇÃO, ESCALADA E AMPLIFICAÇÃO DE PLATAFORMA
74	DEEP TECH DISCOVERY E ELEVAÇÃO DA PROPOSTA DE VALOR

5. Projetando e Escalando as Plataformas Deep Tech   91

93	A ARQUITETURA DA TRANSFORMAÇÃO DIGITAL
103	ESCALANDO TODO O NEGÓCIO
109	A DIMENSÃO HUMANA

6. Design Orientado a Propósito   123

- 125   TECNOLOGIA COM ALMA
- 137   AGILIDADE AUMENTADA
- 143   SENSEMAKING COMPUTACIONAL E INTELIGÊNCIA EM REDE

7. O Impacto do Deep Talent   159

- 161   HABILIDADES DE TRABALHO DA NOVA ECONOMIA
- 163   MIND THE GAP
- 169   IMPACTO SOCIAL COMO SERVIÇO

8. A Qualidade dos Nossos Relacionamentos   179

- 181   SEPARAÇÃO E DESCONEXÃO
- 183   RELACIONAMENTOS E EMPATIA EM REDES HUMANAS
- 192   AUTOCONHECIMENTO

9. O Domínio Coletivo da Deep Tech   197

- 199   A EVOLUÇÃO DO DESIGN THINKING
- 208   EXPRESSANDO OS NOVOS 4Ps POR MEIO DA CONSCIÊNCIA ARTÍSTICA
- 215   A JORNADA PARA O DOMÍNIO COLETIVO

10. A Organização Amplificada   221

- 223   BLUEPRINT DA ORGANIZAÇÃO AMPLIFICADA
- 226   CALL TO ACTION

- 231   *Notas*
- 239   *Índice*
- 245   *Sobre os Autores*
- 247   *Sobre Nossas Organizações*

Figuras

1.1	Os Quatro Pilares Deep Tech	14
2.1	Os Novos 4Ps	23
2.2	Os Valores Humanos Universais	26
3.1	As Quatro Formas de Conhecer	45
3.2	Exemplo de Mapa Estratégico	50
4.1	Forças do Ecossistema Deep Tech	69
4.2	Os Três Movimentos Deep Tech	71
4.3	A Evolução da Economia Digital	72
4.4	O Duplo Diamante	74
4.5	Deep Tech Discovery	76
4.6	A Evolução da Concorrência	80
4.7	Elevação da Proposta de Valor	83
4.8	Backbones Digitais	86
5.1	Capabilidades da Plataforma Digital	94
5.2	Arquitetura de Capabilidades de Crescimento	96
5.3	Deep Analytics	98
5.4	Coreografia de Serviço	102
5.5	Ciclo de Vida da Plataforma Deep Tech	104
5.6	Convenções de Design de Plataforma	108
5.7	Qualidades da Plataforma Digital	110
5.8	Direcionadores de Plataforma Deep Tech	114
5.9	Direcionadores de Plataforma Deep Tech	116
5.10	Modelo Operacional Digital	120
6.1	Interconexões entre os Sistemas Vivos	128
6.2	Desenvolvimento Orientado à Tecnologia	129
6.3	Design Orientado a Propósito	130
6.4	Princípios do Design Orientado a Propósito (i)	131

6.5	Princípios do Design Orientado a Propósito (ii)	133
6.6	A Alma das Tecnologias	136
6.7	A Escada de Ver	144
6.8	Inteligência em Rede	149
6.9	Organizações Orientadas a Dados	151
6.10	Grafo de Conhecimento e Ontologia do Domínio Jornalístico	152
6.11	Sensemaking Computacional	156
7.1	Cenário de Impacto Social	171
7.2	Impacto Social como Serviço no Vai na Web	174
8.1	Agregação da Slime Mould	185
8.2	Corpo Frutífero da Slime Mould	186
8.3	Mapa de Relacionamentos	188
8.4	Canvas do Mapa da Empatia	190
9.1	Processo de Design Thinking	202
9.2	O Círculo Holonomic	209
10.1	Blueprint da Organização Amplificada	225

Agradecimentos

A ideia e a visão deste livro começaram a germinar em 2018, quando nos reunimos pela primeira vez a fim de analisar a maneira pela qual nossa série de palestras Deep Tech poderia florescer em algo maior que impactaria as pessoas em todo o mundo. À medida que a ideia de nosso livro se desenvolvia, lançamos o Deep Tech Podcast, no qual convidamos colegas e especialistas para explorarem conosco os aspectos multifacetados de nossa visão expandida e concepção Deep Tech.

Por isso, gostaríamos de agradecer a todos os membros do nosso ecossistema Deep Tech pelo apoio, pelas contribuições e pelas ideias que ajudaram a nos inspirar e a concretizar este livro. Agradecemos a Igor Postiga pelas contribuições artísticas e de design que materializaram nossa visão e conceitos. Obrigado a Mayhara Nogueira por seu apoio à pesquisa, e a Patricia Arouck e Daniel Vasconcellos pela ajuda e experiência em marketing e comunicações. Gostaríamos de agradecer especialmente a Daniela Carvalho, pelas valiosas contribuições para a elaboração das Deep Tech Talks e o compromisso e apoio no desenvolvimento de nosso movimento Deep Tech.

Agradecemos sobretudo a Cris dos Prazeres, Aline Fróes e Desirée Queiroz do Vai na Web, Joice Machado, Ricardo Razuk e Ulli Maia da 1STi, Fabro Steibel, diretor-executivo do Instituto de Tecnologia e Sociedade do Rio, e Yago dos Santos Cambinda, graduado do Vai na Web — todos contribuíram com seus pensamentos e sabedoria para este livro.

Nossos profundos agradecimentos às pessoas que enriqueceram nosso livro com a permissão para incluir seus estudos de caso e que complementaram e muito nosso texto com suas respostas bastante ponderadas às nossas perguntas de entrevista: Rodrigo Linck e Roberto Del Grande, Pravy; Elifas Andreato e Bento Andreato, Instituto Elifas Andreato; Chris Lawer, UMIO; Ailton Brandão, Diego Aristides e Dr. Felipe Duarte Silva, Hospital Sírio-Libanês; Paula Coussirat e Deny Barbosa, Donatelli; Paula Paron e Maurício Albuquerque, Estúdio Nume; e Paulo Fabre, que organizou e coordenou o estudo de caso do LAB Donatelli.

Obrigado também a Kimberly Faith, Dave Gray, Josh Lovejoy e Sarah Gibbons pela generosidade em nos permitir incluir citações e figuras que nos ajudaram a exemplificar uma série de seções diferentes de nosso livro.

E, por último, gostaríamos de agradecer e homenagear o falecido educador Sri Sathya Sai Baba por criar o programa Educação em Valores Humanos, com o qual aprendemos tanta sabedoria. Nossa gratidão e reconhecimento a Sir Tim Berners-Lee, por sua visão da web como tecnologia social que pode unir as pessoas e por seu compromisso de garantir que a internet continue aberta e sirva a toda humanidade. Agradecemos a Swati Chaturvedi, por sua grande inspiração em cunhar o termo "Deep Tech" e por seu trabalho para garantir que nossas tecnologias mais avançadas sejam planejadas conscientemente e com valores, a fim de resolver os maiores desafios da humanidade.

Prefácio

Em 1975, Kim Ryrie e Peter Vogel, dois adolescentes australianos aficionados por eletrônica, tinham o sonho de criar "o maior sintetizador do mundo".[1] Apesar de começarem com uma quantia irrisória de dinheiro, eles lançaram seu principal produto em 1979, o Fairlight CMI, o primeiro sintetizador comercialmente disponível com tecnologia de sampler, possibilitando que o aparelho reproduzisse qualquer som no mundo. Ainda que não mais de quinhentas unidades tenham sido vendidas ao longo do histórico de produção da Fairlight, devido ao custo de US$100.000 em valores atuais, a máquina revolucionou a música pop, começando com Peter Gabriel, que Vogel conseguiu encontrar por acaso quando levou o sintetizador para o Reino Unido.

O primeiro artista a comprar o instrumento foi John Paul Jones, do Led Zeppelin, que logo foi seguido por diversos artistas proeminentes do Reino Unido, como Rick Wright, Alan Parsons, Thomas Dolby, Nick Taylor e Kate Bush. O sintetizador também foi adotado nos EUA por artistas como Joni Mitchell, Stevie Wonder e Herbie Hancock.[2]

Tendo um stab orquestral como um de seus sons predefinidos, o poder de sampler do Fairlight levaria o Musician's Union in Britain [Sindicato dos Músicos na Grã-Bretanha, em tradução livre] a se preocupar que seus membros não seriam mais necessários para a produção de música. Essa apreensão não diminuiu o entusiasmo com o qual as estrelas do rock e do pop adotaram completamente a nova tecnologia, e os novos horizontes criativos que se descortinavam diante deles. Tendo quebrado a clavícula e incapaz de tocar bateria, Stewart Copeland, do The Police, recorreria ao sequenciamento da segunda geração do CMI para programar, levando-o a afirmar que "o sintetizador o salvou e o transformou em compositor renomado."[3] Em contrapartida, quando o baterista Phil Collins lançou o *No Jacket Required*, ele escreveu na capa interna do álbum: "Não há o uso de Fairlight neste disco".

A capacidade computacional e os recursos de produção musical disponíveis atualmente para os produtores caseiros são imensos em comparação às ferramentas disponíveis para os artistas da década de 1980. O app GarageBand, que vem como padrão em computadores da Apple, iPads e iPhones, incorpora inteligência artificial em suas capabilidades de drum sequencer, com uma interface que classifica diferentes estilos baseados em bateristas fictícios e que consegue identificar rapidamente um padrão para encaixar as trilhas musicais e faixas vocais gravadas ao vivo.

Neste momento, estamos entrando em uma nova era promissora, em que os empenhos criativos das pessoas estão sendo complementados por uma nova geração de Deep Tech ("tecnologia profunda" — inovações que fomentam avanços radicais em comparação às outras tecnologias em uso), cujo objetivo é solucionar problemas importantes e impactar o mundo de forma consciente. Nossa economia digital e globalmente interconectada está sendo impulsionada por avanços drásticos em inteligência artificial (IA), biotecnologia, computação quântica, blockchain, automação e robótica. Os computadores agora podem empregar o poder da mecânica quântica, revolucionando suas habilidades de lidar com a incerteza, implicando a possibilidade de novas capabilidades de resolução de problemas do mundo real.

As advertências sobre os perigos da tecnologia e seu impacto na sociedade não são, obviamente, novas, e duas das contribuições cinematográficas mais notáveis são *Metrópolis*, de Fritz Lang (1927) e *Tempos Modernos*, de Charlie Chaplin (1936). A despeito de sermos alertados de forma constante sobre as consequências do avanço tecnológico desenfreado e desproporcional, ainda não conseguimos criar uma sociedade justa e equitativa, na qual as pessoas vivam com dignidade, sem desigualdade e em um planeta cujos ecossistemas sejam prósperos e saudáveis.

Por essa razão, decidimos escrever este livro para apresentar uma visão do futuro em que as organizações são capazes de crescer proposital e conscientemente por meio de uma estrutura que engloba os Novos 4Ps: plataformas, propósito, pessoas e planeta. Nosso objetivo é fornecer um blueprint para o que chamamos de *organização amplificada*, uma organização capaz de elevar, escalonar e amplificar a estratégia de alto impacto, design e arquiteturas digitais.

Para que as tecnologias profundas efetivamente causassem impacto, sentimos que precisávamos expandir a definição e a concepção de Deep Tech a fim de ajudar os líderes e os tomadores de decisão a entender as principais tendências que moldam as organizações e a compreender a necessidade de uma abordagem sistêmica para suas iniciativas de transformação digital. Assim, reunimo-nos com a missão de escrever um livro transdisciplinar que englobasse nossa experiência coletiva em estratégia, inovação, design de plataforma, customer e employee experience, desenvolvimento ágil, sensemaking computacional (cenários em constantes mudanças) e de valores humanos. O resultado é uma visão Deep Tech multidimensional, alicerçada em quatro pilares principais: deep impact, deep thinking, deep talent e deep collaboration.

Dado que o objetivo da Deep Tech é resolver questões humanas e planetárias, queríamos apresentar uma concepção que refletisse sua natureza transdisciplinar, em vez de focar *apenas* as tecnologias e suas oportunidades de investimento. Assim sendo, nosso intuito nesta obra é expandir e tomar como base as definições anteriores. Nosso motivo para tal é que muitas empresas e organizações não estão conseguindo alcançar todo o seu potencial por não terem um blueprint que integre estratégia, marketing, design, plataformas, operações digitais, recursos humanos e capabilidades de análise de dados em um único modelo operacional sistêmico.

No decorrer de nossos muitos anos de experiência coletiva em ajudar as organizações a se transformarem, identificamos uma série de comportamentos inter-relacionados que atuam para inibir o caminho do crescimento, sendo os dez mais importantes:

i. Não adotar uma abordagem sistêmica para a estratégia, deixando, assim, de alinhar a organização por meio de objetivos, indicadores, metas e projetos interdependentes.
ii. Conferir uma quantidade desproporcional de valor à tecnologia quando comparada às pessoas da organização, que, no final das contas, agregam valor.
iii. Criar iniciativas que não chegam à fase de materialização devido à falta de integração com a estratégia.
iv. Não articular a proposta de valor central com clareza, que, como resultado, não está sendo divulgada para toda organização, ecossistema e clientes, consumidores e partes interessadas em geral.
v. Falta de compreensão da lógica das plataformas e da economia digital, que resulta em milhões de dólares desperdiçados no desenvolvimento de sistemas digitais que não se integram em uma arquitetura corporativa coerente e escalável.
vi. Quantidades gigantescas de dados que são coletados, mas que não são utilizados devido à falta de capabilidades analíticas e computacionais profundas de sensemaking.
vii. Arquiteturas complexas de plataformas que são construídas e implementadas em silos funcionais, sem referência ao modelo operacional digital da empresa.
viii. Falta de talento necessário devido ao emprego de um conjunto de profissionais oriundos de uma esfera educacional limitada.
ix. Focar a customer experience à custa da employee e da developer experience.

x. Falta de inclusão explícita dos valores humanos para fornecer os alicerces da cultura da organização, da qualidade dos relacionamentos e do nível de consciência da liderança.

Este livro apresenta uma abordagem estruturada para ajudar as organizações a superar esses obstáculos, permitindo-lhes elevar propostas de valor, escalonar tecnologias e plataformas e amplificar seu impacto. O objetivo é desenvolver uma visão sistêmica de Deep Tech que seja aplicável a todos os aspectos de uma organização amplificada e a todas as contribuições das pessoas, independentemente do papel que desempenham.

A obra é dividida em três partes principais, começando com os três primeiros capítulos, que exploram o conceito de Deep Tech — onde o termo se originou, a dimensão da oportunidade e de sua relevância para as obrigações ESG [*environmental, social and governance*; no Brasil, ambiental, social e governança, ASG]. Explicamos como o potencial Deep Tech só será alcançado se for alicerçado sobre uma base de pensamento sistêmico, valores humanos universais e deep collaboration, fornecendo exemplos por meio dos frameworks da teoria de sistemas vivos, mapeamento estratégico e lived experience [experiência vivida, em tradução livre].

Com esses alicerces vigentes, passamos para os próximos três capítulos, em que nos aprofundamos nas arquiteturas de plataforma, sistemas digitais e nossa metodologia de design Deep Tech Discovery. Explicamos como uma organização pode se amplificar e alcançar um impacto significativo por meio da implementação de uma abordagem sistêmica que alinha e integra essas tecnologias e práticas com a estratégia, o modelo operacional digital, a estrutura digital e a proposta de valor elevada de uma organização.

Nosso foco reside no desenvolvimento *da visão da plataforma* dentro de uma organização, na qual cada pessoa entende a lógica, arquitetura e racionalidade dos serviços, capabilidades de crescimento e pontos de extensão de uma plataforma. Por isso, incluímos um conjunto abrangente de figuras e diagramas que demonstram as qualidades frequentemente ocultas ou pouco compreendidas das arquiteturas de plataforma, reunindo princípios arquitetônicos, design de aplicativos, interações de serviços e modelos de operação digital em uma infraestrutura digital integrada e mostrando como eles se relacionam com o ciclo de vida da plataforma, convenções de design e análise de dados necessários para que as organizações comecem a crescer e atinjam seu propósito.

Concluímos esta parte explicando os principais impulsionadores Deep Tech — tecnologia com alma, design orientado ao propósito, agilidade aumentada e inteligência em rede [networked intelligence]. Esses impulsionadores se combinam para ajudar uma organização a elevar seu valor e a amplificar seu impacto por meio da forma mais profunda de colaboração entre pessoas e máquinas, alcançando assim um novo nível de integração de sensemaking computacional e de conhecimento humano.

Nossa estruturação Deep Tech dentro dos Novos 4Ps — plataformas, propósito, pessoas e planeta — concentra-se na maneira pela qual a tecnologia pode servir as pessoas e ajudar as organizações a alcançar um patamar maior por meio da inovação desenvolvida com valores e consciência. A parte final do livro retorna ao ponto nevrálgico de Deep Tech, a dimensão humana, explicando como a falta de diversidade e inclusão pode ser superada por meio do modelo de impacto social como serviço, da employee experience e do processo de autoconhecimento. Elucidamos como nossa concepção de liderança e a prática do design thinking podem evoluir por meio de uma mudança para o domínio coletivo, demonstrando como as organizações podem articular propósito, essência e alma por meio do Holonomic Circle, framework que leva uma organização aos valores humanos, lived experiences e qualidade das relações, tanto dos clientes externos como dos colaboradores internos.

Ao longo da obra, discutimos a mudança profunda na relação entre pessoas e tecnologia. Atualmente, chegamos a um estágio em que não somos mais capazes de distinguir se textos escritos, obras de arte, músicas e vídeos foram produzidos por pessoas ou por aplicativos de IA. A fim de demonstrar o estágio avançado da tecnologia e o alto nível de inteligência que os computadores agora têm, fornecemos resumos executivos de cada capítulo que não foram escritos por nós, e sim pelo GPT-3, o gerador mais poderoso de linguagem com inteligência artificial do mundo (no momento em que este livro foi escrito), desenvolvido pelo laboratório de pesquisa OpenAI.

O GPT-3 desenvolveu suas habilidades absorvendo a maior parte dos textos escritos de toda a internet. Em seguida, essa quantidade colossal de dados foi processada usando análise de aprendizado profundo para produzir um sistema capaz de resumir textos existentes e produzir novos com base em solicitações humanas. No final de cada capítulo, você verá exemplos que são resumos do GPT-3 com base em nossa solicitação para que ele fosse relativamente criativo em sua abordagem e não se ativesse muito às palavras-chave, às frases e aos conceitos detectados. Tendo produzido uma série de parágrafos resumindo cada seção de capítulo, selecionamos as mais interessantes e fizemos uma leve edição, retirando palavras repetitivas e alterando a gramática (mas não o significado) para se adequar à nossa voz narrativa singular.

Vejamos um resumo notadamente impressionante que o GPT-3 criou:

"Deep Tech é a alma da tecnologia. Trata-se de usar a tecnologia a fim de resolver nossos desafios mais profundos para trazer o novo à existência e criar a transformação que importa."

Um aspecto particularmente digno de nota sobre a qualidade da escrita do GPT-3 é que frases e textos produzidos não são copiados de outros autores. Atualmente, esse nível de habilidade está sendo implementado em mais de trezentos aplicativos, como o Viable, que identifica temas, emoções e sentimentos a partir do feedback dos clientes; o Fable Studios, que está criando um novo gênero de histórias interativas por meio de "seres virtuais"; e o Algolia, que fornece pesquisas semânticas por meio de consultas de linguagem natural.[4]

Considerando o poder computacional que temos disponível hoje a uma pequena fração do custo das tecnologias da década de 1980, agora precisamos elevar nossa consciência e responsabilidade em seu uso. Por esse motivo, implícitos a todos os aspectos Deep Tech — tecnologia, arquiteturas, aplicações e modelos de negócios — estão os valores humanos universais de paz, verdade, amor, retidão e não violência e os Novos 4Ps: plataformas, propósito, pessoas e planeta. Só quando esses valores humanos são verdadeiramente experienciados é que podemos conceber plataformas e tecnologias profundas, com propostas de valor elevadas que sirvam para escalonar e amplificar o seu impacto na sociedade e na regeneração dos ecossistemas naturais do nosso planeta.

Encerramos este livro fornecendo um blueprint visual e sistêmico da organização amplificada, criado para ajudar líderes, tomadores de decisão, empreendedores, tecnólogos e designers a implementar as ações necessárias para elevar suas organizações e amplificar seu impacto no mundo. O blueprint modifica o jeito mecanicista das pessoas de conceberem suas organizações para o entendimento dos sistemas vivos, capacitando-as a fim de reconhecerem todo o seu potencial por meio da qualidade de seus relacionamentos e da capacidade contínua de evoluir em resposta a mudanças em suas circunstâncias e ambiente.

A oportunidade de regeneração por meio dos ecossistemas digitais é incomensurável. Esperamos que você nos acompanhe nesta jornada, projetando e implementando coletivamente a próxima geração Deep Tech, desenvolvida com propósito consciente e na qual as pessoas e organizações amplificadas consigam realmente florescer e prosperar.

São Paulo, Brasil
27 de julho de 2021

1

CAPÍTULO UM

Por que
Deep Tech?

EM DEFESA DA DEEP TECH

"O poder da web para transformar a vida das pessoas, enriquecer a sociedade e reduzir a desigualdade é uma das oportunidades determinantes do nosso tempo."[5] Essas palavras foram ditas pelo cientista britânico da computação Sir Tim Berners-Lee, que inventou a world wide web em 1989, lançada comercialmente em 1992. Uma década antes, em 1984, a Apple havia concebido a ideia de criar um computador doméstico para os "perplexos, confusos e intimidados", conforme declarava o primeiro anúncio publicitário do Mac.[6] Na época, os computadores estavam se tornando mais fáceis de usar por qualquer pessoa, e, com a explosão exponencial de acesso aberto a sites, bibliotecas, empresas, instituições de pesquisa e qualquer outra organização que desejasse disponibilizar informações de forma gratuita, o mundo como conhecíamos se transformou em uma nova realidade digital.

Embora a missão da Apple fosse ajudar as pessoas a explorar totalmente a criatividade, seria a world wide web que transformaria por completo a forma como usávamos os computadores e que, futuramente, revolucionaria a maneira pela qual as empresas operavam na década de 1990. Com um número cada vez maior de pessoas se conectando à internet de casa ou do trabalho, e com uma nova geração de dispositivos móveis, como os assistentes digitais pessoais, essa década desencadeou uma forma inteiramente nova de startup, caracterizada por seus modelos de negócios disruptivos baseados em arquiteturas de plataforma e estimulados pela paixão e pelo desejo dos fundadores de alcançar taxas de crescimento progressivas.

O objetivo derradeiro dos investidores era bater suas metas de saída por meio de ofertas públicas iniciais lucrativas.

Enquanto muitas startups torravam recursos financeiros com poucos indicativos de que seriam lucrativas, o custo humano desses empreendimentos fracassados era alto, e muitos profissionais do Vale do Silício padeciam da síndrome de burnout devido ao alcoolismo, à insônia, a esgotamentos mentais e a doenças físicas.[7] Somente um pequeno grupo de startups sobreviveu àquela época. Não é de se surpreender, dada à lógica dos anjos e capitalistas de risco por trás de suas criações, que investiam em muitas startups na esperança de que somente poucas sobrevivessem para se tornar unicórnios — startups que chegam a uma capitalização de mercado de US$1 bilhão ou mais.

A mais famosa, é claro, é a Amazon, fundada por um ambicioso Jeff Bezos em 1994, que mais do que depressa enxergou o potencial comercial dos negócios online. A empresa começou a operar em 1995, vendendo livros online. Em setembro de 2018, a Amazon alcançou uma avaliação de mercado intradiária de US$1 trilhão, apenas um mês depois que a Apple se tornou a primeira empresa a alcançar esse marco, tornando-se uma das cem marcas mais valiosas do mundo.[8]

Mas enquanto a Amazon prosperava, bilhões de dólares em investimentos estavam sendo despejados em muitas outras startups, que dilapidavam seus recursos financeiros a um ritmo vertiginoso, nunca conseguindo se tornar empresas viáveis de longo prazo. Uma das vítimas amplamente divulgadas da época foi a Boo.com, varejista de moda europeia fundada em 1998, cuja ambição global era se tornar "a varejista líder mundial online de prestigiadas marcas de lazer e vestuário esportivo".[9] Na ânsia de replicar ao máximo a experiência de compra física de roupas, seus custos mensais de catalogação e fotografia de cada item do estoque chegaram a US$500.000.[10]

Visto que a maioria das conexões de internet doméstica ainda não era banda larga, essa ideia era avançada demais para a tecnologia disponível na época, o que resultava em páginas web pesadas e muito lentas de se carregar. Acreditando que a vantagem do pioneirismo era tudo para uma marca global de internet, investiu-se US$130 milhões na Boo.com. No entanto, como as despesas com efetivo, tecnologia e marketing aumentavam de modo desenfreado, a empresa fechou as portas em 18 de maio de 2000, após não conseguir nenhum financiamento adicional.

A primeira bolha das pontocom realmente havia estourado, porém os sonhos de muitos jovens empreendedores continuavam vivos. A internet se tornou mais rápida, a banda larga se tornou disponível, o uso de celulares explodiu, e surgiram os primeiros smartphones com acesso à internet. Começamos a fazer streaming de música, assistir a vídeos e compartilhar fotos. Nossos celulares se tornaram tão poderosos que começaram a substituir muitos outros dispositivos e produtos, como agendas, rádios, CD players, câmeras portáteis, calculadoras, lanternas e despertadores. E então a tecnologia se tornou social. Era a Web 2.0.

A visão inicial de Berners-Lee para a web era "um meio colaborativo, um lugar onde todos pudéssemos nos encontrar, ler e escrever".[11] A Web 2.0 não representava as novas tecnologias como tal, era mais um termo para descrever a natureza participativa e social de como estávamos usando a internet. Agora, a visão original de Berners-Lee estava começando a se tornar realidade, com páginas web estáticas se transformando por meio de atividades geradas pelo usuário, como registro de contas, curtidas, marcações, blogues e upload e compartilhamento de vídeos.[12]

As redes sociais nos aproximaram em grande escala e, à medida que passávamos mais tempo online, trabalhando ou por lazer, as empresas se tornaram mais virtuais. Mas o que aconteceu depois? E a que custo? Como Tom Goodwin notoriamente observou: "A Uber, a maior empresa de táxi do mundo, não tem os próprios veículos. O Facebook, proprietário de mídia mais popular do mundo, não cria conteúdo. A Alibaba, a varejista mais valiosa, não tem estoque. E o Airbnb, o maior provedor de acomodações do mundo, não tem os próprios imóveis. Algo interessante está acontecendo".

De fato, algo interessante estava acontecendo — impactos sociais, econômicos e ambientais imprevisíveis e nocivos — consequências do novo paradigma de negócios digital que a frase viral de Goodwin não havia captado. Em junho de 2021, por exemplo, uma investigação secreta da ITV revelou que a Amazon estava destruindo rotineira e anualmente milhões de itens de estoque não vendidos de um de seus centros logísticos no Reino Unido. Produtos como "Smart TVs, notebooks, drones, secadores de cabelo, fones de ouvido de primeira linha, drives de computador, um monte de livros" e, como um ex-funcionário revelou, "Ventoinhas da Dyson, aspiradores, alguns MacBooks e iPads e 20.000 máscaras faciais para a Covid ainda nas embalagens" eram regularmente marcados para serem destruídos.[13] Uma equipe de filmagem da ITV seguiu caminhões que carregavam enormes lixeiras contendo material que seria "despejado em centros de reciclagem ou, pior, em um aterro sanitário".[14] A causa dessa destruição se deve ao modelo de negócios da Amazon, no qual fica mais barato destruir itens do que mantê-los em armazéns após determinado período de tempo.

Enquanto alguns analistas delimitavam os novos modelos de negócios como parte da "economia compartilhada" emergente, supostamente sustentável e empoderadora, era possível também assistir às mesmas práticas como sendo centrais para uma "economia gig" competitiva e sem escrúpulos — uma forma de capitalismo baseada na exploração de muitos em benefício de poucos, com pessoas perdendo todas as garantias tradicionais e benefícios como férias, horas extras, seguro-desemprego e assistência médica.

Ainda que Goodwin saliente uma lógica inteiramente nova para a operação desses novos negócios baseados em plataformas, sua citação, repetida frequentemente, não abordava os muitos escândalos, as atividades comerciais condenáveis e o custo humano por trás de muitas das maiores histórias de sucesso de startups do mundo. Podemos enxergar o Facebook como um dos exemplos determinantes. Nós, como usuários, não somos os principais clientes do Facebook; os dados que produzimos são o inventário que a empresa vende. A exploração de dados por trás do modelo de negócios do Facebook se tornou mais do que evidente para seus milhões de usos quando, em 2018, Christopher Wylie, um delator da empresa britânica Cambridge Analytica, revelou como trabalhou junto com um acadêmico da Universidade de Cambridge para reunir, extrair e explorar dados privados de 50 milhões de pessoas com o intuito de definir seus perfis [profiling] e depois segmentá-los com anúncios políticos.

Como Wylie expôs ao Observer, a Cambridge Analytica explorou o Facebook a fim de coletar os perfis de milhões de pessoas. Os dados dessa coleta foram então usados para construir modelos com o objetivo de explorar o que era conhecido sobre eles e "fazer vir à tona os demônios internos das pessoas".[15] Hoje em dia, essa perspectiva problemática e distópica das redes sociais é bastante predominante, por exemplo, o docudrama norte-americano de 2020, *O Dilema das Redes*, que revela a dimensão do uso e abuso de nossos dados pessoais. Não se trata de um aviso novo. Em 2009, quando os liberais democratas no Reino Unido propuseram a Freedom Bill [Lei da Liberdade, em tradução livre] para contra-atacar as restrições dos direitos e liberdades fundamentais das pessoas, Chris Huhne, porta-voz dos assuntos internos dos liberais democratas, lembrou-nos de que "o pesadelo de Orwell em 1984 foi um aviso, não um manual de instruções".[16]

Nossa tecnologia jamais será avançada como os valores coletivos que norteiam a sociedade em que vivemos. Não é a tecnologia que determina o grau de seu avanço, e sim os valores que informam como a usamos. Por essa razão, trinta anos após seu lançamento, Tim Berners-Lee fez um apelo a "governos, empresas e cidadãos de todo o mundo para tomar providência a fim de proteger a web como uma força benéfica".[17] O *Contract for the Web* [Contrato para a Web, em tradução livre] foi criado como uma nova iniciativa para reunir especialistas e cidadãos com um leque diversificado de experiências e perspectivas a fim de "elaborar um plano de ação global para tornar nosso mundo online seguro e empoderador para todos".[18] Conforme Sir Tim explicou: "Se não agirmos agora — e juntos — para impedir que a web seja indevidamente usada por aqueles que querem explorar, dividir e subverter, corremos o risco de desperdiçar esse potencial."[19]

Acreditamos no poder da tecnologia para nos ajudar a alcançar nosso potencial humano. Mas não acreditamos que a tecnologia por si só será a nossa salvação. Precisamos expandir nossos níveis de consciência, aprofundar nossa forma de pensar, descobrir novos caminhos de criatividade e viver nossos valores da forma mais autêntica possível. Precisamos mudar da tecnologia avançada para a Deep Tech. Em poucas palavras, precisamos de tecnologia com alma.

Deep Tech tem a ver com o uso da tecnologia para solucionar nossos desafios mais profundos a fim de trazer o novo à existência e criar a transformação que importa. Acreditamos que a Deep Tech é o coração da tecnologia. Representa a alma, a emoção, o esforço, os sonhos visionários e os anseios para melhorar a sociedade e regenerar nosso planeta.

Os dias do inventor solitário acabaram. A crise global da Covid-19 impactou todas as organizações, empresas e instituições do mundo, gerando um sinal de alerta como nenhum outro. As organizações já não podem depender da combinação tradicional de marketing dos 4Ps: produto, preço, praça e promoção. Claro que os 4Ps ainda funcionam para a comercialização de produtos e serviços, mas se as organizações desejam implementar iniciativas transformacionais, elas precisam dos Novos 4Ps: plataformas, propósito, pessoas e planeta. Nosso objetivo neste livro, portanto, é ajudar as pessoas a entender como criar uma transformação que importa e implementar soluções de Deep Tech, combinando inovações tecnológicas avançadas com a consciência e com os valores humanos.

A ASCENSÃO DA PLATAFORMA

Em 2015, criamos o termo *Os Novos 4Ps*, que são plataformas, propósito, pessoas e planeta, com o intuito de mostrar aos líderes a forma como o novo cenário empreendedor estava mudando.[20] Embora os 4Ps originais, produto, preço, praça e promoção, ainda fossem válidos para o marketing, não eram mais capazes de se adaptar totalmente a essa nova realidade e a seu paradigma de plataforma emergente. As plataformas causaram a disrupção radical de setores inteiros, mudaram os comportamentos de consumo dos consumidores e das empresas, gerando novas formas drásticas dessas agregarem valor. O resultado é que seis das dez empresas mais valiosas do mundo agora têm modelos de negócios baseados em plataforma, valendo aproximadamente US$13,7 trilhões em valor de mercado (julho de 2021).[21]

Muitos sinais diferentes indicam o crescimento contínuo dessas empresas e a maior concentração de riqueza e ativos, e atualmente poucas organizações estão preparadas ou são capazes de competir em nível global. Apesar de empresas como a Apple, Google, Amazon e Alibaba terem sido incansáveis na busca por paradigmas baseados em plataformas hiperconectadas para crescer exponencialmente e abocanhar uma fatia expressiva de mercado de negócios mais tradicionais, 92% dos executivos acreditam que seus modelos de negócios atuais não são economicamente viáveis em uma economia digital.[22]

TABELA 1.1 As 10 principais empresas globais por capitalização de mercado (julho de 2021)

Rank	Nome da empresa	Localização	Setor	Capitalização de Mercado (USD)
1	Apple	Estados Unidos	Tecnologia	2,456 T
2	Microsoft Corp	Estados Unidos	Tecnologia	2,124 T
3	Amazon.com	Estados Unidos	Serviços ao Consumidor	1,893 T
4	Saudi Aramco	Arábia Saudita	Óleo e Gás	1,852 T
5	Alphabet (Google)	Estados Unidos	Tecnologia	1,740 T
6	Facebook	Estados Unidos	Tecnologia	1,005 T
7	Tenecent	China Continental	Tecnologia	684 B
8	Tesla	Estados Unidos	Tecnologia	656 B
9	TSMC	Taiwan	Tecnologia	650 B
10	Berkshire Hathaway	Estados Unidos	Financeiro	638 B

A capitalização de mercado é apenas um modo de ranquear as empresas. Além de analisar ganhos ou receitas, é possível também criar ranks alternativos usando um escore composto baseado em vendas, lucros, ativos e valor de mercado etc. Ao avaliar as maiores empresas de capital aberto do mundo a partir dessas diferentes perspectivas, o poder central dos bancos e a ascensão da China entram em cena, junto a empresas mais tradicionais, como Walmart, Volkswagen e Samsung.[23] A concentração de poder não é somente riqueza financeira e tecnológica, mas de natureza geográfica e política. Atualmente, as plataformas impactam de modo significativo a natureza do emprego e o modo como os dados pessoais são utilizados. Por esse motivo, precisamos explorar e compreender o que significa ser humano num mundo tecnológico tão avançado, e o impacto que o comportamento humano está provocando nos ecossistemas naturais.

As mudanças sísmicas dos avanços tecnológicos e da crise global de saúde da Covid-19 resultaram no aumento da riqueza de bilionários do mundo em mais de um quarto (27,5%) de abril a julho de 2020. Segundo o banco suíço UBS, havia 2.189 bilionários em 2020. No final de julho de 2020, a riqueza bilionária total chegou a US$10,2 trilhões, ultrapassando o ápice anterior de US$8,9 trilhões, alcançado no final de 2017.[24] Entre 2018 e os primeiros sete meses de 2020, os empresários dos setores de tecnologia, saúde e industrial obtiveram os maiores ganhos. Em termos geográficos, no início de abril de 2020, havia 389 bilionários chineses, acumulando o valor total de US$1,2 trilhão. A riqueza deles havia crescido quase nove vezes, em comparação a duas vezes nos EUA.[25]

Como as Nações Unidas reconheceram em seu *Digital Economy Report* [Relatório de Economia Digital, em tradução livre], as tecnologias digitais e, mais especificamente, as plataformas têm a capacidade de contribuir para os Objetivos de Desenvolvimento Sustentável da ONU, ao mesmo tempo em que podem dificultar seu progresso.[26] A razão é que, se medidas não forem tomadas, os obstáculos à entrada em cadeias de valor baseadas em plataformas continuarão aumentando, aprofundando, assim, a lacuna já existente entre países poucos conectados e hiperdigitalizados. Como adverte o relatório: "Na economia de dados, as empresas que controlam as cadeias de valor de dados têm melhor chance de também se tornarem as empresas líderes nas cadeias de valor setoriais."

Com grandes poderes vêm grandes responsabilidades. Por isso, é interessante perceber um aumento na conscientização dos bilionários em relação aos nossos desafios inter-relacionados e sistêmicos. Como o UBS constatou em sua pesquisa, os bilionários estão doando mais do que em qualquer momento da história.[27] Óbvio que a filantropia não é algo novo, vide as doações para causas educacionais, científicas, culturais e outras que frutificaram na Segunda Revolução Industrial nos Estados Unidos, quando muitas fortunas das famílias mais abastadas apoiaram e financiaram escolas, universidades, bibliotecas e centros de pesquisa. E atualmente, ao que parece, os bilionários estão se tornando filantropos bem mais cedo em suas carreiras, concentrando-se em ajudar a solucionar problemas sociais e ambientais.[28]

Muitos empresários, investidores, governos e instituições educacionais estão agora despertando para o fato de que, embora os trinta anos anteriores tenham sido sobre dominar código escrito em 1s e 0s, a próxima revolução será no próprio código da vida.[29] Tecnologias como biocombustíveis, produtos bioquímicos, sequenciamento rápido de genes e armazenamento de informações em bactérias estão crescendo de forma vertiginosa. Chegamos ao estágio em que os cientistas podem usar células humanas para produzir células-tronco embrionárias. Ou seja, agora é possível recolher células da pele, estômago e ossos, programar novas células-tronco e transformá-las em um órgão completo. Estamos aprendendo a criar seres humanos geneticamente modificados.[30]

A consequência desses avanços é que a revolução digital dos últimos trinta anos poderia muito bem ser vista como ínfima quando comparada à onda muito maior da revolução das ciências biológicas. Como afirma Juan Enríquez, pesquisador, empresário, investidor de risco e uma das principais autoridades mundiais sobre os impactos econômicos e políticos das ciências biológicas: "A riqueza se origina do código. O código da vida provavelmente se tornará o maior motor da economia global no futuro. Os países ricos são aqueles que têm acesso e entendem o código. Não apenas o do computador, mas o da própria vida." [31]

Empresas como Dupont, BASF, Toyota e GE estão transformando seus negócios por meio das oportunidades que esses avanços nas ciências biológicas estão possibilitando. Conforme explica Werner Baumann, CEO da Bayer, empresas como a dele têm o poder de promover transformações globais:

"Há um consenso geral de que a forma como vivemos e administramos nossa economia não é sustentável. Enfrentamos um chamado urgente à ação. Grande parte dessa responsabilidade recai sobre as empresas industriais como a Bayer, pois, com o nosso tamanho e força, somos capazes de fazer a diferença. Em face da Covid-19, podemos ver claramente que precisamos pensar além para ter sucesso com a transformação em uma economia sustentável. Precisamos de novas tecnologias, inovações revolucionárias e modelos de negócios sustentáveis".[32]

Com sede em Leverkusen, na Alemanha, a Bayer AG é uma das maiores companhias farmacêuticas multinacionais e de ciências biológicas do mundo. Em 2018, adquiriu a Monsanto, e, com isso, inúmeras ações judiciais importantes, fazendo com que a empresa concordasse em gastar mais de US$12 bilhões para resolver milhares de processos nos EUA e lidar com litígios futuros.[33] Mesmo levando em consideração as questões de reputação associadas às ações históricas da Bayer, ainda é interessante ver como ela está investindo em projetos de financiamento em estágio inicial, uma estratégia que, em suas palavras, possibilita que "as empresas se concentrem na entrega de longo prazo de sua tecnologia disruptiva, em vez de resultados de curto prazo e de menor impacto".[34]

Esse investimento nos setores de saúde e agrícola é feito por meio de sua divisão de investimento de impacto, a Leaps by Bayer. Esse nome retrata os dez principais desafios identificados que a humanidade enfrenta neste momento:

i. Curar doenças genéticas.
ii. Oferecer transplante sustentável de órgãos.
iii. Reduzir o impacto ambiental da agricultura.
iv. Prevenir e curar o câncer.
v. Regenerar a função tecidual perdida.
vi. Reverter doenças autoimunes.
vii. Curar por meio da saúde do microbioma.
viii. Desenvolver suprimentos sustentáveis de proteínas.
ix. Erradicar doenças transmitidas por insetos.
x. Impulsionar modelos de negócios digitais transformacionais.[35]

As tecnologias mais avançadas que vêm sendo desenvolvidas hoje estão ultrapassando os limites anteriores de expectativa de vida, saúde e cognição. Ao mesmo tempo, muitos riscos diferentes estão convergindo, apresentando a possibilidade de grandes perigos existenciais e catastróficos para os seres humanos, dentre eles a ética e a identidade, a degradação dos ecossistemas e a perda de biodiversidade, a exclusão social e tecnológica, as mudanças climáticas, a insegurança alimentar e a disponibilidade de água potável, a escassez de metais raros e de outros recursos naturais vitais e novas tecnologias poderosas e não regulamentadas. Assim, embora, por um lado, a humanidade esteja enfrentando esses enormes desafios, há muitos investidores, empresários e organizações que se propuseram a encontrar soluções criativas para esses problemas, por entenderem que focar exclusivamente o valor do acionista não é mais suficiente como objetivo de negócios no século XXI.

Uma análise de mais de duzentas fontes sobre o desempenho ambiental, social e de governança (ESG) feita pela Oxford University e Arabesque demonstrou que, na esmagadora maioria das empresas que se concentraram na sustentabilidade, "o desempenho operacional foi melhorado, traduzindo-se em fluxos de caixa mais altos".[36] Por essa razão, muitas organizações estão agora enfatizando de modo considerável suas obrigações ESG relacionadas às operações de uma organização que os investidores socialmente conscientes examinam ao avaliar potenciais investimentos. Ao reconhecer que a integração dos critérios ESG em uma estratégia organizacional pode ser financeiramente benéfica, atualmente, investimentos sustentáveis e relatórios são atividades empresariais comuns.

Nossa abordagem Deep Tech não separa nem distingue sustentabilidade de regeneração, que, não raro, podem ser percebidas como práticas conceitualmente diferentes. Começamos com a sustentabilidade como o "porquê" da visão futura de uma organização, o conceito fundamental pertinente à capacidade de atuar por um longo período de um modo que não prejudique o meio ambiente. A regeneração é, portanto, o "quê", na medida em que se relaciona a ações e iniciativas que melhoram um lugar ou sistema, permitindo que se recupere de danos e se torne robusto e bem-sucedido novamente.

Assim sendo, a estratégia ESG pode ser compreendida como a necessidade de as organizações assegurarem que suas operações sustentem a vida na Terra por meio da adoção de operações regenerativas e práticas comerciais. A forma de pôr isso em prática, o "como", será diferente para cada organização e contexto social, econômico e ecológico mais abrangentes.

Com o intuito de enfatizar a importância atual dos critérios ESG, em setembro de 2020, uma pesquisa do Swiss Re Institute mostrou que um quinto dos países em todo o globo corre risco de colapso do ecossistema à medida que a biodiversidade diminui.[37] A fim de chegar a essa conclusão, o Swiss Re criou um novo índice, que combina indicadores de biodiversidade e ecossistema para ajudar as seguradoras a avaliar os riscos do ecossistema ao estabelecer apólices para as empresas. De acordo com Jeffrey Bohn, superintendente de pesquisa do Swiss Re, o índice poderia ser amplamente utilizado, pois "permite que empresas e governos incluam a biodiversidade e os ecossistemas em suas tomadas de decisões econômicas".[38]

Nosso ecossistema Deep Tech está explorando "desafios profundos" [deep challenges], termo que utilizamos para nos referir àqueles problemas globais sistêmicos em que fatores humanos, tecnológicos, digitais, biológicos e ecológicos estão intrinsecamente entrelaçados. A tecnologia por si só não é uma solução. Ou seja, não podemos criar a Quarta Revolução Industrial com o mesmo nível de consciência que criamos as três anteriores. Precisamos de uma forma expandida de conscientização e da prática dos valores humanos. Em suma, precisamos repensar a tecnologia. Precisamos colocar um coração batendo na tecnologia e reavivar sua alma. Precisamos mudar de uma mentalidade de escassez para uma mentalidade Deep Tech de pessoas e planeta. Essa mudança está resumida na Tabela 1.2.

TABELA 1.2 As Qualidades de uma Mentalidade Deep Tech

Mentalidade de escassez	Mentalidade de pessoas e planeta
antiética	valores
desperdício	regenerativa
controladora/manipuladora	empoderadora/libertadora
centralização de poder	democrática
falsa	autêntica
secreta	transparente
crescimento exponencial quantitativo	crescimento significativo qualitativo

DEFININDO O TERMO DEEP TECH

O termo "Deep Tech" foi cunhado por Swati Chaturvedi, CEO da empresa de investimento Propel(x), fundada em 2013 com a missão de facilitar o acesso ao capital de risco privado para startups nos setores de ciências biológicas, energia, tecnologia limpa, ciências da computação, materiais e produtos químicos. A Propel(x) decidiu usar o termo "Deep Tech" como uma forma de definir uma nova categoria de start-up. Escrevendo em 2014, Chaturvedi explicou que:

> "As empresas Deep Tech são construídas baseando-se em descobertas científicas tangíveis ou inovações tecnológicas. Elas estão tentando resolver grandes problemas que realmente afetam o mundo ao seu redor. Por exemplo, um novo dispositivo médico ou uma técnica de combate ao câncer, uma análise de dados para ajudar agricultores a cultivarem mais alimentos ou uma solução de energia limpa que tenta reduzir o impacto humano nas mudanças climáticas".[39]

Essa concepção permite que a Propel(x) diferencie as startups Deep Tech das inovadoras por meio de novos modelos de negócio baseados em tecnologias existentes. Desse modo, a partir dessa perspectiva, as startups Deep Tech têm como características definidoras: i) capacidade de causar disrupção em diversos mercados a fim de criar um valor econômico considerável para os primeiros investidores e ii) um efeito duradouro na humanidade de maneiras positivas e significativas.[40]

Com os avanços frenéticos em descobertas e inovações tecnológicas, o termo "Deep Tech" também tem sido empregado para se concentrar em categorias de tecnologia. Um exemplo é a TechWorks, associação industrial britânica que delimita o termo da seguinte maneira:

> "Deep Tech é constantemente diferenciada pelo seu acentuado poder de capacitação, pela diferenciação que pode criar e pelo potencial para catalisar a mudança. As empresas Deep Tech muitas vezes têm inovações tecnológicas fundamentais e justificáveis que as distinguem daquelas empresas que estão concentradas no refinamento progressivo, na entrega de tecnologias padronizadas, ou somente usam a inovação do modelo de negócios para criar oportunidades. O termo Deep Tech pode abranger muitas áreas tecnológicas e impactar diversos usos. Na vanguarda tecnológica, esses usos podem incluir inovações de arquitetura de processamento e computação, avanços em semicondutores e sistemas eletrônicos, eletrônica de potência, algoritmos e técnicas de visão e fala, inteligência artificial e aprendizado de máquina, estudo do tato e muito mais."[41]

Um segundo exemplo dessa definição com foco tecnológico vem da TechCrunch, que define Deep Tech como "um termo genérico para tecnologias não focadas em serviços de usuário final, englobando inteligência artificial, robótica, blockchain, ciência avançada de materiais, fotônica e eletrônica, biotecnologia e computação quântica".[42] Um termo relacionado que às vezes foi usado no lugar de Deep Tech é "hard tech". Não há um significado especial para hard tech, e suas definições se referem à categoria de startup, à complexidade da inovação e ao "trabalho árduo" necessário devido à dificuldade dos desafios que essas tecnologias estão tentando resolver. Dadas as muitas interpretações diferentes, vimos uma oportunidade de expandir as concepções anteriores de Deep Tech, trazendo uma nova que reconhece explicitamente sua natureza multidimensional.

Quando a 1STi, a Holonomics e o Vai na Web se reuniram em 2017 para elaborar nosso próprio ecossistema, o Deep Tech Network, mais do que depressa chegamos à conclusão de que o que estava surgindo era uma nova perspectiva sobre Deep Tech, que conciliava nossas principais habilidades complementares de desenvolvimento de plataformas, transformação digital e cultural, estratégia ágil e customer experience design. Sentimos intuitivamente a necessidade de encontrar uma maneira de se referir a tudo o que sentimos falta nos modos existentes de descrever os avanços na tecnologia e na economia digital. O que faltava era um diálogo que incluísse valores humanos, consciência, investigações artísticas, criatividade filosófica e a voz das comunidades, muitas vezes ausente nos padrões monoculturais do Vale do Silício e nos grandes centros financeiros e tecnológicos do mundo.

Em poucas palavras, o que faltava era *alma*. Ao longo de muitas conversas e reflexões, chegamos a conceber o termo Deep Tech em variadas dimensões e perspectivas, sendo as três principais:

- Máquinas e equipamentos desenvolvidos a partir dos princípios descritos no manifesto Deep Tech.
- Integração do conhecimento científico, do design técnico, da arquitetura computacional e da criatividade filosófica.
- União do desenvolvimento tecnológico de ponta com a evolução da consciência humana.

Portanto, isso nos permitiu chegar à nossa definição centrada no ser humano:

Deep Tech é o desenvolvimento de tecnologias avançadas construídas a partir de uma base de valores humanos universais por ecossistemas conscientes.

Usamos o termo "Deep Tech" não apenas como uma forma de definir, classificar ou categorizar tecnologias e setores industriais, mas como uma forma de viver. Dado que nossas soluções tecnológicas só podem ser tão impactantes quanto o nível de consciência e os valores que as criaram, decidimos escrever um Manifesto Deep Tech para ajudar as pessoas a determinar se suas soluções são realmente Deep Tech e, o mais importante, para ajudar as pessoas a entender se seu próprio jeito de ser é Deep Tech.

O Manifesto Deep Tech

i. O objetivo do Deep Tech é usar deep thinking para encontrar soluções profundas para problemas complexos.
ii. O Deep Tech combina pensamento analítico e consciência artística.
iii. O Deep Tech cria inteligência aumentada — a combinação de inteligência artificial com ações humanas conscientes.

iv. Privacidade e ética são elementos essenciais dos algoritmos Deep Tech.
v. O Deep Tech é desenvolvido por pessoas talentosas que vêm de uma rica diversidade de origens.
vi. Os valores Deep Tech são os cinco valores humanos universais: paz, verdade, amor, retidão e não violência.
vii. O Deep Tech nos ajuda a explorar nosso mundo e a nós mesmos de maneiras cada vez mais significativas, honrando o que é ser humano em nosso mundo.

Nosso Deep Tech Network é muito mais do que apenas um ecossistema de organizações. O poder, a criatividade e a vida de nossa rede são o resultado da interação sistêmica entre quatro pilares principais (Figura 1.1).

FIGURA 1.1 Os Quatro Pilares Deep Tech

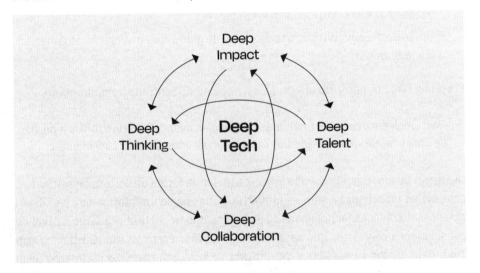

Deep Impact
As soluções de deep impact [impacto profundo] são baseadas em nossa abordagem deep thinking visando soluções sistêmicas para problemas complexos, resultando na criação de iniciativas, produtos, serviços, plataformas e arquiteturas Deep Tech. O deep impact, devido à maneira como o deep talent se incorpora nele, consegue enfrentar os desafios profundos de pessoas que, não raro, estão em condições vulneráveis; pessoas que talvez não tenham origens acadêmicas tradicionais, mas são capazes de sentir empatia e de idealizar soluções reais de trabalho para diferentes populações. Baseia-se na cooperação, sempre desenvolvendo novas plataformas de colaboração.

Deep Thinking

O deep thinking [pensamento profundo] viabiliza os fundamentos filosóficos por trás de todas as nossas iniciativas — ética, formas de ver, arquiteturas, criatividade e abordagens sistêmicas. O deep thinking contribui para o desenvolvimento acadêmico e para o ensino de pessoas profundamente talentosas, fornecendo insights sobre nossa condição humana, psicologia e valores, o que nos possibilita construir melhores ferramentas e plataformas de colaboração.

Deep Talent

O deep talent [talento profundo] resolve o problema da escassez de habilidades capacitando e educando as pessoas para projetar e construir soluções e iniciativas Deep Tech. O deep talent contribui para o deep thinking, fornecendo ininterruptamente diferentes perspectivas e delimitações de desafios, encontrando soluções que atendam às necessidades de muitas pessoas diferentes, e não apenas às de um pequeno segmento da sociedade. Este pilar nos ensina novos modos de colaborar, proporcionando novas vozes e diferentes janelas para o mundo, a fim de sermos capazes de criar soluções sistêmicas para nossos desafios.

Deep Collaboration

As soluções deep impact são construídas usando plataformas de deep collaboration [colaboração profunda] que viabilizam ferramentas ágeis de ideação, design e implementação em larga escala. As plataformas de deep collaboration permitem que o deep thinking seja compartilhado e dimensionado de modo acessível, democrático e impactante. As ferramentas de deep collaboration são acessíveis a todos, o que significa que pessoas de qualquer origem podem participar integralmente e contribuir para o movimento.

Deep Tech é um jeito de ser que tem repercussões em todos os aspectos de uma organização. Atualmente, estamos vivenciando uma nova revolução industrial em que o propósito torna nossa experiência de produtos e serviços significativa; as plataformas ampliam nosso alcance a qualquer lugar; as pessoas são as promotoras dessas marcas que fazem a diferença em suas vidas; e os danos planetários não são mais um preço que estamos dispostos a pagar. Por esse motivo, não podemos mais pensar nos objetivos de uma organização em relação ao crescimento exponencial não qualificado. Na economia digital, as organizações crescerão por meio da elevação das propostas de valor central, escalonando o poder das plataformas Deep Tech e a amplificação de soluções significativas. Nos capítulos seguintes, explicaremos em detalhes como isso pode ser alcançado.

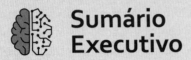

Sumário Executivo

→ A internet mudou a forma como trabalhamos, brincamos e vivemos. Transformou a forma como nos comunicamos, fazemos compras e as transações bancárias, viajamos, nos divertimos e muito mais, criando uma nova realidade digital. Mas o que isso nos custou? E o que o futuro nos reserva?

→ A velocidade da inovação está acelerando sem trégua, com a convergência de avanços inovadores na genômica, computação, inteligência artificial, robótica, biologia sintética, nanotecnologia, química sintética, materiais e inúmeras outras tecnologias avançadas.

→ Deep Tech é uma mentalidade e um conjunto de valores. É uma nova maneira de pensar sobre o futuro da tecnologia, dos negócios e do mundo, baseada na ideia de que a tecnologia pode ser usada para resolver os problemas mais urgentes do mundo, e que a melhor maneira de fazer isso é criar produtos e serviços significativos.

→ Acreditamos que a Deep Tech é o coração da tecnologia. Representa a alma, a emoção, o empenho, os sonhos visionários e os anseios para melhorar a sociedade e regenerar nosso planeta. É um novo jeito de ser que repercute em todos os aspectos de uma organização. Baseia-se em Deep Impact, Deep Thinking, Deep Talent e Deep Collaboration.

→ Deep Tech não é um setor específico ou um tipo específico de tecnologia. É uma orientação de usar a tecnologia para o bem e nos ajudar a explorar nosso mundo e a nós mesmos de maneiras cada vez mais significativas, honrando o que é ser humano em nosso mundo.

2

CAPÍTULO 2

Os Novos 4Ps

DEEP TECH E A ECONOMIA DIGITAL

A concentração progressiva de riqueza e poder tecnológico levanta muitas questões importantes sobre como enxergamos atualmente a evolução da tecnologia avançada em relação ao desenvolvimento de sociedades mais equitativas e à restauração dos ecossistemas naturais exauridos de nosso planeta. O que significa ser humano nesta nova realidade que está surgindo, e como as organizações e os negócios evoluirão a fim de garantir que continuem sendo significativos e impactantes em nossas vidas? E como será o modelo e o formato de nossos sistemas econômicos para transformar em realidade essa visão do futuro?

O século XX nos deu inovação de alta velocidade em novos sistemas tecnológicos. Em apenas setenta anos, passamos da primeira aeronave tripulada para uma rede global de viagens aéreas comerciais. Em somente cinco décadas, passamos do computador criado por Alan Turing em 1945, que decifrava códigos, para o Windows 95. Levou 13 anos e 2,7 bilhões de dólares para decodificar o genoma humano; três décadas depois, é possível decodificar seu código genético em dois dias por apenas duzentos dólares.[43]

Nossos sistemas econômicos ocidentais evoluíram de tal modo que, para as empresas privadas, compensa adotar novas tecnologias e incorporá-las a novos sistemas de forma mais rápida e eficiente de que os concorrentes. Mas essas tecnologias e sistemas desenvolvidos de forma rápida não são necessariamente projetados para serem robustos. O século XX capacitou as empresas para construírem com rapidez.

Buscamos retornos de curto prazo em vez de ganhos de longo prazo e aprendemos a priorizar a eficiência em detrimento da resiliência.

Um exemplo é o modo pelo qual os sistemas de inteligência artificial são desenvolvidos. Como Josh Lovejoy, chefe de design e ética da Microsoft, afirmou em sua missão para criar IA com propósito: "Para um setor que se orgulha de avançar rapidamente, a comunidade tecnológica tem sido bastante lenta em se adaptar às diferenças de design com IA. O aprendizado de máquina é uma ciência intrinsecamente ambígua, mas quando temos o retorno inevitável de resultados imprevisíveis, costumamos reagir como se esse retorno fosse um quebra-cabeça a ser resolvido, acreditando que, com a genialidade algorítmica suficiente, conseguiremos mais cedo ou mais tarde encaixar todas as peças no lugar e renderizar algo que se aproxima da verdade objetiva. Só que a objetividade e a verdade estão muitas vezes longe da verdadeira promessa da IA."[44]

Acreditamos que os ecossistemas Deep Tech têm o poder de convencer líderes empresariais e políticos, cientistas e tecnólogos a descobrir maneiras de tornar os sistemas do mundo mais robustos, mais resilientes e regenerativos. Se, por um lado, é necessário cautela quando se permite que qualquer tecnologia cresça de modo exponencial, mesmo tendo o potencial de consequências indesejadas, por outro, precisamos ser capazes de encontrar uma maneira de estimular esse crescimento que beneficia a humanidade e o planeta. À medida que passamos a compreender de forma mais aprofundada os sistemas do mundo, a fim de desenvolvermos sistemas mais robustos, devemos primeiro aprender a enxergar o sistema como um todo.

Nosso propósito ao escrever este livro é ajudar as pessoas a refletir mais profundamente sobre Deep Tech, a fim de que sejamos capazes de vislumbrar novos sistemas robustos para o mundo e amplificar aqueles que melhor servem à vida em nosso planeta. A tecnologia avançada nos traz grandes benefícios e também potenciais abusos de poder, por isso nosso intuito é inspirar diálogos significativos de Deep Tech que sejam capazes de considerar essas qualidades muitas vezes contraditórias e contra as quais os líderes pioneiros não raro entram em conflito. Um exemplo é o do fundador do Twitter, Jack Dorsey, que explicou em 2016 como seus sentimentos sobre o uso de mídias sociais por Donald Trump eram "complicados".[45]

Em uma entrevista ao *The Guardian*, Dorsey falou sobre a maneira pela qual Trump "se destacou" no uso dos comentários breves dessa mídia social. No entanto, o próprio Twitter assumiria um papel decisivo no início de 2021, sendo a primeira plataforma de mídia social a banir Trump para sempre. Em janeiro de 2021, após os tumultos no Capitol Hill causados por apoiadores de Trump que ocuparam, vandalizaram e saquearam partes do prédio por algumas horas, o Twitter suspendeu permanentemente sua conta devido ao "risco de mais incitação à violência".[46]

Hoje, não há acordos legislativos em vigor nos EUA sobre como lidar com a questão ética da liberdade de expressão versus a redução da proliferação do discurso de ódio e, consequentemente, dos atos de violência na sociedade. Mitchell Baker apresentou um bom modelo para responder à pergunta de quando banir um chefe de estado, fazendo outra pergunta: "Quando as plataformas devem tomar essas decisões, e esse poder de decisão seria exclusivo delas?"[47] Ao salientar que Trump claramente não foi o primeiro político a explorar a arquitetura da internet dessa maneira, ela sugeriu que, embora o silenciamento ou a remoção permanente de atores mal-intencionados das plataformas de mídia social fossem medidas temporárias, as seguintes medidas poderiam ser tomadas de imediato:

- Descobrir quem está pagando pelas propagandas, quanto estão pagando e a quem está sendo direcionado.
- Comprometer-se com a transparência significativa dos algoritmos da plataforma para que saibamos como e qual conteúdo está sendo amplificado, para quem e o impacto associado.
- Habilitar por padrão ferramentas para amplificar as vozes factuais em vez da desinformação.
- Trabalhar com pesquisadores independentes para facilitar estudos aprofundados do impacto das plataformas nas pessoas e em nossas sociedades, e o que podemos fazer para melhorar as coisas.[48]

Nossos problemas globais são sistêmicos e complexos, o que significa que precisamos encontrar soluções por meio de uma colaboração autêntica e ecossistemas tecnológicos. Para conseguir implementar efetivamente iniciativas transformacionais, tanto as organizações públicas quanto as empresas privadas precisam de novas estruturas para ajudar a explicar como a realidade empreendedora está mudando e, assim, ajudar a ampliar suas mentalidades tradicionais e formas de pensar.

Atualmente, o business as usual (BAU) não é mais uma opção. Por esse motivo, em 2015, a Holonomics criou os Novos 4Ps: plataformas, propósito, pessoas e planeta — um framework de transformação digital e cultural para as organizações utilizarem antes de quaisquer iniciativas de design, estratégia e marketing. Quando os Novos 4Ps são integrados ao coração de uma organização, desde o início do processo de planejamento estratégico até a execução e operação, os líderes ficam mais aptos para desenvolverem organizações mais ágeis, melhorar a employee e customer experience e entregar propostas de valor aprimoradas.

I. Plataformas

Com um número cada vez maior de pessoas se conectando à internet de casa ou do trabalho, a nova economia digital desencadeou uma forma inteiramente nova de startup, caracterizada por novos modelos de negócio baseados na lógica das arquiteturas de plataforma. As plataformas já causaram a disrupção radical de setores inteiros, mudaram os comportamentos de consumo dos consumidores e das empresas, e criaram novas formas inovadoras de as empresas agregarem valor. O resultado, como vimos no Capítulo Um, é o grau em que os modelos de negócio baseados em plataforma são agora predominantes em seis das dez empresas mais valiosas do mundo.

II. Propósito

O novo framework dos 4Ps fornece uma nova perspectiva sobre o design de customer e employee experience, ajudando os líderes a integrar totalmente seu propósito com suas estratégias com as experiências dos clientes. Isso é feito de maneira autêntica, implementando valores humanos em toda a organização e desenvolvendo relacionamentos de longo prazo e mais significativos com os clientes, partes interessadas e os ecossistemas humanos e ambientais em que operam. Como afirma Sarah Rozenthuler, autora do livro *Powered by Purpose*, "Viver um propósito verdadeiro acende a chama em nosso âmago, acalenta nossos corações e faz nossos olhos brilharem".[49]

III. Pessoas

Os avanços combinados na tecnologia e nas ciências biológicas significam que estamos entrando na Quarta Revolução Industrial, na qual nossos mundos físico, digital e biológico estão se mesclando de um modo que representa tanto a possibilidade de alcançar nosso potencial humano quanto, ao mesmo tempo, o risco de divisão e desigualdade ainda maiores. No momento, precisamos de uma nova visão de mundo em que a economia e a ecologia estejam em harmonia, mudando para uma abordagem que melhore a vida e a forma como trabalhamos e vivemos.

IV. Planeta

Nossos estilos de vida e sistemas econômicos atuais, que apresentam pouca resiliência em face de pandemias e outros impactos sistêmicos, não servem mais à humanidade nem ao nosso planeta. O meio ambiente e nossos ecossistemas não se comportam de modo previsível e simples. Isso sugere que, em relação à forma como vivemos, precisamos agir com cuidado e cautela, pois não somos capazes de predizer o resultado de nossas ações. Mas, não raro, as empresas e os investidores se precipitam negligentemente em novos mercados e em novos países que têm recursos naturais abundantes para explorar, sem pensar nas consequências mais abrangentes. Logo, precisamos mudar nossas mentalidades coletivas e culturas corporativas para um "cuidado diligente" dos ecossistemas de nosso planeta.[50]

FIGURA 2.1 Os Novos 4Ps

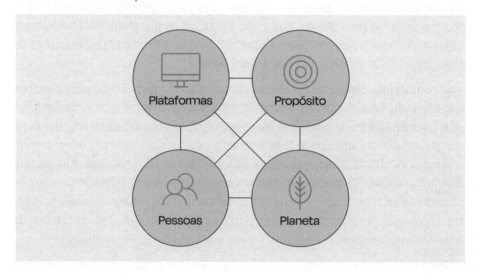

A fim de que seja possível transformar visões em realidade, o deep thinking, um dos quatro principais pilares Deep Tech, é necessário para ajudar as organizações a entender como transformar nossas mentalidades de pensar em tecnologia avançada para compreender o impacto e o poder das soluções sistêmicas Deep Tech. É necessário ensinar as pessoas nas organizações a implementarem os Novos 4Ps, de modo que entendam a mentalidade no nível mais profundo — a ética, as maneiras de ver, a criatividade e o pensamento sistêmico —, ao mesmo tempo que contribuem para o treinamento e o desenvolvimento de pessoas profundamente talentosas.

O que isso significa na prática? A primeira coisa que os líderes visionários podem fazer é questionar de fato a natureza do propósito essencial de sua organização, perguntando se ele é realmente autêntico e contribui para o bem geral da sociedade e do nosso planeta. Andy Last, CEO da Salt Communications, cunhou uma das formas mais poderosas de examinar nosso propósito, questionando-se: "Por que existimos, e o que as pessoas perderiam se não existíssemos mais?"[51]

Os Novos 4Ps são uma síntese que estabelece os alicerces da tomada de decisão em uma organização, fornecendo a direção do desenvolvimento de propostas de valor e modelos de negócio mais prósperos e bem-sucedidos. Assim que tivermos certeza sobre nosso propósito, poderemos avaliar melhor nossa abordagem ao design da plataforma. A razão é que chegamos a um ponto na evolução de nossa tecnologia que agora nos faculta a chance de reparar as falhas em nossos sistemas econômicos anteriores, que geraram pobreza, desigualdade e degradação de nossos ecossistemas naturais. Situar essa visão do design da plataforma dentro do novo framework dos 4Ps dá aos líderes a oportunidade de considerar novas formas de organização, financiamento, investimento e valor.

As plataformas conectam marcas e organizações aos respectivos públicos-alvo, amplificando seus propósitos. Marcas e organizações querem que as pessoas ouçam sua mensagem e se conectem com seu propósito, mas isso só acontecerá se forem genuinamente autênticas. E para serem autênticas, as organizações precisam viver seus valores. Quando as marcas e organizações falam uma coisa, mas querem dizer outra e agem de modo contrário aos seus valores e propósitos declarados, os consumidores, funcionários e ativistas podem amplificar (e amplificarão) suas vozes de oposição por meio das mesmas plataformas, sendo muitas vezes capazes de criar mudanças sistêmicas e melhorias nas práticas comerciais inadequadas.

Como vimos no Capítulo Um, os valores Deep Tech, conforme declarado em nosso manifesto, são paz, verdade, amor, retidão e não violência. Na seção a seguir, apresentaremos um estúdio de design inovador de São Paulo que está criando valor por meio dos Novos 4Ps integrando de modo ativo esses valores humanos universais em suas práticas diárias e em sua cultura organizacional.

VALORES HUMANOS UNIVERSAIS

Em 2018, a 1STi e a Holonomics se reuniram para abordar a questão do que significa ser humano em um mundo tecnológico; uma questão que nos dias de hoje é mais pertinente do que nunca. Nossa ideia era descobrir novas formas de aprender a colaborar e trabalhar juntos para solucionar nossos problemas mais urgentes e complexos, e encontrar maneiras de usar a tecnologia para o bem maior da humanidade, de modo que todos possamos crescer e continuar a prosperar. Assim sendo, nosso Deep

Tech Network começou a tomar forma na cidade de São Paulo, lançado com a nossa primeira edição do Deep Tech Talks, um evento ao vivo cujo tema era *Technology with Soul* [Tecnologia com Alma], que foi seguido, em 2019, com o segundo evento, em que discutimos a *Agilidade Aumentada* (ambos os conceitos são explicados em detalhes no Capítulo Seis).

As Deep Tech Talks foram criadas para convidar executivos, líderes e profissionais convidados a ponderar com mais profundidade sobre a necessidade de alinhar o potencial humano das organizações com os desenvolvimentos tecnológicos vertiginosos. Intermediamos esses diálogos como um convite para refletirmos sobre quem somos, sobre nossa vida em sociedade e sobre o futuro que queremos ajudar a construir. Nosso objetivo era obter insights significativos sobre estratégias emergentes que estão inspirando as empresas a se tornarem mais adaptáveis e dinâmicas, a fim de continuar a evoluir de modos mais conscientes e sustentáveis.

Os valores humanos universais são uma parte fundamental do nosso Manifesto Deep Tech. Isso se deve ao fato de que, para a Deep Tech se tornar um jeito de ser, primeiro temos que desvendar o que nossa essência realmente é. Não basta discutir os valores humanos e declará-los publicamente. A transformação ocorre quando eles se manifestam de modo pleno em nossas vidas e são, por consequência, plenamente vividos.

Os cinco valores humanos universais — paz, verdade, amor, retidão e não violência — podem ser encontrados em muitas tradições culturais diferentes e em diversos dos escritos mais antigos da humanidade, formando o alicerce de qualquer sistema social humano saudável e próspero. Podemos pensar em nós mesmos como a manifestação desses valores, por isso eles estabelecem e retratam a natureza mais elevada da humanidade. Quando exteriorizamos cada um desses cinco valores inter-relacionados, estamos sendo humanos em sua essência mais completa. Assim, quando nos afastamos de quem somos, acabamos vivenciando aquilo que a falta de valores humanos representa, por exemplo, ansiedade, medo, insegurança, impaciência e intolerância.

FIGURA 2.2 Os Valores Humanos Universais

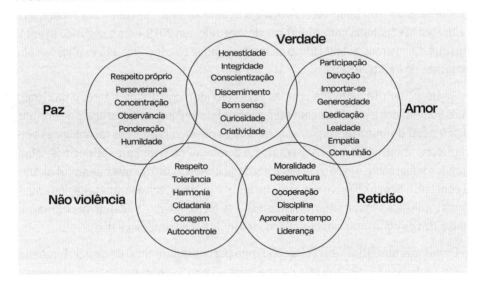

Falar de valores universais significa, portanto, resgatar tudo o que há de mais precioso em nós, sobretudo num momento em que enfrentamos grandes desafios, mas também a oportunidade de mudar. Quando nos deparamos e interagimos com o mundo ao nosso redor norteados por esses princípios, valorizamo-nos, tornamo-nos resilientes, desenvolvemos maior criatividade, melhoramos nossa capacidade de aprender e somos mais capazes de lidar com as mudanças, os desafios e as adversidades na vida, ao mesmo tempo em que somos mais capazes de desfrutar de nossos momentos mais tranquilos e positivos.

Viver os valores humanos universais nos possibilita entender melhor os motivos inexplícitos ao comportamento de alguém e porque essa pessoa está agindo de determinada maneira.[52] Ao viver os valores, é possível lidar melhor com uma situação. Uma forma de entender isso é por meio da analogia do oceano — o que acontece na superfície e como é lá embaixo. Nas profundezas do oceano tudo é tranquilo e calmo, mas como resultado dos ventos, temperatura, pressão e muitos outros fatores, a superfície pode ser agitada, revolta e, às vezes, turbulenta. Essa analogia nos ensina que, embora sejamos todos iguais em nossa essência, na superfície somos diferentes, já que todos temos experiências distintas na vida e vivemos em circunstâncias diferentes, por exemplo.

Se nos relacionarmos somente com o que vemos à superfície, podemos acabar agindo em desacordo com os cinco valores, digamos, julgando as pessoas de forma superficial e entrando em conflitos, discussões e comportamentos tóxicos ocasionalmente. Nesses casos, o resultado é instabilidade, confusão, infelicidade, insatisfação e desigualdade. Os valores humanos universais estão nas profundezas do oceano, possibilitando-nos desenvolver um nível de consciência que nos permite compreender que, mesmo que os outros sejam diferentes na superfície, todos compartilhamos a mesma essência. Quando nos conectamos com as pessoas, não importa quem sejam ou como estejam agindo, temos a capacidade de nos conectar com sua essência.

Os valores humanos universais não são menos importantes nas interações virtuais ou digitais do que nas interações físicas. Com a mudança para modelos de trabalho híbridos, nos quais as pessoas passam mais tempo em casa a cada semana e menos tempo em escritórios ou outros locais de trabalho, elas precisarão de apoio e incentivo contínuos para desenvolver culturas organizacionais saudáveis. Por exemplo, um estudo liderado por Zhenyu Yuan, pesquisador da Universidade de Illinois em Chicago, demonstra que lidar com e-mails grosseiros no trabalho pode gerar estresse duradouro e prejudicar o bem-estar das pessoas e a vida familiar.[53] A pesquisa sugere que e-mails indelicados podem ter um efeito negativo nas responsabilidades do trabalho, na produtividade, e podem até estar relacionados à insônia noturna, o que pode suscitar emoções negativas na manhã seguinte.

Reconhecer os valores humanos universais como a suprema expressão da humanidade muda nossa abordagem à maneira como pensamos, projetamos e implementamos a tecnologia. Esses valores estão presentes em nosso manifesto como um meio de reconhecer que a tecnologia por si só não pode resolver nossos problemas globais, por mais arrojada que seja. A tecnologia não é Deep Tech se os valores humanos universais não estiverem presentes. Por essa razão, é interessante analisar o caminho que uma empresa de design brasileira tomou em sua jornada rumo à Deep Tech, visto que seus fundadores reconheceram bem cedo que o primeiro passo precisaria ser a inclusão de valores humanos universais em sua estratégia.

A Pravy é uma design house focada na inovação digital, ajudando as organizações a se tornarem future-fit por meio da criação, evolução e amplificação de produtos digitais mediante propostas de valor autênticas (uma empresa future-fit é aquela que nunca sabota a possibilidade de que os seres humanos e outras vidas prosperem na Terra para sempre,[54] conceito que explicamos mais detalhadamente no Capítulo Quatro). A empresa foi fundada em 2013 por Rodrigo Linck e Roberto

Del Grande como resultado de uma fusão da Think Tanks Brasil, uma agência de marketing, e da Oxy Mind, um estúdio de produção digital.

Como Rodrigo explica: "Nosso foco é desenvolver relacionamentos de longo prazo e significativos com nossos clientes, acompanhando-os a cada passo do caminho para ajudá-los a crescer e alcançar novos níveis de impacto. Geramos essa transformação combinando nossa experiência de produção digital criativa com estruturas e metodologias de design avançadas, como os Novos 4PS, a Abordagem Holonomics com valores humanos universais e o framework Customer Experiences with Soul — todos contribuindo para alcançar soluções autênticas e com propósito."

Desde o início, Rodrigo e Roberto "sonhavam em criar uma empresa autêntica, com propósito e valores genuínos — um lugar que reunisse pessoas que fazem o que amam ao mesmo tempo que são quem realmente são". Eles procuraram um nome que pudesse expressar essa autenticidade, chegando à palavra *pravy*, que significa "genuíno" em tcheco.

Para acompanhar esse valor primordial de ser genuíno, a Pravy iniciou um projeto colaborativo com todos os membros da equipe para expandir esse valor único na expressão de um conjunto de valores que eles estavam vivendo em suas rotinas. Eles identificaram os quatro valores adicionais a seguir:

- Somos empáticos.
- Somos criativos.
- Somos inovadores.
- Somos colaborativos.

Em 2020, Rodrigo começou a pensar de que forma a Pravy poderia evoluir para se tornar verdadeiramente future-fit. Como havia começado a trabalhar com a Holonomics para implementar as Customer Experiences with Soul e o framework dos Novos 4Ps, Rodrigo começou a explorar o modo como eles poderiam se inspirar nos valores humanos universais para atualizar seus valores e desenvolver a abordagem às iniciativas de design Deep Tech.

Como prossegue Rodrigo: "Fazemos o design de plataformas e os conteúdos todos os dias e nos sentimos responsáveis pelo impacto que eles têm na vida das pessoas. Quando a Pravy foi apresentada à Abordagem Holonomics, percebemos que, ao exteriorizar a natureza essencial da condição humana, os valores humanos universais são os requisitos fundamentais para o desenvolvimento de sistemas humanos saudáveis. Vivenciar e praticar esses valores em nosso trabalho

TABELA 2.1 Valores da Pravy

	Amor	Amor Não violência	Verdade	Amor	Retidão	Retidão	Paz
Valores Humanos Universais	Honestidade Integridade						
Valores Situacionais		Cooperação Dedicação Empatia Devoção Participação Comunhão Generosidade Lealdade Importar-se	Criatividade Bom senso Curiosidade Clareza	Lealdade Cooperação Dedicação Empatia Comunhão Generosidade Importar-se Devoção Participação	Engenhosidade Disciplina Moralidade Liderança Aproveitamento do tempo Generosidade Cooperação	Engenhosidade Disciplina Moralidade Liderança Aproveitamento do tempo Generosidade Cooperação	Ponderação Observância Respeito próprio Perseverança Humildade Concentração
Valores da Pravy	Somos genuínos	A força da empatia	Somos livres para criar	Fazemos juntos	Lideramos para o sucesso de todos	Disciplina flexível	Somos otimistas diante das incertezas
Na prática	Acreditamos que as pessoas genuínas são verdadeiras, honestas consigo mesmas e com os outros. São confiáveis, leais e sabem expressar suas ideias e opiniões com franqueza, sendo sensíveis ao contexto com autenticidade. Não nos apegamos nem permanecemos apegados a opiniões, pois isso seria abrir mão da própria verdade.	As pessoas estão no centro de tudo o que fazemos, e entendê-las é o segredo para criar soluções eficazes. Ser empático é se projetar na personalidade do outro com a intenção genuína de ajudar. Essa intenção a serviço do próximo possibilita identificar as dores que provocam desarmonia e desequilíbrio na vida das pessoas.	Inventar, inovar e produzir faz parte da nossa natureza. Para criar, é preciso ter clareza, definir um propósito e ser transparente ao canalizar as ideias, como um espelho que reflete as inspirações abstratas no mundo concreto. E para isso é preciso ter coragem, permitir-se errar sem medo de julgamento.	Colaborando, construímos um entendimento coletivo unificado, que se alimenta de nosso repertório individual e nos possibilita criar ideias ainda mais poderosas. Para isso, precisamos nos expressar com clareza, escutando com atenção, com a intenção de usar o que foi dito como alicerce que servirá para formar a solução que estamos construindo juntos.	Acreditamos que a benevolência coletiva em se preocupar com o crescimento e a felicidade de todos está relacionada ao espírito de liderança e senso de participação que temos. Tomar a iniciativa e assumir a responsabilidade por nossa parte, sem deixar ninguém para trás, mantém um vínculo de confiança entre nós e nos fortalece para trabalharmos de modo colaborativo.	Enxergamos a disciplina como uma virtude que possibilita a materialização de nossas ideias, entendendo-a como um eixo central que nos motiva rumo aos nossos objetivos. Na prática, a disciplina nos dá mais liberdade, pois ajuda a estruturar nosso tempo por meio da organização consciente de nossas ações, estabelecendo o ritmo e a frequência que nos ajudarão a concretizar nossas ideias.	Entramos em territórios desconhecidos o tempo todo, enfrentando as adversidades com otimismo e perseverança. Compreender essa dinâmica aguça nossa reflexão e nos leva a uma análise mais profunda das causas e efeitos da adversidade. Essa consciência nos eleva a um estado de paz e equilíbrio, permitindo-nos ser humildes e pacientes para encontrar o caminho a fim de resolver os problemas.

nos possibilitou desenvolver soluções Deep Tech e conteúdo digital com base em sistemas humanos genuínos."

Os valores humanos universais representam os valores fundamentais que são exteriorizados por meio dos "valores situacionais" (Figura 2.2). Para chegar aos valores centrais da Pravy, Rodrigo passou um tempo ponderando sobre os valores humanos universais e situacionais.

Os valores situacionais ajudam a explicar o que cada valor humano universal significa na prática. Eles não devem ser abordados de forma fragmentada. Ao pensar em um determinado valor universal ou situacional, é possível ver que todos os outros também estão presentes. A Pravy concebeu o próprio conjunto único de valores pensando primeiro em qual dos valores universais e situacionais melhor exteriorizava as diferentes dimensões da essência e do jeito de ser Pravy (Tabela 2.1).

Com os valores humanos universais inspirando seus novos valores organizacionais, ficamos interessados em ouvir de Rodrigo qual foi o impacto:

> "O impacto mais profundo que percebemos no início foi ver como nos tornamos mais conscientes de nossas palavras e das reações das pessoas a elas. Não raro, tivemos que nos empenhar para agir conforme os valores, vivê-los realmente, mas foi gratificante ver o impacto positivo que isso teve em nossos relacionamentos com nossos clientes e parceiros. Em nossos projetos, observamo-nos refletindo de forma mais aprofundada sobre o efeito que nossas criações podem ter na vida das pessoas e, agora, somos muito mais conscientes de sempre tentarmos tomar decisões norteadas por esses valores, e não somente por opiniões ou preferências pessoais. A abordagem Deep Tech e os Novos 4Ps foram as peças que faltavam para trazer coesão às nossas propostas de valor, demonstrando aos nossos clientes de forma clara a autenticidade e o significado que sempre procuramos para ajudá-los a amplificar as próprias missões, visões e valores."

Quando mudamos nosso pensamento do nível organizacional para o da economia, a questão é mais profunda do que simplesmente tentar encontrar o melhor modelo econômico. Em termos históricos, a implementação de modelos econômicos não solucionou nossos problemas globais e resultou em injustiças, como a miséria humana. O elemento mais importante de um modelo econômico é o que está por trás dele, e acreditamos que o alicerce fundamental para qualquer economia são os Novos 4Ps. Um propósito autêntico, que procure de modo genuíno fazer o bem a outrem e ao nosso planeta, pode pavimentar um caminho para levar a sociedade e os sistemas humanos a um nível mais elevado de dignidade e de qualidade de vida. Se houver preocupação com o planeta, as pessoas poderão prosperar dentro dos ecossistemas naturais em que nossas economias estão inseridas. Isso pode ser alcançado por meio de plataformas como um fator de desenvolvimento fundamental.

Quando os Novos 4Ps estão presentes em reflexões sobre o longo prazo da economia e da estratégia organizacional, eles são capazes de fornecer uma direção significativa aos políticos e líderes empresariais dos países, resultando em novas formas de pensar sobre a natureza da riqueza, o design de propostas de valor e a evolução dos empreendimentos. Sempre que embasados por valores humanos universais, os Novos 4Ps atuam como um framework de tomada de decisão para o desenvolvimento de sistemas econômicos prósperos e bem-sucedidos, impulsionados pela lógica e arquiteturas de plataformas Deep Tech.

DEEP IMPACT POR MEIO DA COLABORAÇÃO NA EDUCAÇÃO

A colaboração é um aspecto fundamental do mundo natural e do mundo da tecnologia. Pode ser naturalmente espontânea, além de ser bastante organizada. No entanto, isso não significa que apenas combinando esses dois atributos de espontaneidade e organização podemos alcançar nossas metas e concretizar nossos objetivos mais elevados. No decurso da história, vimos muitas vezes os perigos da colaboração quando os valores humanos não estavam presentes.

Qualquer forma de colaboração, portanto, deve ser intencional, para que possamos entender melhor como nos conectar, cooperar e trabalhar juntos para o bem coletivo e alcançar o impacto que muitos de nós estamos buscando efetivar. Como observa Fabro Steibel, diretor-executivo do Instituto de Tecnologia e Sociedade do Rio de Janeiro: "Às vezes pode parecer que a colaboração é um conceito para o futuro, mas os grandes problemas que temos hoje são resultado de questões de colaboração. A arquitetura da internet tem como base a livre participação, e a world wide web possibilitou que as pessoas formassem startups, gerassem conhecimento por meio da Wikipédia — as possibilidades são ilimitadas. Porém, em muitos aspectos, a internet também pode ser pensada como um microcosmos da sociedade. Se determinados segmentos da sociedade são excluídos, como as famílias de baixa renda, logo, a internet simplesmente se torna um substrato da sociedade. Precisamos pensar em como seria uma internet totalmente humanizada, sendo genuinamente livre e igualitária para todos."[55]

Os líderes que procuram estimular um espírito verdadeiramente livre, democrático e autêntico de colaboração em suas organizações devem primeiro compreender os próprios estilos de liderança e sua qualidade constitutiva de consciência, que determinam a qualidade de seus relacionamentos com todos aqueles com quem têm contato e que são impactados por suas decisões. Os Novos 4Ps são de relevância direta para esse contexto, na medida em que, para que a colaboração seja bem-sucedida, o propósito deve ser muito claro. Este é o caso da Wikipédia, visto que cada participante tem um papel claro e coerente naquilo que a colaboração visa alcançar.

Ao enfrentar a grande crise humanitária da pandemia da Covid-19, também vimos um despertar natural do desejo de ajudar e colaborar. Essa é a manifestação de uma expansão da conscientização e da verdadeira essência da humanidade, estando os valores humanos plenamente presentes, possibilitando que as pessoas façam avanços na forma como são capazes de colaborar por meio de plataformas e redes no mundo virtual. Assim, quando o propósito de uma iniciativa é genuíno, e as pessoas valorizam a receptividade, muitos problemas e dificuldades importantes podem ser superados.

Vejamos o exemplo do União Rio, movimento voluntário da sociedade civil que reúne pessoas e organizações não governamentais comprometidas com sua comunidade e estado.[56] O Vai na Web, movimento sem fins lucrativos fundado pela 1STi, participou dessa iniciativa para dar apoio humanitário durante a pandemia da Covid-19 no Rio de Janeiro, construindo uma plataforma que pudesse fornecer transparência aos doadores, possibilitando-lhes monitorar as doações e garantir que a ajuda humanitária chegasse às famílias em situações vulneráveis da forma mais inteligente e ágil possível.

A distribuição de alimentos nas favelas do Rio de Janeiro apresenta muitos desafios logísticos, sobretudo devido à presença de conflitos armados em muitos desses territórios. Jovens programadores talentosos e designers digitais das próprias comunidades impactadas, que foram capacitados por meio do programa de tecnologia do Vai na Web, construíram a avançada plataforma União Rio e algoritmos de distribuição, em colaboração com diversas organizações governamentais e outras iniciativas que forneceram fluxos de dados em tempo real. Juntos, essa rede de suprimentos interligada foi capaz de criar um sistema de rastreamento em apenas semanas, que poderia entregar cestas emergenciais de alimentos em toda a região metropolitana durante o estado de calamidade pública.

O impacto das Deep Techs se origina do deep thinking e da capacidade de entender o poder das soluções sistêmicas. Assim, por exemplo, a plataforma União Rio tem o potencial de ser amplificada ainda mais em um backbone de arquitetura (conceito tecnológico que explicamos no Capítulo Quatro), que pode estabelecer os alicerces para o lançamento de mais serviços humanitários, como a melhoria do saneamento básico, outro grande desafio para muitas das maiores regiões metropolitanas do mundo.

A fim de alcançar o maior impacto sistêmico possível, os empreendimentos que estamos desenvolvendo dentro de nosso ecossistema Deep Tech têm foco em saúde, educação, plataformas de colaboração e sensemaking computacional (conceito que explicamos no Capítulo Seis). Por exemplo, o Vai na Web está ajudando a superar a desigualdade na educação por meio da capacitação de indivíduos profundamente talentosos de origens sociais desfavorecidas com seu inovador Modelo de Impacto Social como Serviço (Social Impact as a Service Model, modelo de negócios que explicamos no Capítulo Sete). Um dos projetos em que designers e programadores do Vai na Web estão trabalhando, juntamente com a Holonomics e a 1STi, é o Almanaque Digital, que está transformando a maneira como pensamos a educação e como a educação de alta qualidade pode ser oferecida em um contexto digital.

Almanaque Brasil é um projeto originalmente idealizado em 1999 por Elifas Andreato, um dos mais importantes e prolíficos designers gráficos do Brasil. Elifas nasceu no Paraná em 1946 e iniciou sua carreira na Editora Abril, onde ajudou a organizar inúmeras revistas e periódicos como *Placar*, *Veja* e *História da Música Popular Brasileira*. Elifas foi mais conhecido como artista, tendo desenhado cerca de quatrocentas capas para praticamente todos os grandes artistas da música brasileira como Chico Buarque, Elis Regina, Maria Bethânia, Toquinho, Vinícius de Moraes, Paulinho da Viola, Tom Zé, Rolando Boldrin e Renato Teixeira.[*]

Desde o início da carreira no meio editorial, Elifas percebeu o poder que o papel tinha, por meio da plataforma de publicação, para amplificar seu público como artista:

"À medida que estava aprendendo nas redações editoriais, eu assistia aos jornalistas multiplicarem suas opiniões e artigos, desde a gráfica até a im-

---

[*] Elifas Andreato faleceu em 29 de março de 2022, após construir um legado artístico atemporal no Brasil e no mundo. (N. da T.)

prensa rotativa e depois até as bancas de jornal. Esta foi uma das lições mais importantes entre as muitas proporcionadas por esses cocriadores: o papel era o suporte do trabalho original, servindo também de forma única que disponibilizava o trabalho para milhares de pessoas. Foi nessa época que percebi que nunca criaria pinturas, que minha arte teria que ser percebida por todos os olhos, por todas as sensibilidades, e nunca se limitar a ser pendurada em uma simples parede. Desse modo, o papel me proporcionaria a reprodução ilimitada de qualquer desenho. Tudo o que eu criei seria visto por todos."[57]

Elifas sempre teve consciência do propósito e do papel intencional que sua arte desempenhava:

"Minha arte está associada à história da minha vida, bem como àquelas vidas que são como a minha; também serve para contar o que eu e pessoas semelhantes a mim acreditamos que o mundo seja; um mundo de justiça e liberdade. É assim que esta jornada deve ser lembrada: a soma total de impressões gravadas em uma trilha de papel que começou no Paraná para terminar não sei onde. O que aprendi, como artista autodidata, foi colocar em serviço minhas convicções, quaisquer que fossem elas, nunca as trocando por outras melhores."[58]

Com esses valores e sua consciência artística norteando suas decisões de vida, a ideia do Almanaque Brasil surgiu para Elifas como forma de preservar a história, a cultura e as tradições do Brasil. O Brasil é um país cheio de alma, cujo povo tem sido historicamente resiliente, solidário, criativo, dinâmico e profundamente talentoso. É essa história riquíssima de cultura, ciência, esporte, música, biografias e literatura de seu país que Elifas começou a registrar, escrever e ilustrar na revista *Almanaque*, publicada entre 1999 e 2015. No período foram publicados 18 milhões de exemplares, atingindo 72 milhões de pessoas por meio da distribuição em aeronaves da TAM, companhia aérea nacional brasileira (agora Latam). A iniciativa Almanaque alcançaria um público ainda maior em 2007 com o lançamento de seu programa televisivo, que foi ao ar pelas emissoras TV Cultura e TV Brasil, resultando em 52 episódios e na publicação de cinco livros entre 2005 e 2017.

A publicação do *Almanaque Brasil* em papel chegou ao fim em 2015. Isso levou Elifas e o filho, Bento Andreato, a começarem a explorar maneiras de levar o projeto ao mundo digital, criando um blog e uma página no Facebook, nos quais continuariam a fazer a curadoria de textos, jogos, questionários e outros conteúdos. Por acaso, Maria e Simon conheceram Elifas em São Paulo em uma exposição em 2019, iniciando uma conversa que levaria à ideação e evolução do Almanaque Brasil, que resultou no desenvolvimento da Almanaque Digital, plataforma educacional Deep Tech para ajudar a resolver a infinidade de desafios educacionais de melhorar o nível de engajamento e a qualidade da educação no Brasil.

O objetivo do Almanaque Digital é simples: garantir que cada criança e adolescente no Brasil tenha acesso à sua biblioteca enciclopédica de conteúdo por meio de sua plataforma e aplicativos educacionais Deep Tech, de modo que todos possam aprender novos conhecimentos e habilidades de forma eficaz. O intuito é apoiar os professores no desenvolvimento de métodos de aprendizagem mais eficazes, aumentando a participação dos pais e melhorando a forma como a aprendizagem dos alunos é avaliada.

Há uma série de áreas inter-relacionadas nas quais o Almanaque Digital tem como objetivo alcançar resultados na perspectiva dos alunos com base nos parâmetros curriculares nacionais brasileiros:

- Conhecimento.
- Pensamento científico, crítico e criativo.
- Repertório cultural.
- Comunicação.
- Cultura digital.
- Habilidades de raciocínio.
- Autoconhecimento e autocuidado.
- Empatia e cooperação.
- Responsabilidade e cidadania.[59]

E em relação aos professores, a iniciativa está sendo desenvolvida para ajudar a fornecer:

- Um currículo programático mais criativo.
- Habilidades interdisciplinares.
- Acesso à tecnologia.
- Participação dos pais.
- Aumento do desempenho do aluno.

Elifas percebeu que alguns dos amigos o questionaram sobre a relevância do projeto que busca proteger a memória nacional do Brasil, dizendo que o formato do Almanaque simplesmente não era compatível com a modernidade das novas plataformas e com a velocidade da informação. Sua resposta é simples: "O passado, que é desconhecido, é novo quando revelado!"[60]

Ao produzir um rico repositório de histórias curtas, anedotas, jogos, questionários, artigos e animações, o resultado é um conteúdo perfeitamente adequado para dispositivos móveis e renderização de aplicativos para jovens. O Almanaque Digital está sendo apoiado por organizações patrocinadoras que pretendem criar edições personalizadas para comunidades e públicos específicos, ajudando, assim, crianças e jovens adultos desfavorecidos a se envolverem plenamente em sua educação e serem inspirados por muitos dos mais célebres brasileiros.

As aplicações da plataforma estão sendo produzidas por jovens desenvolvedores do Vai na Web, criando um círculo virtuoso de apoio em que as organizações ajudam as comunidades, que, por sua vez, faz com que o Vai na Web possa apoiar a formação técnica de ainda mais jovens brasileiros. Desse modo, o projeto Almanaque Digital é capaz de criar uma forma sistêmica de impacto social que pode ser escalonada e amplificada em todo o país.

Bento Andreato é empresário cultural e diretor-executivo do Instituto Elifas Andreato. Para Bento, o Almanaque Digital é uma oportunidade de ajudar os brasileiros a resgatar seu senso de lugar, tanto em relação às conexões sociais e ecológicas não apenas com o Brasil, como também com seus bairros, cidades e regiões locais:

"O Almanaque Brasil foi criado com o objetivo de levar o Brasil aos brasileiros, por meio de exemplos de personalidades conhecidas e inauditas, mas fascinantes, criando a possibilidade de aprender com os maiores exemplos de nosso povo e de nossa rica cultura. O Almanaque Digital criou a oportunidade de alcançar pessoas que vivem em comunidades rurais, muitas das quais são frequentemente impactadas por atividades industriais, criando a oportunidade de elevar a autoestima das pessoas que mais precisam. Ao ajudar as pessoas de todo o país a entrar em contato com as grandes riquezas que o Almanaque Digital pode proporcionar a elas, podemos ajudá-las a sentir que pertencem ao grupo maior de pessoas que fizeram e estão fazendo a diferença na vida de todos nós."

A evolução do Almanaque para um projeto Deep Tech permitiu que Elifas e Bento pusessem em prática sua visão de transformar a educação no Brasil. É muito mais do que apenas um canal para disponibilizar conteúdo digitalmente. É um modo de conceber conteúdos com curadoria e ilustrados de forma que possa ser personalizada para comunidades individuais e grupos designados, ajudando-os, portanto, a desenvolver um senso mais aprofundado de lugar e das suas identidades à medida que a sua educação progride. Fica evidente o impacto emocional e profissional que esse projeto teve em Elifas:

"O Almanaque Brasil tem sido minha missão de vida. Durante quinze anos, conseguimos impactar milhões de pessoas que viajaram a bordo da TAM com nossas revistas de bordo, que reuniram um conteúdo rico e variado sobre nossa cultura brasileira. O fato de agora podermos disponibilizar o Almanaque por meio de aplicativos e de uma plataforma digital é fonte de grande alegria para mim, pois o ambiente digital atualmente é de extrema importância para que nossos conteúdos educativos e de entretenimento possam chegar aos jovens.!"

"Mesmo eu, uma pessoa de 75 anos, sou capaz de habitar este universo. Ou seja, o Almanaque pode ser tradicional em seu propósito sem perder a relevância, e agora como uma plataforma disponível em muitos modos diferentes — revistas, televisão, livros e aplicativos. Ser capaz de evoluir o Almanaque por meio da Deep Tech, mantendo nosso DNA, possibilitou-nos assegurar que ele possa ser continuamente atualizado, personalizado e permanecer tão relevante quanto sempre foi, agora alcançando pessoas de todas as regiões de todo o Brasil. Viva o Almanaque Brasil!"

O Almanaque Digital personifica a essência plena dos Novos 4Ps, evoluindo da mídia impressa e televisão para uma plataforma com propósito, elaborada para ajudar as pessoas a desenvolver autoestima, um senso de lugar e um impacto positivo no planeta por meio da educação, ajudando as comunidades a aprenderem a ser bem-sucedidas e prosperarem localmente por meio do apoio de organizações patrocinadoras. Além disso, o projeto é um exemplo de Impacto Social como Serviço, uma dimensão integral da proposta de valor da plataforma, que explicamos em detalhes no Capítulo Sete.

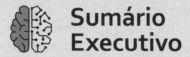

Sumário Executivo

→ Deep Tech é um novo modelo econômico baseado nos Novos 4Ps de plataformas, propósito, pessoas e planeta. Os Novos 4Ps são os requisitos fundamentais para o desenvolvimento de sistemas organizacionais saudáveis. Os valores humanos universais são o fundamento do que realmente significa ser humano.

→ Os Novos 4Ps são um framework prático e inclusivo para ajudar as pessoas a entender as principais tendências que moldam os ecossistemas de negócios, e a importância de uma abordagem holística para a criação de uma estratégia de alto impacto. Isso fornece um novo conjunto de princípios econômicos para as organizações que desejam se transformar digital e culturalmente, e eles podem ser utilizados antes de quaisquer projeto, estratégia e iniciativas de marketing.

→ A Pravy é um estúdio de design moderno de São Paulo que está agregando valor por meio dos Novos 4Ps integrando de forma ativa os valores humanos universais nas práticas diárias e na cultura organizacional. Quando os valores humanos universais estão presentes numa organização, as pessoas prosperam e contribuem para o desenvolvimento da nossa capacidade de reinvenção e adaptação, aumentando a nossa criatividade, pensamento crítico, colaboração e comunicação.

→ O Almanaque Digital, um exemplo dos Novos 4Ps na prática, é uma plataforma única que reúne o melhor da cultura e da história brasileiras de uma bela maneira, com grande foco nas histórias dos artistas, escritores e músicos mais importantes do país. É um projeto Deep Tech que está ajudando a transformar a educação no Brasil, ajudando os professores a criar métodos de aprendizagem mais eficazes e aumentando a participação dos pais. Visa ajudar crianças, jovens adultos e comunidades a aprender a serem bem-sucedidos, prosperarem e desenvolverem um senso de lugar e propósito elevado.

3

CAPÍTULO 3

A Dimensão Viva da Tecnologia

SISTEMAS VIVOS

Deparamo-nos com sistemas em todas as dimensões de nossas vidas, e, ainda assim, nossas instituições educacionais não ensinam o pensamento sistêmico transdisciplinar como habilidade e capacidade fundamentais. Existem inúmeras abordagens para entender os sistemas, inclusive a noção de que muitos são, na realidade, construtos mentais cujos limites são delimitados por nossos modelos mentais, paradigmas, metáforas e vieses cognitivos.

Michael C. Jackson criou o Critical Systems Thinking [Pensamento de Sistemas Críticos, em tradução livre] como um framework avaliativo a fim de ajudar os líderes a terem melhores condições de lidar com o nível de complexidade na tomada de decisões. O framework examina os pontos positivos e negativos das diversas abordagens encontradas no pensamento sistêmico e na teoria da complexidade, e como empregá-los em conjunto.[61] Jackson fornece um exemplo prático do Critical Systems Thinking em relação à pandemia de Covid-19 no Reino Unido, explicando que: "o modo como entendemos a complexidade faz uma enorme diferença em como respondemos a crises desse tipo. Conceituações inadequadas de complexidade levam a respostas insatisfatórias que podem piorar as coisas".[62] Por esse motivo, é importante que os líderes levem em conta as muitas abordagens diferentes para entender os sistemas complexos e as estratégias resultantes que podem ser implementadas.

Gareth Morgan estabeleceu oito metáforas diferentes para a forma com a qual podemos pensar as organizações: máquinas, organismos, cérebros, sistemas culturais, sistemas políticos, prisões psíquicas, instrumentos de dominação, fluxo e transformação.[63] Cada uma delas apresenta contextos específicos em que podem operar ou não. Uma vez que essas metáforas são explicitadas, os líderes podem entender melhor suas organizações, criando novas maneiras de ver e explorar o impacto das diferentes perspectivas das pessoas.

O paradigma educacional ocidental nos ensina como dividir os sistemas em partes conceituais, mas não nos ensina como confrontar a totalidade do fenômeno que desejamos compreender. Nossas instituições de ensino ainda são bastante compartimentadas, existindo como departamentos acadêmicos separados, que raramente dialogam. A questão é que não precisamos de uma nova teoria de sistemas nem temos a necessidade de desenvolver tecnologia ainda mais avançada para nos ajudar a solucionar nossos problemas sistêmicos atuais. A ciência e a tecnologia deram um grande salto evolutivo por meio do desenvolvimento de inovações imensamente complexas. Nossos conhecimentos e entendimentos coletivos de sistemas ecológicos, mecânicos, tecnológicos e humanos são imensuráveis. Nossos problemas vêm à tona quando empregamos uma abordagem limitada ou nenhuma abordagem sistêmica para entender esses sistemas interligados e hiperconectados.

Reconhecendo esses desafios de introduzir o pensamento sistêmico nas organizações no nível mais alto, a Abordagem Holonomics foi criada em 2011 a fim de desenvolver uma abordagem ímpar para a mudança organizacional, que não separasse a transformação digital da cultural.[64] O desafio enfrentado pelos líderes é que, para fomentar essa transformação, eles também precisam mudar os paradigmas que norteiam seus modelos mentais. Apenas assim uma organização pode realizar mudanças concretas em seu paradigma organizacional predominante.

O foco da Abordagem Holonomics é ajudar os líderes e gerentes corporativos a aprender como responder, adaptar-se e comunicar-se de formas novas e arrojadas, criando novas maneiras de ver, expandindo os modos de consciência e ajudando a fomentar a vivência dos valores humanos universais em suas organizações. Não se pode separar as iniciativas de transformação digital das iniciativas de transformação cultural, já que as organizações são sistemas vivos, nas quais processos de negócios estruturados e fluxos de trabalho estão interligados aos fluxos humanos de significado, sentimentos, sensações, diálogos, interpretações, influência, política, amizade, visões, valores e propósitos.

As decisões de negócios levam em consideração uma teia amplamente complexa de sistemas concorrentes, como por exemplo, emoções humanas, pressões sociais, pesquisa de mercado, múltiplas fontes de dados e modelos de negócio. O éthos da

Abordagem Holonomics em meio a tanta complexidade é, portanto, ajudar as empresas a enxergar o sistema como um todo.

Na tabela a seguir, podemos resumir a evolução do pensamento que a Holonomics promove nas pessoas:

TABELA 3.1 Holonomic Thinking

Ego-nômico	Holonômico
Geração por quê?	Geração porquê
Internet das Coisas (IoT)	Tecnologia com alma
Selfie	Holograma
Fração	Fractal
Partes	Inteiro

As metáforas tidas como mecânicas, ainda que relevantes para seu contexto específico, continuam predominantes no pensamento gerencial e na implementação de práticas de negócios, como a reengenharia de processos e o redesenho de negócios. Embora a ciência ainda não tenha uma maneira peculiar e definitiva de caracterizar a vida, podemos, naturalmente, compreender os sistemas vivos como tendo as seguintes qualidades:

TABELA 3.2 Sistemas Vivos

dinâmico	cognitivo
criativo	auto-organizado
ordenado, complexo e caótico	dissipativo
cooperativo e competitivo	evoluído
imprevisível, mas compreensível	diversificado
emergente	replicável e reproduzível

Há muitas barreiras à capacidade de líderes políticos e corporativos desenvolverem habilidades de pensamento sistêmico, e, por essa razão, um dos elementos fundamentais da Abordagem Holonomics é primeiro ajudá-los a desenvolver novas maneiras de ver antes de tentar implementar mudanças sistêmicas em suas organizações. Há diversos jeitos de pensar as partes e os inteiros nos sistemas, e se essas diferenças não forem totalmente compreendidas, qualquer metodologia ou framework de mudança empregado não funcionará como esperado, mesmo que tenha sido projetado com os princípios sistêmicos.

Podemos pensar as partes de um sistema e sua relação com o sistema como um todo das seguintes formas:

- Como partes interconectadas mecanicamente.
- Como partes que representam o todo de alguma forma.
- Como relações entre as partes.
- Como processos que afloram devido às relações entre as partes.
- Como sinergias resultantes dos processos.
- Como partes que são membros obedientes às regras de sistemas de nível superior.
- Como sistemas que estão integrados em sistemas maiores.
- Como fluxos cognitivos de informação entre as partes.
- Como fluxos de significado entre as partes.
- Como entidades que têm identidade por fazerem parte de um todo maior.

A partir dessa lista, é possível observar que, embora precisemos de habilidades analíticas e intelectuais para entender e construir determinadas formas de sistema, precisamos também ter acesso a outras maneiras de conhecer o mundo, a fim de identificar sistemas vivos e desenvolver um meio de incorporar e vivenciar a totalidade e a interconexão da vida. Precisamos estar atentos à forma de pensamento sistêmico com a qual estamos trabalhando e aos frameworks analíticos que estamos usando para esboçar artificialmente sistemas que, na realidade, são mais complexos, abertos e ilimitados do que os modelos que os descrevem.

Atualmente, nosso mundo corporativo moderno é dominado pela tecnologia e por um modo de pensar lógico, racional e simbólico que nos passa a sensação de estarmos separados do mundo, das outras pessoas e dos ecossistemas naturais dos quais somos parte. É essa sensação de separação que faz com que as pessoas inflijam danos e prejuízos a outrem e aos nossos ecossistemas sem perceber, sentir e intuir a conectividade altamente associada e entrelaçada a eles. A fim de resolver nossos problemas complexos, precisamos de um nível mais alto de consciência que englobe as quatro maneiras de conhecer.[65]

Na Figura 3.1, o *sentir* se localiza à frente do *pensar*. Sentir não é emoção. É por meio do sentir que obtemos uma sensação de conexão com outras pessoas e com a natureza. O *perceber* é a forma de conhecer dos artistas, fotógrafos, pintores e chefs. Considerando que o conhecimento sensorial é muito concreto, o *intuir* nos proporciona uma percepção mais aguçada do significado dos fenômenos com os quais nos deparamos em nossas experiências vividas como seres humanos, sendo responsável por insights, descobertas científicas e novas maneiras de ver.

FIGURA 3.1 As Quatro Formas de Conhecer

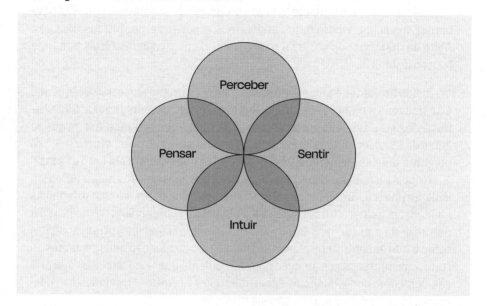

Desde a era da industrialização até nossa era moderna de tecnologia avançada, nossas formas de conhecer o mundo se tornaram instáveis. A pesquisa do psiquiatra Iain McGilchrist sugere que os dois hemisférios de nosso cérebro dividido operam de formas profundamente diferentes, mas não como imaginamos.[66] O hemisfério esquerdo fornece atenção instrumental, possibilitando-nos manipular objetos e usar as coisas em nosso benefício. Contudo, esse tipo de atenção tem âmbito limitado, ou seja, vivenciamos a realidade como se fosse fragmentada, estática e, em última análise, sem vida. É o hemisfério direito que fornece atenção relacional, possibilitando-nos enxergar o panorama como um todo, criar vínculos sociais, habitar e pertencer ao mundo que vemos, em vez de simplesmente nos separarmos dele e usá-lo.[67]

Segundo o insight relevante de McGilchrist, embora nossos cérebros estejam divididos, temos a capacidade potencial de explorar e vivenciar essas diferenças e, por último, dominá-las. Não precisamos ser prisioneiros de nossos hemisférios esquerdos. Vejamos sua explicação em um diálogo com Simon:

"O cérebro não está apenas profundamente dividido ao meio (fato curioso, já que tanto sua finalidade quanto seu poder residem justamente em estabelecer conexões), como também é claramente assimétrico: em termos consistentes, os hemisférios divergem em tamanho, peso, forma, estrutura superficial, arquitetura celular em algumas áreas, proporção de substância cinzenta para branca, resposta a hormônios endócrinos e perfil de neurotransmissores. Além do mais, grande parte do tráfego neural entre os hemisférios tem uma função inibitória.

"As ideias limitadas e arcaicas de que a lógica e a linguagem estão à esquerda, e as imagens e emoções, à direita foram há muito desacreditadas. Cada hemisfério está envolvido em absolutamente tudo o que fazemos. Assim que se deixa de fazer a pergunta pertinente a uma máquina — 'o que ela faz?' — e se pergunta pertinentemente a uma pessoa — 'de que maneira ela faz o que faz?' — a resposta começa a ficar mais clara. As diferenças entre os hemisférios em aves, animais e humanos, em última análise, relacionam-se com diferenças na atenção, que evoluíram por razões óbvias de sobrevivência. Mas já que a natureza da atenção que damos ao mundo muda o que encontramos nele, e como o que encontramos nele influencia o tipo de atenção que prestamos ao futuro, as diferenças de atenção não são somente questões técnicas, mecânicas, como têm consequências experimentais e filosóficas humanas consideráveis. Elas mudam o mundo em que vivemos.

"O problema da diferença hemisférica não se relaciona fundamentalmente com a experiência cotidiana do indivíduo, e sim com a maneira pela qual se dá a concepção dos indivíduos — e, por último, a concepção de uma cultura — em relação à natureza do mundo em que vivemos. Em termos simples e breves: trata-se de duas conexões para o mundo, uma se fecha diante da certeza, e a outra se abre diante de uma possibilidade. Ou seja, uma (à esquerda) visa obter a resposta correta ('uma/ou outra'); a outra (à direita) é mais capaz de conviver com ambivalência e com a chance de duas possibilidades aparentemente incompatíveis serem reais ('ambos/e'). Em uma era que valoriza mais a coerência dentro de um sistema de pensamento do que veracidade às complexidades muitas vezes irresolúveis do mundo real, uma dessas 'conexões' pode ser relativamente negligenciada."[68]

Há cada vez mais evidências de que os processos perceptivos são influenciados pela cultura, e esses processos perceptivos, por sua vez, impactam a forma como entendemos e pensamos os sistemas. Nas culturas ocidentais, descobriu-se que as pessoas organizam objetos reforçando regras e categorias e focando os objetos importantes, independentemente do contexto. Já nas culturas do Leste Asiático, as pessoas são mais propensas a confiar menos na lógica formal e usar modos de pensamento mais intuitivos, respondendo ao contexto e às relações entre objetos e seus contextos. Em um estudo, solicitou-se que estudantes norte-americanos e japoneses descrevessem o que viam em uma série de imagens, como um aquário. Descobriu-se que, enquanto os dois grupos falavam sobre os objetos mais importantes em primeiro plano (os peixes, que eram coloridos e nadavam ao redor), os estudantes japoneses também tendiam a conversar e lembrar mais informações sobre as imagens em segundo plano.[69]

O pensamento reducionista não é o problema. O uso de frameworks não é o problema. O problema é não termos em mente as diferentes formas de conhecer o mundo, nem estarmos atentos quando implementamos um framework a partir de uma perspectiva e nível de consciência específicos. Quando temos em mente a forma como estamos implementando e empregando frameworks sistêmicos, e temos domínio sobre todas as quatro formas de conhecer, temos mais graus de liberdade em relação a como agimos no mundo, como damos sentido às coisas e respondemos ao nosso ambiente.

ESTRATÉGIA DE MAPEAMENTO SISTÊMICA

Quando um framework é bem desenvolvido, pode viabilizar o pensamento sistêmico em um contexto organizacional e ser implementado de maneira ágil em todo o ecossistema de negócios. Nossa capacidade de interpretar, compreender e trabalhar efetivamente com um framework sistêmico depende do desenvolvimento de uma maneira dinâmica de ver, do nível de nossa consciência e da presença de valores humanos. Na implementação de programas de transformação digital, é necessário primeiro que os executivos tenham uma compreensão clara e sistêmica de sua estratégia. Pode-se alcançar isso por meio do design e da implementação da ferramenta de gestão Balanced Scorecard, desenvolvida por Robert Kaplan e David Norton.[70]

Maria trabalhou diretamente com Kaplan e Norton implementando o Balanced Scorecard em muitas das maiores e mais importantes empresas do Brasil. Essa experiência direta de ajudar a desenvolver a metodologia com os criadores lhe proporcionou conhecimento em primeira mão de como o Balanced Scorecard tem um papel educativo, possibilitando que as pessoas vejam as relações existentes entre as diferentes áreas e atividades dentro das organizações, desenvolvendo, assim, uma maneira de ver nas organizações baseada na visão sistêmica, em vez da visão em silos e fragmentada, normalmente predominante.

O Balanced Scorecard é uma metodologia que possibilita à empresa se ver de forma mais equilibrada e sistêmica, tanto em longo quanto em curto prazo. É mais do que uma simples ferramenta para organizar indicadores; é uma maneira de gerenciar e viabilizar que uma organização se veja a partir de uma perspectiva mais integrada e multidimensional. O Balanced Scorecard conecta as medidas financeiras às medidas operacionais e traduz a estratégia organizacional em quatro perspectivas clássicas: a financeira, a de clientes, a de processos internos e a de aprendizado e crescimento. O impacto foi expandir o foco exclusivo das empresas no valor do acionista, passando a englobar as dimensões de cliente, pessoas, processos, assim como as dimensões comunitárias e ecológicas.[71]

A metodologia é relevante não apenas para o design de empresas individuais, como também para os ecossistemas educacional, governamental, de sustentabilidade e inovação. Como Kaplan explica:

"No mundo atual, conectado e globalizado, a colaboração além das fronteiras organizacionais tornou-se uma habilidade crítica e desejável para a inovação e o sucesso. A solução de problemas complexos para clientes ou para a sociedade raramente pode ser obtida por meio de capabilidades de uma única empresa, seja ela individual ou governamental. A cocriação de um mapa estratégico e do Balanced Scorecard ajuda a alinhar múltiplas entidades a uma visão holística e compartilhada rumo ao sucesso."[72]

Nos últimos anos, o trabalho de Maria tem sido o de implementar a metodologia Balanced Scorecard, ensinando os líderes a como usá-la para criar estratégias ágeis a fim de alinhar e orquestrar objetivos e metas de forma sistêmica. Isso possibilita que os executivos aprendam como valorizar e entender o pensamento sistêmico em um nível mais profundo e significativo, a fim de que reconheçam mais plenamente a mudança de paradigma que uma implementação bem-sucedida do Balanced Scorecard acarreta.

Toda metodologia está respaldada por uma abordagem, uma maneira de fazer as coisas que precisa ser respeitada e levada em consideração antes de ser implementada. Os executivos que não têm visão sistêmica só são capazes de entender o Balanced Scorecard como uma metodologia orientada por modelos. Quando isso ocorre, as metas e os indicadores são definidos por equipes e departamentos isolados da organização como um todo, a ideia é que, se as partes individuais forem otimizadas, toda a organização também alcançará o desempenho máximo. Na prática, a ausência de uma abordagem sistêmica pode criar muitas dificuldades devido a metas não alinhadas, reduzindo assim a cooperação interdepartamental e subaproveitando os recursos.

Quando uma cultura organizacional promove a compreensão sistêmica, a metodologia é capaz de viabilizar o desenvolvimento de perspectivas mais ágeis e criativas, que acentuam os relacionamentos ativos, dinâmicos e vivos em toda a organização. O fator crítico de sucesso é aceitar a necessidade de que a organização precisa mudar sua mentalidade e ampliar a consciência de si mesma. Para construir um Balanced Scorecard não basta simplesmente "implementar" uma ferramenta ou metodologia considerando apenas o lado técnico, construindo-a de forma metódica e progressiva. Seguir o passo a passo é somente uma pequena parte da equação, pois, na implementação do Balanced Scorecard, a parte maior e mais significativa da equação é o movimento de mudança de percepção. E para ser eficaz, isso deve ocorrer em todos os níveis. Por isso, a Abordagem Holonomics, quando aliada à estratégia ágil, desenvolve autenticidade, empatia, criatividade e compreensão da experiência vivida por quem trabalha e faz parte do ecossistema da organização.

As metodologias, as plataformas tecnológicas avançadas, os sistemas e as aplicações não são varinhas mágicas que se encarregarão de todo o trabalho simplesmente porque foram adquiridas. A vantagem do Balanced Scorecard é viabilizar uma transformação significativa na capacidade de liderança dos gerentes. Se ficarmos esperando que os outros mudem sem mudarmos a nós mesmos, não há mudança efetiva. Portanto, antes de implementar o Balanced Scorecard, é imperativo que um líder realmente entenda que promoverá uma mudança na forma como sua organização se percebe, e na qualidade dos relacionamentos. No processo de construção do Balanced Scorecard, as pessoas aprendem a se ver como codependentes e a enxergar os processos dos quais fazem parte. O processo é tão importante quanto o resultado.

A descrição da estratégia de uma organização se encontra em um modelo visual denominado "mapa estratégico" e, como tal, representa uma das maneiras mais importantes pelas quais uma organização se torna mais ágil e alinhada por meio do desenvolvimento da visão e da compreensão compartilhadas em seus setores e departamentos (Figura 3.2). O mapa estratégico, por meio de diferentes perspectivas,

FIGURA 3.2 Exemplo de Mapa Estratégico

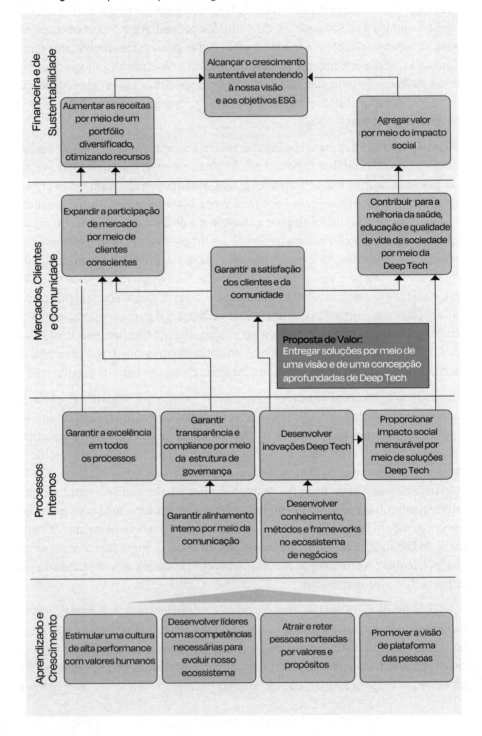

explicita tanto os objetivos que a organização deseja alcançar para concretizar sua visão de futuro quanto os objetivos internos da organização que lhe possibilitarão conquistar os resultados almejados. Os sistemas de metas norteados pela metodologia ágil, como os OKRs (Objectives and Key Result, que descrevem o que uma iniciativa alcançará e como será mensurada), podem ser alinhados com o mapa estratégico, que é então acompanhado e revisado com frequência.

As relações de causa e efeito são incluídas no mapa a fim de demonstrar as inter-relações entre os objetivos. As relações causais são sempre representadas começando de baixo para cima, mostrando que, se os objetivos internos forem alcançados, os resultados levarão à conquista dos principais objetivos. Isso garante a coerência entre os objetivos que devem ser compreendidos de forma integrada e de um ponto de vista sistêmico.

O intuito de uma estratégia Deep Tech é elevar as organizações a um nível mais alto de atuação. Isso pode ser conquistado por meio do desenvolvimento de uma visão de plataforma que sempre começa com uma proposta de valor elevada. Uma proposta de valor é uma declaração de como seu produto ou serviço beneficiará seu cliente. Ela estabelece claramente o que você fará pelo seu cliente ideal e por que você é melhor do que seus concorrentes.

Já que proposta de valor é o cerne da estratégia, ela se localiza na perspectiva de Mercados, Clientes e Comunidade do mapa, enfatizando que, se a organização for capaz de alcançar plenamente sua estratégia, cumprirá por completo sua promessa aos clientes e às outras partes interessadas. É essa proposta de valor que simboliza o propósito da organização, impulsionando e norteando as pessoas, e os processos internos rumo ao cumprimento da promessa de valor.

O poder da estratégia de mapeamento sistêmica se origina da possibilidade de as pessoas entenderem o porquê, como, quem está por trás de quê e o que os impacta e, posteriormente, como comportamentos e ações impactam os outros. As pessoas se tornam mais comprometidas com a estratégia e são mais capazes de desenvolver consenso, os dois principais pilares do Balanced Scorecard. Isso ocorre porque o mapa estratégico fornece uma narrativa coerente para os líderes se comunicarem. Como Kaplan afirma: "O próprio ato de traduzir a estratégia em um mapa estratégico transforma as pessoas."[73]

Apesar de o Balanced Scorecard poder ser visto como um sistema de gerenciamento completo, ao implementá-lo, muitos aspectos sistêmicos podem ser perdidos com facilidade. Embora muitas empresas e organizações ainda tenham como meta apenas maximizar o desempenho de partes separadas, como equipes, divisões e centros de lucro por meio de OKRs, o Balanced Scorecard possibilita aos líderes orquestrar as partes usando o mapa para ajudar a incentivar as pessoas não somente a maximizar seu melhor *in loco*, como também fazer o que é melhor para a estratégia geral, que representa a visão e o propósito da organização. O resultado é uma cultura de liderança que se baseia em facilitar um tipo de gestão relacional e interconectada, possibilitando que a agilidade surja naturalmente e de forma que envolva a todos.

Com essa visão mais sistêmica de toda a organização, os recursos podem ser realocados para qualquer aspecto problemático da organização que exija mais empenho e atenção. Uma das principais atividades é a divulgação da estratégia a todos os membros da organização, que também pode incluir outras partes interessadas e representantes das comunidades impactados pela organização. Atrair as pessoas para o processo cria significado para elas, permitindo-lhes compreender a relação entre os elementos individuais e toda a estratégia. Há muitas organizações cujos líderes não incluem as equipes de design e de desenvolvimento no processo estratégico, impedindo-os de desenvolver consciência estratégica. Por esse motivo, desenvolvemos um processo chamado Deep Tech Discovery (explicado no capítulo a seguir) que aprimora o design ágil por meio da inclusão de práticas estratégicas ágeis visuais e orientadas à comunicação.

O comprometimento autêntico com as pessoas não se dá somente por meio do pensamento racional, mas pela sensibilização, conectando-as emocionalmente à estratégia, motivando-as e ajudando-as a estimular o próprio desempenho. O Balanced Scorecard é basicamente uma ferramenta que organiza conversas e, por isso, a organização precisa desenvolver competência em promover e facilitar o diálogo. Isso significa que as pessoas nas empresas precisam aprender a dialogar e, principalmente, a ouvir. A mágica ocorre nas interações, não no software de business intelligence que calcula e reporta os indicadores. Uma boa conversa que contemple a grande diversidade na organização é o que realmente faz com que a estratégia ganhe vida e esteja pronta para ser implementada e bem gerenciada.

O Balanced Scorecard é um sistema aberto, pois engloba todos os desafios que uma organização enfrenta, como a sustentabilidade e as relações com a comunidade. Os valores da organização se alinham com a maneira de fazer as coisas — sua cultura — e com a forma de tratar clientes e fornecedores. Todos os desafios que impactam o desempenho global podem ter o mesmo nível de importância que os aspectos financeiros. Por todas essas razões expostas, o Balanced Scorecard pode contribuir para promover um senso coletivo de propósito e valores em uma organização, quando implementado por uma liderança consciente e a partir de uma perspectiva sistêmica mais ampla.

Embora nem todas as organizações possam recorrer ao Balanced Scorecard como metodologia, ainda assim é importante que os líderes entendam os princípios sistêmicos descritos nesta seção que fundamentam sua concepção e operação. A razão é que, antes de qualquer organização começar a projetar e implementar um modelo de negócios baseado em plataforma, ela deve começar identificando a proposta de valor central que pretende elevar (processo que descrevemos e explicamos no capítulo quatro). Logo, o Balanced Scorecard é uma forma de ajudar uma organização a desenvolver uma abordagem ágil e de sistemas vivos para a estratégia, vinculando e integrando a proposta de valor central na estratégia por meio do mapa estratégico, garantindo assim que os direcionadores estratégicos para mudança, proposta de valor, metas, OKRs, indicadores e projetos estejam todos alinhados. Isso proporciona clareza às equipes sobre quais programas devem ser priorizados e implementados, maximizando o desempenho da organização como um todo.

EXPERIÊNCIA VIVIDA

Em geral, as empresas mobilizam todos os seus empenhos calculando a experiência por meio de um prisma de frameworks quantitativos e qualitativos, raramente dedicando tempo a refletir sobre a própria natureza da experiência. A prática filosófica de explorar a "experiência vivida" é um modo poderoso de como isso pode ser feito. Antes que possamos explorar a experiência vivida, temos que levar em conta como normalmente pensamos e descrevemos a experiência a partir do design, da pesquisa de negócios e do cotidiano das pessoas. Para nos ajudar, podemos analisar o modo pelo qual os artistas experienciam o mundo e são capazes de retratar a essência de nossas experiências de formas poeticamente poderosas.

A canção "Mad World" foi lançada em 1982 pelo Tears for Fears, banda composta por Roland Orzabal e Curt Smith. A canção foi escrita por Orzabal enquanto ele estava desempregado e morava em um apartamento no centro de Bath, cidade histórica e arquitetonicamente bela, no sudoeste da Inglaterra. Os versos foram inspirados tanto pela observação de pessoas que trabalhavam das 9h às 17h quanto pelos trabalhos do psicoterapeuta americano Dr. Arthur Janov, cujo mais famoso e controverso trabalho foi o best-seller *O Grito Primal*.[74] Embora muitos fãs tenham interpretado a letra melancólica da música como uma referência ao suicídio, Orzabal contou como a dupla havia lido os pressupostos de Janov sobre a maneira como nossos sonhos mais impressionantes liberam mais tensão. Por isso, os versos: *The dreams in which I'm dying are the best I've ever had* ["Os sonhos em que estou morrendo são os melhores que já tive", em tradução livre].

A canção foi regravada diversas vezes, tanto por cantores profissionais e bandas, bem como aspirantes esperançosos de pop em shows de talentos, como *The X Factor* e *The Voice*. Uma das interpretações mais marcantes foi escrita e interpretada por Gary Jules em 2001, quando a canção fez parte do clímax final do filme *Donnie Darko*. Vinte anos após o lançamento, Smith explicou como a versão de Jules era "incrível quando a ouviu pela primeira vez", sentindo que era mais fiel à essência da música do que sua própria versão. A interpretação musical de Jules era tão sombria quanto a letra, em comparação com seu próprio estilo eletrônico de música, o que o tornou popular devido à "justaposição de letras bastante sérias e intensas com um som pop",[75] estilo influenciado por artistas como Gary Newman, Depeche Mode e Duran Duran.

Talvez parte da popularidade da música venha do modo como ela dialoga com nossas experiências por vezes desagradáveis da escola, sobretudo para aqueles que têm que ir a uma escola nova no meio do período, sendo o estranho sem amigos. Quando pensamos em nossas lembranças da juventude, com que facilidade conseguimos revisitar exatamente o mesmo estado mental que tínhamos, de muitos anos atrás, quando éramos alguém completamente diferente e ainda com tanto para aprender e experienciar? Como Orzabal relembrou ao ouvir a versão de Jules de sua música: "Foi provavelmente o momento mais orgulhoso da minha carreira. Eu estava na casa dos 40 e tinha esquecido como me sentia quando escrevia todas as canções do Tears for Fears. Agradeci a Deus pelo Roland Orzabal de 19 anos."[76]

As novas tecnologias sociais trouxeram um rápido avanço no modo como as empresas coletam nossos dados pessoais a fim de compreender nossos comportamentos, nossas atitudes e opiniões. E as práticas de design da customer experience evoluíram por meio de metodologias como etnografia, pesquisa empática e análise qualitativa. Mas ainda é raro encontrar uma exploração da própria natureza da experiência nos departamentos de marketing, inovação e design, e quase nunca a encontramos no nível dos conselhos administrativos. Essa reflexão sobre a dificuldade de relembrar nossa própria experiência vivida a partir da juventude mostra o quão desafiadora é a questão de assimilar e compreender a experiência vivida pelos outros.

Por essa razão, nossa abordagem Deep Tech integra investigações artísticas às nossas iniciativas tecnológicas, estratégicas e culturais nas organizações. Se considerarmos a psicologia como uma ciência, de fato se trata de uma disciplina formada por muitas escolas de pensamento frequentemente conflitantes e contraditórias. A consciência ainda permanece um mistério, e a ciência de estabelecer e descrever a experiência permanece incompleta, na melhor das hipóteses. Não se trata de criticar a psicologia, pois ela nos ajudou a desenvolver abordagens estruturadas para a exploração da experiência humana, mesmo porque a psicologia e a ciência cognitiva por si só não têm o monopólio da exploração da nossa condição humana.

Um artista como Gary Jules consegue se embrenhar no páthos da letra de uma música e, com algumas notas de um único piano, desencadear algo profundo dentro de nós, que revive as experiências que vivenciamos há tantos anos, com lucidez e com todas as emoções e sensações que foram incorporadas e atreladas a elas. Em termos comparativos, um psicólogo tem o objetivo de se retirar do fenômeno em estudo, a fim de evitar que variáveis externas impactem os resultados obtidos. Esta abordagem é inteiramente válida, porém não é a única para a compreensão da nossa condição humana. Nossa abordagem artística visa complementar métodos formais que sistematizam nossa experiência humana em relatos escritos, pois é impossível descrever a totalidade de nossas experiências por meio da linguagem, que, embora capaz de revelar aspectos da realidade para nós, também pode escondê-la de nós.

Trabalhar com a experiência vivida em um contexto corporativo ou organizacional não é necessariamente criar obras de arte; é ter a habilidade de explorar a experiência como ela é vivida, sabendo que nossos ambientes físicos externos, como experienciados por nós em nossos mundos de vida internos, podem diferir muito de outras pessoas que tiveram educações completamente diferentes. Ser sensível à nossa experiência vivida significa mudar a forma como projetamos iniciativas de transformação digital e cultural, empregando frameworks e metodologias mais diversificados e multidimensionais. Isso é particularmente relevante em projetos Deep Tech durante a fase inicial de descoberta, aspecto que explicamos em mais detalhes no Capítulo Quatro.

O conceito de experiência vivida deriva da fenomenologia, ramo da filosofia que explora a maneira pela qual os fenômenos de nossa experiência humana se manifestam como significativos para nós. O filósofo Henri Bortoft explicou a fenomenologia da seguinte forma:

"É difícil capturar e segurar de alguma forma porque é como tentar capturar e segurar algo enquanto está acontecendo e que acabou antes mesmo que possamos fazê-lo. Talvez possa ser descrito em termos mais simples como 'recuar' de onde já estamos. Significa desviar o foco da atenção *dentro da experiência* para longe do que é experienciado dentro da própria experiência. Portanto, se considerarmos a ação de ver, por exemplo, significa que temos que 'recuar' daquilo *que* é visto para *enxergar* o que é visto."[77]

Enquanto a psicologia cognitiva busca compreender a mente humana a partir da perspectiva dos modelos de processamento da informação, trabalhar com a experiência vivida e adentrar em mundos de vida individuais nos demonstra a necessidade de estarmos sempre abertos às inúmeras maneiras pelas quais um mesmo mundo físico pode ser experienciado e pode depender de muitos fatores individuais, coletivos e sociais diferentes. Por essa razão, a Abordagem Holonomics foi implementada dentro dos projetos de customer experience e de transformação digital para ajudar as pessoas a explorarem e adentrarem na dimensão de experiência vivida da vida organizacional, a fim de entenderem melhor os sistemas humanos e econômicos nos quais estamos inseridos. O framework Customer Experiences with Soul foi desenvolvido para ajudar os líderes a entenderem como integrar a experiência vivida em suas iniciativas de design. Os dois estudos de caso a seguir ilustram o quão poderoso esse conceito pode ser.

O Hospital Sírio-Libanês de São Paulo é um dos mais importantes hospitais da América do Sul. A equipe principal passou alguns anos desenvolvendo seu mapa estratégico usando o Balanced Scorecard como metodologia, com os pilares estratégicos baseados nos principais direcionadores de introdução de tecnologias avançadas, crescimento por meio da expansão de novas localizações hospitalares, sustentabilidade e educação médica respaldada por um modelo de negócios filantrópico. Com essas dimensões interconectadas de sua estratégia concluída, o desafio era como divulgar o mapa estratégico para todo o hospital, ou seja, para todas as pessoas em todos os níveis.

Junto com as equipes de estratégia, marketing e RH do hospital, Simon foi convidado para fazer o design de um evento de comunicação a fim de permitir que todos explicassem melhor seu mapa estratégico, com a solução proposta baseada em gamificação e storytelling. O objetivo era projetar uma experiência que "dissolvesse a hierarquia social", ou seja, rompesse as barreiras sociais entre médicos, os principais profissionais de saúde e o restante da organização de uma maneira que não fosse explicitamente óbvia, para que cada pessoa pudesse desenvolver uma compreensão empática dos desafios, tarefas e experiências vividas que normalmente não eram discutidas. Realizou-se sessões de uma hora com até 100 pessoas em cada sessão, distribuídas em 10 mesas, envolvendo 2.500 pessoas no total. Os facilitadores garantiram que cada mesa tivesse um grande amálgama de colaboradores de todas as áreas e departamentos do hospital.[78]

Não houve qualquer tentativa de divulgar o mapa estratégico *como* um mapa estratégico; pouquíssimas pessoas teriam entendido ou se engajado com ele nesse formato. Ao contrário, a sensibilidade à experiência vivida das muitas origens diferentes dos colaboradores levou à ideia de redesenhar o mapa estratégico como uma história que foi impressa e disponibilizada em todas as mesas. Normalmente, nesse cenário, devido à composição de pessoas nas mesas, a pessoa mais sênior naturalmente assumiria o controle e leria o material para os demais presentes. Como uma parte da história da estratégia estava ao alcance de cada pessoa, cada um podia ler somente a sua parte. O resultado foi que médicos e cirurgiões acabaram ouvindo secretárias e nutricionistas contarem a história de como o hospital pretendia alcançar sua visão de cinco anos, e assim as hierarquias sociais tradicionais começaram a se fundir em uma experiência de totalidade.

Quem trabalha na área de customer experience deve estar sempre atento à vivência e à totalidade dentro da experiência, e isso vale tanto para employee experience quanto para customer experience. Se nos concentrarmos somente em entender o conteúdo de nossa experiência, perderemos seus aspectos qualitativos e dinâmicos mais sutis. Portanto, os designers que trabalham com metodologias fenomenológicas são capazes de incutir nos gerentes seniores uma conexão mais intuitiva e sentida com a experiência dos clientes com seus produtos e serviços e com a experiência vivida de seus colegas e partes interessadas. E os líderes que trabalham com experiência vivida estão mais preparados para engajar as pessoas não apenas falando sobre o propósito, mas permitindo-lhes ganhar uma experiência incorporada do propósito, por meio da exploração ativa auxiliada por interações que utilizam gamificação, storytelling e outras técnicas narrativas.

Um segundo exemplo de experiência vivida em um contexto organizacional vem de Chris Lawer, fundador da Umio, que desenvolveu um modelo de experiência incorporada que estabelece a base de um processo estruturado para a compreensão, modelagem e desenvolvimento de ecossistemas de saúde.[79] Tendo começado sua carreira em marketing de seguros, Chris se interessou por inovação e transformação centradas no cliente, desenvolvendo e trabalhando com diversos frameworks inovativos que colocam os problemas dos clientes e suas necessidades em primeiro lugar, e que agregam valor por meio de relacionamentos e insights de sistemas. Como Chris nos disse:

"Por sete anos, entreguei o método Jobs-to-be-Done/Outcome-Driven Innovation para um corpo diversificado de empresas em toda a Europa, com a incursão ocasional nos EUA, na China e na América do Sul. Muitos projetos aqui estavam com empresas e companhias de assistência médica, e foi nesses projetos que comecei a enxergar não apenas onde os métodos de inovação e design existentes estavam falhando, como também novas possibilidades de repensar nossas abordagens para lidar com doenças, enfermidades e com a saúde."

A Umio desenvolveu um framework transdisciplinar, o Health Ecosystem Value Design® (HEVD), cujo objetivo é o avanço das ciências da saúde e da assistência social. O intuito era desenvolver um ecossistema de experiência de saúde, doença e enfermidades com base na experiência vivida, em vez de uma pesquisa clínica e soluções de nível tecnológico mais típicas focadas em resultados. Por essa razão, estávamos interessados em explorar as motivações de Chris para criar o HEVD e ouvi-lo explicar do que sentia falta em outros frameworks e metodologias:

"A Umio e o HEVD surgiram da experiência pessoal e da frustração com o pensamento e de métodos predominantes de design e inovação na saúde e cuidados médicos. Apesar dos ganhos contínuos na riqueza material, a saúde de muitas nações desenvolvidas é caracterizada pelo aumento da prevalência de doenças crônicas e de doenças mentais, diminuição da qualidade de vida e aumento das desigualdades e disparidades. Veja a dor crônica, por exemplo. Na maioria das nações ocidentais, cerca de 40% da população adulta sofre de dor crônica ou persistente (definida como dor com duração superior a três meses). Ao mesmo tempo que a indústria farmacêutica ganha bilhões em medicamentos para aliviar a dor, introduzindo variedades cada vez mais fortes e mais viciantes (com muitas consequências sociais negativas), ainda não conseguimos explicar os fatores que provocam dor em adultos, e muitos deles estão além do corpo ou fogem às explicações biomédicas."

O framework retrata as preocupações de Chris com a maneira como padrões e problemas de piora da saúde, aumento da desigualdade, aumento da carga de doenças e declínio da qualidade/expectativa de vida estão ocorrendo. O HEVD visa superar as limitações atuais de nossos métodos e a eficácia de nossos empenhos para entender esses problemas e resolvê-los:

"Visto que a palavra inglesa *health* (saúde) é derivada das palavras *hal* ou *hale* em Old English, que significa totalidade ou todo, a primeira tarefa importante na criação de qualquer framework de assistência médica é desenvolver um modelo de totalidade, bem como a experiência vivida unificada dentro da saúde. Para a totalidade, um modelo como esse deve fornecer os meios para identificar todos os elementos que constituem as experiências vividas com a assistência médica e de saúde. Para sermos unificados, isso deve nos ajudar a enxergar como esses elementos interagem para derivar, emergir e repetir de forma variada as experiências vividas, tanto individual quanto coletiva."

O framework HEVD é sistêmico na medida em que identifica o modo pelo qual as experiências vividas com assistência médica, doença e enfermidade são formadas a partir de *afetos* individuais e multiplicidades — sensações, estados sentimentais e impressões (sentidos no tempo psicológico) — que sinalizam uma mudança dentro de um estado vivencial existente, ou uma transição para outro, bem como capacidades afetivas. Uma vez que a experiência vivida dentro desse framework é entendida como um *todo*, novas maneiras de pensar a problemática se abrem, possibilitando-nos descobrir formas profundamente diferentes de solução sistêmica. O framework fornece uma maneira estruturada de adentrar na experiência vivida das pessoas pesquisadas e do problema em estudo, ao passo que situa as descobertas em uma ontologia formalmente definida, algo que muitos projetos de design thinking definem de modo formal.

Uma ontologia estruturada viabiliza que um designer elabore hipóteses dentro de um domínio especializado de conhecimento que podem ser cientificamente testadas, proporcionando assim insights que podem complementar as etapas exploratórias das sessões de ideação e cocriação. Mesmo que a experiência seja um aspecto fundamental de todo o design, é raro encontrar a dimensão dinâmica da totalidade dentro de nossa experiência vivida de modo explícito e articulada na especificação de muitos projetos de design thinking e centrados no usuário. Como Chris explica, a ontologia e o framework HEVD podem ser empregados em qualquer contexto da experiência humana:

"Para quem trabalha com tecnologia e serviços avançados, a principal lição é ver uma nova concepção de valor que ultrapassa a lógica transacional de uso e dominante de serviço baseada na troca. Ao delimitar contextos de experiência vivida, os designers de tecnologia e serviços podem trabalhar dentro de estruturas mais amplas, holísticas e abertas de insight e perspectiva que proporcionam novas trajetórias e possibilidades de agregação de valor."

O bom design é sempre o resultado de valorização, combinação e integração da arte, ciência e tecnologia. Explorar a experiência vivida nos lembra de que alguns dos melhores designers são aqueles que dominaram a arte da compreensão intuitiva. Ou seja, em última análise, este é o objetivo do design thinking: desenvolver soluções melhores por meio do entendimento da condição humana em todas as suas dimensões, fundamentalmente a vida como experienciada em toda a sua vivência.

Quando dedicamos tempo para adentrar na experiência vivida e explorar os sistemas a partir da perspectiva da totalidade, começamos a nos conectar com o que estamos projetando, desenvolvendo e implementando de maneiras recém-empáticas, revelando-nos qualidades, impactos e comportamentos que podem ter permanecido ocultos. No próximo capítulo, apresentaremos nossa abordagem Deep Tech Discovery, que aprofunda as práticas de design de modo sistêmico, integrando e alinhando propostas de valor, estratégia ágil, experiência vivida e ontologias de domínio.

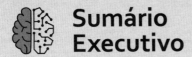

Sumário Executivo

→ A Abordagem Holonomics reconhece que nossas mentes têm uma tendência natural a interpretar o mundo por meio de uma série de filtros, estruturas e vieses. Esses filtros fazem parte de nossos modelos mentais e informam nossos paradigmas e como pensamos, sentimos e nos comportamos.

→ Vivemos em um mundo que é cada vez mais complexo e interconectado, porém muitas vezes não estamos totalmente conscientes de como nossa percepção do mundo é influenciada por nosso condicionamento cultural e nossas diferentes maneiras de conhecer.

→ O Balanced Scorecard é uma ferramenta sistêmica que facilita a implementação de uma estratégia. Trata-se de um framework que possibilita às organizações desenvolver a agilidade a curto e longo prazo. O principal objetivo do mapa estratégico é fornecer uma representação dinâmica e viva da estratégia.

→ O Balanced Scorecard é uma maneira de ajudar uma organização a desenvolver uma abordagem ágil e de sistemas vivos para a estratégia, vinculando e integrando a proposta de valor central na estratégia por meio do mapa estratégico, garantindo assim que os direcionadores estratégicos para mudança, proposta de valor, metas, OKRs, indicadores e projetos estejam todos alinhados.

→ Fenomenologia é o estudo de como experienciamos as coisas. Um dos seus principais conceitos, a experiência vivida, é uma forma útil de descrever a forma como experienciamos o mundo. Não é apenas relevante para o estudo da experiência humana, como também para a maneira como projetamos e desenvolvemos nossos sistemas tecnológicos. O framework HEVD, desenvolvido pela UMIO, é uma maneira de pensar a assistência médica e o cuidado social com base na experiência vivida.

4

CAPÍTULO QUATRO

A Lógica e a Arquitetura das Plataformas Deep Tech

AS FORÇAS DO ECOSSISTEMA DEEP TECH

Em 2020, os bilionários do mundo acrescentaram US$3,5 trilhões às suas fortunas, o equivalente ao produto interno bruto (PIB) da Alemanha, elevando sua riqueza total para US$14,7 trilhões, uma concentração descomunal de poder econômico.[80] Ao analisar os cinco indivíduos mais ricos do mundo, a Hurun Global Rich List mostrou que Elon Musk, da Tesla, somou US$151 bilhões à sua fortuna, tornando-se o homem mais rico do mundo pela primeira vez, com US$197 bilhões em patrimônio líquido. O dono da Amazon.com, Jeff Bezos, ficou em segundo lugar, com US$189 bilhões em patrimônio líquido; e Bernard Arnault, executivo-chefe da LVMH Moët Hennessy Louis Vuitton, a maior empresa de bens de luxo do mundo, ficou em terceiro lugar, com um patrimônio líquido de US$114 bilhões. Bill Gates (Microsoft) ficou em quarto lugar; e Mark Zuckerberg (Facebook), em quinto.

Em 2020, durante a crise da Covid-19, surgiram 259 bilionários na China, mais do que todo o resto do mundo somado. Isso foi resultado de um mercado de ações em expansão e novas listagens de empresas. Considerando a economia da China em termos globais, o país foi a única grande economia mundial a sentir o crescimento, com o PIB subindo 2,3%. Em comparação, os EUA encolheram 3,7%, a Alemanha diminuiu 5% e o Reino Unido caiu 11%.[81]

Analisando suas constatações, o presidente e pesquisador-chefe do Hurun Report, Rupert Hoogewerf, observou que: "Estamos atualmente no centro de uma nova revolução industrial, com os ABCDEs — ou seja, IA, blockchain, nuvem, dados e e-commerce — criando novas oportunidades para os empreendedores e levando à concentração de riqueza e poder econômico em uma escala nunca vista antes. Se somarmos a fortuna dos bilionários do mundo, juntos, eles têm um total de US$14 trilhões, mais do que o PIB da China no ano passado."[82]

Como exploramos no Capítulo Um, as empresas com modelos de negócio baseados em plataforma atualmente dominam a economia global. Essa rápida transformação digital e tecnológica gerou uma onda de disrupção, o que significa que agora precisamos entender a economia de uma nova maneira. No entanto, apesar de seu impacto, ainda há equívocos generalizados sobre as plataformas e sua relação com os modelos econômicos e de negócios. Muitas pessoas entendem as plataformas a partir de uma perspectiva de modelos operacionais de negócios físicos e economia pré-plataforma.

Mark Knickrehm, Bruno Berthon e Paul Daugherty deram uma definição funcional para economia digital:

> "A economia digital é a parte da produção econômica total derivada de uma série de entradas 'digitais' amplas. Essas entradas digitais englobam habilidades digitais, equipamentos digitais (hardware, software e equipamentos de comunicação) e os bens e serviços digitais intermediários usados na produção. Esses parâmetros abrangentes retratam os fundamentos da economia digital."[83]

Normalmente, os principais elementos tecnológicos nas definições da economia digital incluem tecnologias de blockchain, automação e robótica, impressão 3D, Internet das Coisas, inteligência artificial, análise de dados, computação em nuvem e redes 5G e de alta velocidade. Outras definições mais abrangentes também englobam avanços nas ciências biológicas, como modificação genética, nanotecnologia, computação quântica e novos materiais. Mas o que falta nessas definições é o papel crucial que *as plataformas* desempenham na economia digital, como operam e como geram, amplificam e sustentam valor.

A economia digital funciona com uma lógica diferente da economia tradicional, em consequência das arquiteturas técnicas das organizações digitais, das novas ofertas e serviços que as plataformas estão viabilizando e do seu contexto dentro da nova economia. Como vimos, a hegemonia dos Estados Unidos e da China com relação às empresas baseadas em plataformas significa que eles são os países mais preparados para a próxima onda de disrupção tecnológica devido à sua compreensão da lógica subjacente da economia digital.

Atualmente, sete novos direcionadores estabelecem as regras do jogo na economia digital. São eles:

i. Efeitos de rede exponenciais.
ii. Altos níveis de acesso ao capital de investimento de risco.
iii. Baixos níveis de regulamentação do mercado.
iv. Poucas barreiras à entrada.
v. Custos mínimos de escalonamento.
vi. Acesso global imediato.
vii. Open source generalizado e acesso de baixo custo a inovações tecnológicas.

Alguns fatores limitam bastante o crescimento de plataformas e a liderança de mercado. São eles:

i. Clareza da visão de liderança.
ii. O conjunto de talentos humanos disponíveis.
iii. Ritmo e velocidade da inovação.
iv. Maturidade e qualidade das relações organizacionais.
v. Capacidade de resposta da mudança corporativa aos desafios.

É necessário que todos os impulsionadores econômicos, corporativos e humanos estejam presentes a fim de possibilitar que uma economia alcance a maturidade digital. Por exemplo, assim que uma nova proposta de valor poderosa estiver disponível, novos operadores de mercado e produtos e serviços substitutos podem entrar no mercado global de imediato e se difundir rapidamente devido aos efeitos exponenciais da rede e à ausência de fronteiras internacionais. Essa nova dinâmica digital reduziu a importância do tradicional modelo de concorrência das Cinco Forças de Porter,[84] que, se utilizado de modo inflexível, pode levar a um medo constante da disrupção digital nas organizações.

Considerando o quanto as economias e plataformas digitais estão intrinsecamente interligadas, precisamos entender como tecnologias, serviços e competências digitais estão em franca expansão em todos os setores econômicos. Nossa abordagem Deep Tech, portanto, adota uma perspectiva expandida, tendo em conta as implicações éticas e morais desses novos impulsionadores digitais.

Quando os níveis de regulamentação do mercado são baixos, as empresas sem ética podem prosperar sem freios e sem limites suficientes. Por essa razão, a presença dos valores humanos universais na economia digital é tão essencial quanto nas organizações em particular. Os valores humanos garantem que todas as pessoas na nova economia sejam valorizadas, não apenas aquelas poucas com conhecimento e entendimento tecnológicos avançados e específicos, norteando quais inovações devem ser analisadas, financiadas, desenvolvidas e amplificadas.

Viver a Deep Tech é remodelar nossas concepções tradicionais de empresas individuais concorrendo entre si por recursos limitados. Quando desenvolvemos uma visão no nível de ecossistema Deep Tech, passamos do foco em forças externas que impactam uma organização autossuficiente e limitada para uma visão de como o propósito e as propostas de valor podem ser conquistados por meio de ondas de amplificação de valor (Figura 4.1).

Dentro de um ecossistema Deep Tech, as organizações não perdem suas identidades individuais. O intuito delas é agir de uma maneira que expresse por completo o propósito e os objetivos maiores desse ecossistema. Por esse motivo, nosso diagrama considera as forças como ondas amplificadoras, começando com uma avaliação dos recursos internos disponíveis para uma organização, que são utilizados para viabilizar uma onda secundária de inovação Deep Tech, na qual a proposta de valor é elevada, os backbones são desenvolvidos e as plataformas são escalonadas. Quando se viabilizam esses processos e estruturas, a organização pode então amplificar seu impacto por meio de relações sistêmicas, modelos de negócio em rede e domínio coletivo, possibilitando que os líderes transformem suas organizações, digital e culturalmente, de forma integrada.

ELEVAÇÃO, ESCALADA E AMPLIFICAÇÃO DE PLATAFORMA

Knickrehm, Berthon e Daugherty conceituaram a economia digital como "a parte da produção econômica total derivada de uma série de entradas 'digitais' amplas".[85] A Deloitte oferece uma definição alternativa:

> "A economia digital é a atividade econômica resultante de bilhões de conexões online diárias entre pessoas, empresas, dispositivos, dados e processos. O backbone da economia digital é a hiperconectividade, ou seja, a crescente interconexão de pessoas, organizações e máquinas proveniente da internet, da tecnologia móvel e da Internet das coisas (IoT). A economia digital está tomando forma e subvertendo as noções convencionais sobre como os negó-

FIGURA 4.1 Forças do Ecossistema Deep Tech

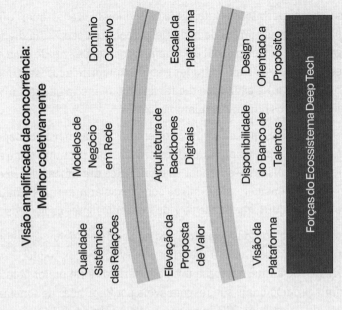
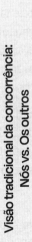

cios são estruturados, como as empresas interagem e como os consumidores obtêm serviços, informações e bens."[86]

Contrapondo-se a essas definições funcionais da economia digital, queríamos fornecer uma explicação mais aprofundada da Deep Tech e da economia digital que pudesse dialogar emocional, espiritual e economicamente. Em vez de uma descrição que simplesmente consiste em entradas e saídas quantificadas, sentimos que agora é momento de definir a economia digital de uma maneira que reconheça os nossos ecossistemas vivos humanos e planetários.

Os Novos 4Ps podem nos ajudar a evoluir no sentido de uma nova concepção da economia digital norteada por valores humanos universais e por uma forma expandida de consciência. Precisamos entender as qualidades dinâmicas dessa economia digital emergente, considerando tanto as complexas arquiteturas fundamentais das plataformas quanto a qualidade de vida e os indicadores ecológicos.

O impacto ecológico do nosso uso tecnológico não se deve apenas às indústrias extrativas de minerais raros. Como a Clearfox observou em seu relatório sobre a poluição por e-mail: "Se a internet fosse um país, seria o sexto maior poluidor do mundo. Os e-mails promocionais são responsáveis por 2 milhões de toneladas de emissões de dióxido de carbono (CO_2) por ano no Reino Unido."[87] Os sites também podem causar poluição, um impacto ecológico negativo que pode ser reduzido por meio do design de experiências de navegação mais sustentáveis. Em fevereiro de 2021, a Volkswagen, por exemplo, lançou seu Carbon-Neutral Net, um redesign online a fim de reduzir a pegada digital de carbono da marca. A Volkswagen foi capaz de reduzir de modo considerável a quantidade de CO_2 gerado pela navegação. Seu site produziu uma média de 0,022 gramas de CO_2 por página, em comparação com um site normal que produz 1,76 gramas de CO_2 por página.[88]

Em um nível fundamental, qualquer plataforma, seja física ou digital, eleva-se. Nossa concepção de plataformas Deep Tech dentro da economia digital leva em consideração as perspectivas de propósito, pessoas e planeta. Por isso, definimos plataformas como uma mentalidade, uma arquitetura e uma estratégia corporativa que integram dimensões humanas e digitais:

As plataformas são um conjunto aberto, flexível e extensível de interações digitais, serviços e redes humanas que elevam, escalonam e amplificam o valor na economia digital.

Usamos a palavra *elevação* no sentido de promover um conceito para um nível superior; você transcende o que fez anteriormente e cria algo bem mais inclusivo. Assim sendo, nossa concepção Deep Tech é dinâmica, consistindo em três *movimentos* de design: a *elevação* de propostas de valor, o *escalonamento* por meio de backbones técnicos e serviços de plataforma e a *amplificação* por meio de novas ondas de inovação (Figura 4.2). Os três movimentos qualitativos descrevem os padrões fundamentais de transformação. Nosso diagrama contrasta com as definições tradicionais da economia digital que focam os resultados, e não o impacto nas pessoas e a regeneração de nosso planeta por meio de atividades orientadas por propósito.

FIGURA 4.2 Os Três Movimentos Deep Tech

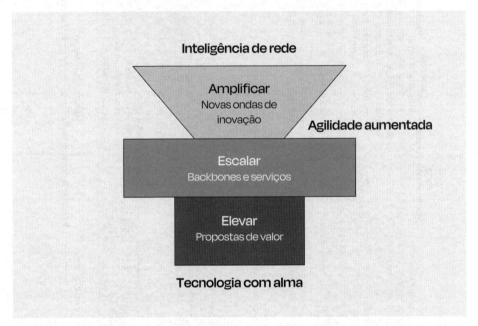

Os autênticos ecossistemas Deep Tech são orientados a propósito e focam a qualidade dos relacionamentos e o impacto social, econômico e ambiental por meio da presença e manifestação dos valores humanos universais. A capacidade das plataformas de escalonar representa uma oportunidade significativa de elevar a qualidade de vida das pessoas. Devido ao baixo custo de escalonamento, uma vez que uma proposta de valor tenha sido elevada, ela pode então ser escalonada globalmente a um custo mínimo.

FIGURA 4.3 A Evolução da Economia Digital

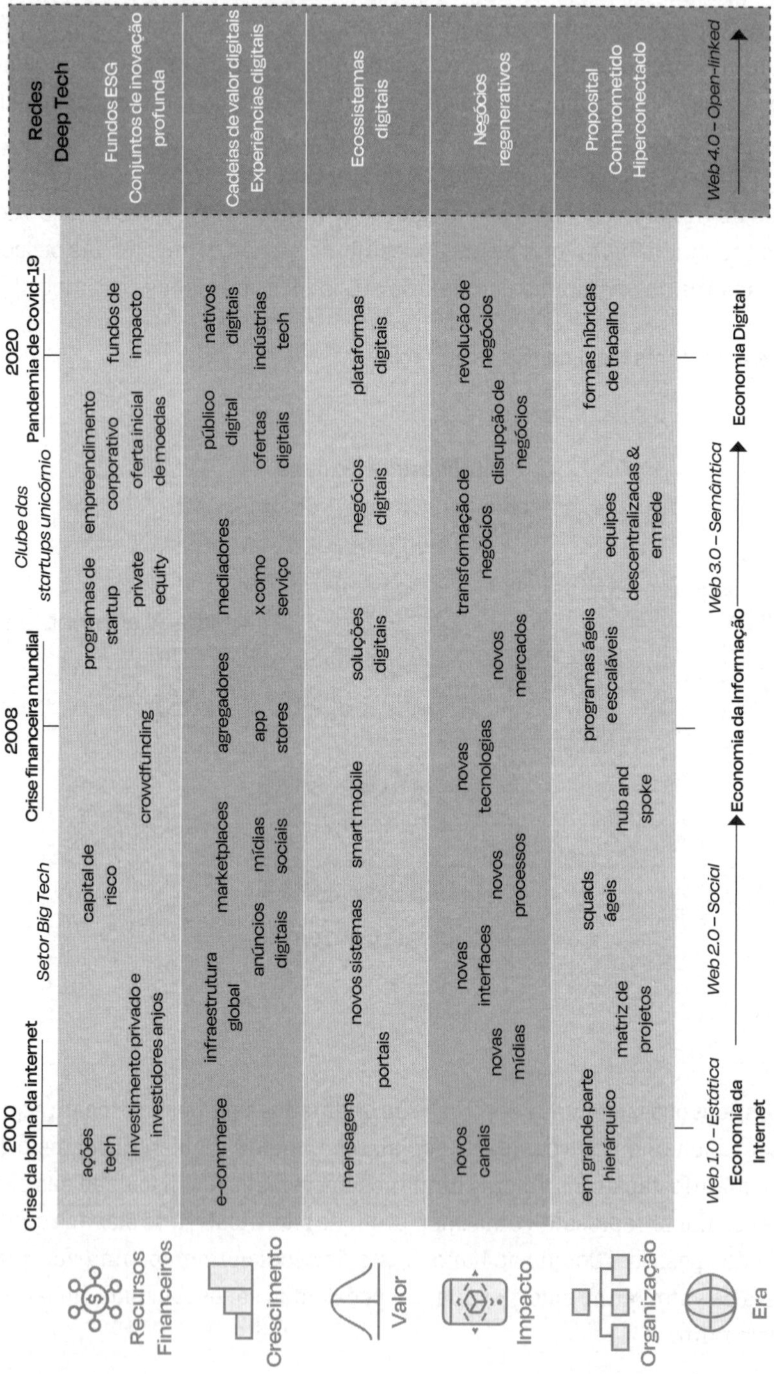

	2000 Crise da bolha da internet	Setor Big Tech	2008 Crise financeira mundial	Clube das startups unicórnio	2020 Pandemia de Covid-19	Redes Deep Tech
Recursos Financeiros	ações tech; investimento privado e investidores anjos	capital de risco	crowdfunding	programas de startup; private equity	empreendimento corporativo; oferta inicial de moedas	Fundos ESG; Conjuntos de inovação profunda
Crescimento	e-commerce; infraestrutura global	marketplaces; anúncios digitais; mídias sociais	agregadores; app stores	mediadores; x como serviço	público digital; ofertas digitais; nativos digitais; indústrias tech	Cadeias de valor digitais; Experiências digitais
Valor	mensagens; portais	novos sistemas	smart mobile	soluções digitais	negócios digitais; plataformas digitais	Ecossistemas digitais
Impacto	novos canais; novas mídias	novas interfaces; novos processos	novas tecnologias; novos mercados	transformação de negócios	revolução de negócios; disrupção de negócios	Negócios regenerativos
Organização	em grande parte hierárquico; matriz de projetos	squads ágeis	hub and spoke; programas ágeis e escaláveis	equipes descentralizadas & em rede	formas híbridas de trabalho	Proposital; Comprometido; Hiperconectado
Era	Web 1.0 – Estática Economia da Internet	Web 2.0 – Social		Web 3.0 – Semântica		Web 4.0 – Open-linked

Economia da Internet → Economia da Informação → Economia Digital

A fim de entender completamente como a economia digital evoluiu para seu estado atual, é essencial entender suas camadas constituintes. A Figura 4.3 mostra o impacto que as três últimas crises econômicas — a bolha da internet em 2000, a crise financeira mundial de 2008 e a pandemia de Covid-19 de 2020 — tiveram no advento de novos setores.

Entre 2000 e 2008, portais online que oferecem e-commerce se transformaram em marketplaces. Em seguida, surgiram novos modelos de negócios, como Software como Serviço (SaaS) e mediadores globais, como Uber e AirBnB. O escalonamento e a extensão das plataformas foram viabilizados por meio de suas propostas de valor e da evolução dos mecanismos de captação de recursos financeiros. As primeiras startups receberam capital de risco vindo de investimentos privados e investidores anjos. Uma vez que o setor de big tech começou a se formar, a estruturação dos investimentos na economia digital se tornou mais sofisticada com o fomento de grandes fundos de investimento de capital de risco. À medida que a infraestrutura digital alcançou a massa global, uma nova ordem de aplicações foi desenvolvida, como Gmail, computação em nuvem, protocolos e padrões que atualmente estão em uso.

Novos mercados digitais surgiram, por exemplo os mercados como serviço (software como um serviço, plataformas como um serviço — PaaS —, infraestrutura como um serviço — IaaS). Esses novos mercados criaram um impacto adicional nas empresas em relação à concepção de estruturas organizacionais e processos de negócios. Por exemplo, após a crise da Covid, sistemas de gestão híbridos estão sendo criados: as pessoas trabalham parcialmente em seus locais de trabalho ou trabalham remotamente ou de casa. No momento, as organizações estão se transformando, alicerçando suas estruturas na lógica das plataformas. Estão surgindo novas oportunidades para o recrutamento e, atualmente, funcionários e contratantes trabalham de qualquer parte do mundo. O resultado são organizações híbridas com sistemas de gestão, que são sobretudo digitais e fluidamente flexíveis.

A fluidez proporciona a uma organização a capacidade de responder prontamente a contextos mutáveis, mobiliando ou desalocando equipes ágeis conforme necessário. Essa fluidez se origina da estrutura organizacional e das equipes executivas com o nível exigido de visão da plataforma. Sem o entendimento claro das arquiteturas de plataforma e seus elementos constitutivos, uma organização será constantemente desafiada, nunca alcançando seu potencial na economia digital.

À medida que a interoperabilidade entre sistemas digitais aumenta, as organizações se tornam capazes de expandir seus limites de colaboração da cadeia de valor para os ecossistemas regenerativos Deep Tech. O ponto de partida para o desenvolvimento dessas iniciativas dentro de uma organização amplificada é o processo Deep Tech Discovery e a elevação da proposta de valor central dessa organização.

DEEP TECH DISCOVERY E ELEVAÇÃO DA PROPOSTA DE VALOR

O Design Council é uma instituição de caridade independente britânica e que presta consultoria de design ao governo do Reino Unido. Sua visão declarada é: "um mundo onde o papel e o valor do design são reconhecidos como criadores fundamentais de valor, possibilitando vidas mais felizes, saudáveis e seguras para todos. Por meio do poder do design, criamos processos melhores, produtos melhores, lugares melhores, e tudo isso leva a um melhor desempenho".[89] No passado, enquanto as equipes de projeto em todo o Design Council falavam sobre o processo de design, elas não tinham uma maneira-padrão de apresentar esse processo ou um modo consistente de gerenciar os projetos de design. Pensando nisso, Richard Eisermann, o então diretor de design e inovação do Design Council, perguntou à sua equipe como descreveria esse processo. A devolutiva dada foi a famosa representação visual em duplo diamante do processo de design e inovação.[90]

FIGURA 4.4 O Duplo Diamante

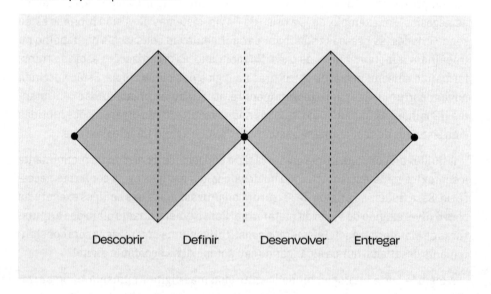

O poder do duplo diamante se origina da forma como são descritos os passos dados em qualquer projeto de design e inovação, independentemente de quaisquer métodos e ferramentas utilizados. Enquanto outros pesquisadores e equipes de design referenciaram o uso da forma de diamante para ajudar a descrever suas metodologias, seria o Design Council quem mais sistematizaria o design, mapeando os estágios-padrão. Ou seja, o diamante apresenta quatro fases distintas:

Descobrir: o processo começa questionando o desafio e rapidamente leva à pesquisa para identificar as necessidades do usuário.

Definir: a segunda fase é dar sentido às descobertas, entendendo como as necessidades do usuário e o problema se alinham. O resultado é elaborar um briefing de design que defina claramente o desafio com base nesses insights.

Desenvolver: a terceira fase se concentra no desenvolvimento, teste e refinamento de múltiplas soluções em potencial.

Entrega: a fase final envolve escolher uma única solução que funcione e prepará-la para o lançamento.[91]

Hoje, muitas empresas seguem os estágios de duplo diamante no design e no desenvolvimento dos projetos e iniciativas de suas plataformas. A ideia é começar com um desafio inicial ou declaração de problema. Em seguida, uma equipe de design elabora uma definição do problema a ser abordado e termina com uma solução final. As formas diamantadas representam dois movimentos diferentes de pensamento: o pensamento divergente, expansivo e exploratório; e o pensamento convergente, analítico e focado em definições, especificações e respostas. O processo é iterativo, as principais atividades são pesquisa, aprendizagem, prototipagem e testes.

Apesar de muitos produtos, serviços e modelos de negócio de startup terem sido criados e testados usando esse ciclo iterativo de design, as plataformas Deep Tech são tão complexas que esses processos, por si só, já não são mais suficientes para o próprio desenvolvimento e implementação. Por essa razão, a 1STi e a Holonomics combinaram conhecimentos e inovações nos campos da arquitetura de plataforma, customer experience design e transformação cultural para criar o novo processo Deep Tech Discovery. A Figura 4.5 mostra os principais elementos e a ordem geral das atividades envolvidas (que, na realidade, constituem um processo iterativo e não linear).

FIGURA 4.5 Deep Tech Discovery

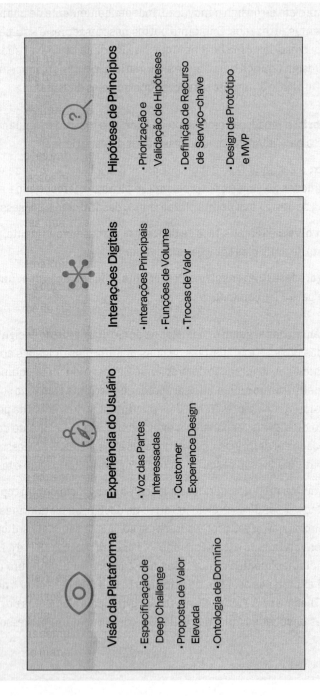

Nossa experiência em design de plataforma e transformação digital nos levou a identificar os seguintes erros que as equipes executivas cometem ao estruturar iniciativas complexas de plataforma:

- A organização não alinha as equipes de design com a estratégia geral ou com a proposta de valor central.
- A organização não entende a lógica dos modelos de negócio da economia digital.
- Compreensão inadequada de como as plataformas agregam valor para usuários, consumidores e clientes.
- Compreensão insuficiente dos blocos de construção técnicos das plataformas.
- Confusão em relação à arquitetura da plataforma e suas fronteiras com tecnologias e serviços subjacentes que suportam a plataforma.
- Vieses cognitivos permeiam toda a organização, levando a concepções conflitantes ou limitadas da plataforma com base nas funções das pessoas.

Já que o design da plataforma é tão complexo, o ponto de partida é provocar uma fase de pesquisa para a descoberta. O objetivo tradicional de um processo de design thinking é chegar a um produto mínimo viável (MVP — minimum viable product), um protótipo funcional da plataforma que contém o conjunto das funcionalidades principais mais simples que possibilite sua implementação. Portanto, o MVP representa a menor coisa que pode ser construída para entregar alguma forma de valor ao cliente. É construído para obter feedback dos primeiros usuários e estabelecer a direção estratégica do desenvolvimento de novos produtos. Recebido esse feedback, o MVP pode passar por iterações rápidas, mesmo após ser disponibilizado no mercado, visando alcançar um estado mais desejável.[92]

Nossa fase Deep Tech Discovery foi estruturada em torno da necessidade de facilitar a compreensão sistêmica das mentalidades, arquiteturas de plataforma e definições conceituais de Deep Tech. Criamos o processo para:

i. Desenvolver agilidade em toda a empresa, por meio da integração de estratégia, propostas de valor e desenvolvimento de plataformas.
ii. Facilitar a valorização das muitas mentalidades diferentes que permeiam as organizações, por exemplo, a gerencial, a empreendedora e a visionária.[93]
iii. Desmistificar os principais conceitos relacionados a arquiteturas de plataformas complexas.

iv. Expandir o conceito de descoberta do foco na voz do cliente para a voz das partes interessadas.
v. Alinhar as arquiteturas da plataforma Deep Tech com o modelo operacional digital da organização.
vi. Desenvolver uma compreensão unificada dos principais conceitos em diferentes departamentos e equipes de uma organização.

Essa abordagem de descoberta incorpora diversas novas metodologias de experience design em frameworks e processos mais tradicionais, como o blueprint de design de serviço e o mapeamento da jornada do cliente. Integramos atividades de especificação e ideação de problemas a sessões educativas, desenvolvendo alinhamento em toda a organização e em torno dos principais conceitos e definições. O resultado é uma forma mais ágil de design e desenvolvimento, em que os colaboradores de todas as partes da organização se engajam e os sistemas legados se integram eficientemente à arquitetura da plataforma. A lógica corporativa que descreve os processos e a estratégia de negócios também pode ser alinhada à operacionalização e ao propósito da plataforma.

Hoje, nas organizações, a agilidade ainda é praticada somente nas equipes de design. Ao pensar sobre as principais qualidades do desenvolvimento ágil de software, independentemente da metodologia (Scrum, Kanban, XP etc.), existem cinco aspectos centrais que podem ser adotados por qualquer departamento ou divisão: desenvolvimento orientado por valor; uso de ferramentas visuais; trabalho em equipe multidisciplinar; reuniões breves e regulares; e análise contínua. Como já mencionamos, uma das lacunas de muitos projetos ágeis é a falta de integração com a estratégia geral da organização, devido a uma falha na comunicação e alinhamento da liderança. Por esse motivo, mapas estratégicos com uma proposta explícita e elevada de valor são a ferramenta visual ideal para se acrescentar a projetos ágeis a fim de que uma organização alcance a agilidade por completo. Desse modo, os objetivos de cada equipe e squads ágeis podem sempre ser confrontados com os OKRs organizacionais de nível superior e outros indicadores, o que significa que as equipes de design e desenvolvimento conquistam, de modo automático, consciência estratégica e são capazes de expressar exatamente como seus designs agregarão valor por meio do cumprimento das metas organizacionais.

A integração de arquiteturas de negócios e corporativas com arquiteturas Deep Tech começa com o desenvolvimento da visão da plataforma, que pode ser alcançada não somente por meio da comunicação e do alinhamento dentro do processo

Deep Tech Discovery, como também integrando o alinhamento semântico ao processo de design. Trata-se da prática de explicitar diferentes modelos de domínio cognitivo, de dados e especializados por meio do desenvolvimento de *ontologias de domínio* (explicado no Capítulo Seis). A ideia é ajudar as organizações a mudarem do foco técnico em big data e especificação de problemas em tarefas a serem feitas para um nível mais alto, em que dados e informações se tornam integrados, conectados em rede e capazes de fornecer análises e insights mais significativos.

Um dos primeiros obstáculos ao desenvolvimento da visão de plataforma é a confusão conceitual que geralmente existe entre negócios, sistemas e plataformas digitais. Esses conceitos diferentes podem ser mais bem compreendidos analisando como a transformação digital dos negócios evoluiu. No começo da primeira onda de internet, no início da década de 1990, as empresas começaram a construir portais que forneciam novos canais ao mercado, desenvolvidos pelas primeiras tecnologias de e-commerce. Portais online, como AOL e CompuServe, e depois portais móveis, como a Genie Internet da British Telecom, criaram experiências unificadas para o cliente, integrando informações como notícias, viagens, clima, esportes e entretenimento junto à primeira geração de serviços de compras online.

À medida que as tecnologias da web e as práticas de user experience design digital se desenvolveram, os portais introduziram novos canais, mídias, interfaces, processos e tecnologias na economia. Após essa fase, aprendemos a criar novos sistemas digitais. Um sistema digital é um conjunto integrado de componentes digitais, interfaces de serviço e infraestrutura computacional que são altamente escaláveis, disponíveis e economicamente eficientes. Alguns exemplos são os sistemas de gestão de relacionamento com o cliente (CRM), os sistemas de gestão de aprendizagem (LMS) e os sistemas de gerenciamento de conteúdo (CMS).

Na fase seguinte da transformação digital, esses sistemas foram integrados para criar soluções digitais capazes de gerar ou aumentar as capabilidades críticas dos negócios. Um exemplo é uma solução de marketing multicanal que pode enviar uma série de mensagens, como e-mails, mensagens SMS, e que define regras, lógica de negócios e segmentação de mercado em fluxos de trabalho de comunicação. Ou seja, uma solução digital abarca vários sistemas digitais e impacta criticamente uma ou mais capabilidades de negócios.

Ao contrário das plataformas desenvolvidas para a lógica da economia digital, as soluções digitais geralmente têm uma perspectiva interna e tomam como base as capabilidades de nicho do negócio. São sempre criadas de maneira fechada, o que significa que não podem escalonar e se estender a novos mercados e propostas de valor elevadas. Hoje, muitas startups modernas são soluções digitais fechadas em vez de serem incorporadas à lógica de plataforma aberta. No entanto, isso não impede que essas soluções sejam estabelecidas como plataformas, resultando em confusão conceitual para líderes que não são totalmente alfabetizados digitalmente.

Esse mal-entendido de arquitetura pode apresentar desafios substanciais às empresas que crescem por meio de aquisições. Não raro, as empresas compradas podem ser um desafio para integrar em holdings porque seus sistemas digitais não são interoperáveis. As soluções digitais podem evoluir para plataformas por meio da reengenharia da arquitetura, processo que exige que diversos componentes digitais sejam abertos para extensão, evolução e reconfiguração.

Negócios digitais: fornecem ofertas digitais profundamente inovadoras, altamente flexíveis e escaláveis por meio de um modelo de negócios em grande parte ou totalmente digital.

Plataformas digitais: conjunto aberto, flexível e extensível de interações e serviços digitais.

Ecossistemas Deep Tech: transcendem o valor de mercado para fornecer valor econômico regenerativo e criatividade por meio de plataformas Deep Tech e redes de pessoas em que os valores humanos universais estão presentes.

FIGURA 4.6 A Evolução da Concorrência

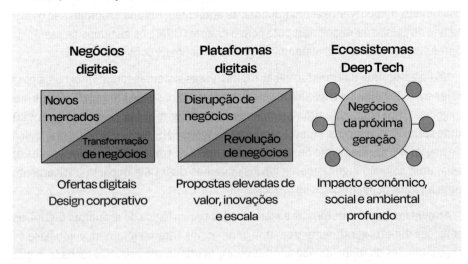

O novo cenário digital competitivo pode ser entendido a partir de três categorias distintas. A Figura 4.6 mostra a evolução da transformação dos negócios por meio da inovação disruptiva dos negócios da próxima geração que impulsionam impacto econômico, social e ambiental significativo. As plataformas estão desempenhando um papel decisivo nesta disrupção, exemplo disso são MOOCs (Massive Online Open Courses — Curso Online Aberto e Massivo, em tradução livre) que provocaram a disrupção do mercado educacional, fornecendo opções educacionais de autoatendimento sob demanda que não existiam antes. Plataformas educacionais comerciais, como a Udemy, são empresas e plataformas digitais. A lógica da plataforma Udemy possibilita que os usuários criem MOOCs em vários estilos diferentes e com recursos distintos, como opções de pagamento digital. Isso possibilita que as pessoas apresentem seus cursos e construam interações e jornadas do cliente, e também é extensível por meio de afiliados e interfaces abertas (APIs) com os instrutores. Essa disponibilidade permite que qualquer pessoa envie seu conteúdo e integre, estenda ou personalize seus serviços de plataforma e de marketplace.

Quando as empresas disponibilizam os serviços digitais de suas plataformas, alcançam níveis mais altos de elevação e escalonamento. Ao contrário da Netflix, que, neste momento, é um negócio digital fechado e não disponibiliza, por exemplo, conteúdo gerado pelos usuários, como avaliações de filmes. A Netflix poderia abrir seus sistemas para se transformar em uma plataforma de aprendizagem corporativa com catálogos de conteúdo, mecanismos de recomendações de usuários e streaming, por exemplo, ou se tornar uma plataforma de um novo grupo de mídia distribuída, aproveitando seus estúdios criativos para produzir novas narrativas criativas com o objetivo de desenvolver o conhecimento social.

As tecnologias digitais estão causando a disrupção dos tradicionais segmentos industriais de diversos modos. As organizações amplificadas são capazes de pensar em plataformas de uma maneira que não se limita aos segmentos individuais, facilitando a interconexão entre diferentes setores. Um exemplo disso é a Ame, uma solução de fidelização de clientes da fintech desenvolvida pela varejista brasileira Americanas, cuja adoção inclui a percepção da consciência estratégica por parte de cada membro da equipe:

"O mundo mudou, então por que usamos nosso dinheiro da mesma forma? A Ame é uma fintech criada para simplificar e revolucionar a forma como as pessoas se relacionam com o dinheiro. Esse é o propósito que nos guia todos os dias. Nascemos como uma conta digital, mas estamos crescendo para nos tornar uma plataforma financeira essencial na vida das pessoas. Trabalhamos em squads, com equipes multifuncionais e multifacetadas, para entregar funcionalidades de maneira ágil e contínua. Aqui todos são 'donos do negócio' participando da definição de nossa estratégia e tecnologia."[94]

Nossa abordagem Deep Tech para o design de plataformas classifica a digitalização intersetorial de três maneiras diferentes:

1. **Expansão de um produto ou serviço para outros setores**, por exemplo, uma fintech que cria soluções de crédito para setores específicos, oferecendo crédito financeiro, consultoria e acesso a mercados como um único pacote de serviço.
2. **Expansão do mercado**, por exemplo, uma varejista como a Ame criando um produto de fidelidade financeira que pode ser usado para qualquer compra que um consumidor faça, possibilitando que ele receba pontos por compras no atacado ou cashback nas contas.
3. **Elevação da proposta de valor**, por exemplo, uma organização educacional que expande de escolas e faculdades não virtuais para a criação de uma plataforma educacional que ofereça cursos abertos de aprendizagem a distância.

A extensão de produtos ou serviços a outros setores industriais e a expansão dos mercados são formas de uma organização ampliar seus negócios. Nossa concepção Deep Tech é multifacetada, focando o design orientado a propósito, um processo que descrevemos no Capítulo Seis. Ainda que diversas empresas articulem por meio de propostas de valor como agregar valor aos clientes, o Deep Tech Discovery começa com um processo estratégico que chamamos de Elevação da Proposta de Valor. A Figura 4.7 mostra nosso framework com os principais elementos que viabilizam essa elevação.

O primeiro passo é expressar a atual proposta principal de valor de uma organização. Depois, analisá-la e, em seguida, elevá-la por meio dos prismas de i) desafios planetários, ii) valores da organização e iii) sua visão future-fit. O processo de elevar a proposta de valor de uma plataforma também contribui para as iniciativas mais amplas de evolução digital de uma organização, por exemplo, iniciativas estratégicas, produtos/serviços digitais, soluções digitais e tecnologias avançadas.

FIGURA 4.7 Elevação da Proposta de Valor

O processo de elevação da proposta de valor integra os valores organizacionais com a estratégia e a proposta de valor da plataforma de uma organização. Por isso, o framework utiliza elementos e ativos existentes dentro de uma organização para repensar a natureza da proposta de valor da plataforma. O propósito estratégico da tecnologia que a organização desenvolve se origina diretamente dos valores da organização e de frameworks regenerativos e sustentáveis, como o Future-Fit Benchmark.[95]

O termo "future-fit" foi cunhado por Geoff Kendall, CEO e cofundador da Future-Fit Foundation, depois de perceber que não havia maneira confiável de mensurar o quão sustentável uma empresa é atualmente e o quanto mais ela precisa ser. Querendo resolver isso, em 2014, ele criou a Future-Fit Foundation com o objetivo de ajudar as organizações a fazerem a transição para uma sociedade future-fit, que "protege a possibilidade de que os seres humanos e outras vidas prosperem na Terra para sempre, sendo ambientalmente regenerativos, socialmente justos e economicamente inclusivos".[96]

Isso levou Kendall e seus colegas a desenvolverem o Future-Fit Benchmark, uma nova forma de benchmark que tem as seguintes características:

i. Um conjunto de princípios sistêmicos que descrevem coletivamente como a sociedade pode prosperar dentro dos limites físicos do nosso planeta finito.
ii. Um conjunto de metas future-fit que cada empresa deve alcançar, mapeando os princípios sistêmicos para as atividades comerciais.
iii. Indicadores-chave de desempenho (KPIs) que calculam o quão longe qualquer empresa está de alcançar as metas future-fit.[97]

O princípio básico subjacente ao benchmark é que uma empresa future-fit gera valor líquido econômico, social e ambiental positivo. Portanto, em vez de se concentrarem apenas nas melhores práticas atuais, as organizações devem mensurar a diferença entre onde estão agora e onde precisam estar. Ou seja, qualquer iniciativa para elevar uma proposta de valor deve englobar o princípio fundamental do Future-Fit Benchmark, que afirma que "ser 'menos ruim' entre os concorrentes não é bom o suficiente: a fim de prosperar, uma empresa deve identificar novas maneiras de criar valor que proporcionem sucesso ambiental, social e financeiro".[98]

Para amplificar verdadeiramente uma organização, essa visão future-fit deve ser totalmente coerente e integrada com os valores da organização. Nosso framework Proposta de Valor Elevada ajuda as pessoas em toda a organização a explicitar os elos entre valores, cultura, estratégia e proposta de valor. A Tabela 4.1 fornece três exemplos diferentes de elevações de propostas iniciais de valor.

Os exemplos demonstram como as propostas iniciais de valor são com frequência elaboradas em terminologia mais funcional, concentrando-se no modelo de negócios subjacente em vez do propósito de nível superior. O processo de elevação e integração de valores organizacionais e de visão future-fit começa no estágio preliminar do Deep Tech Discovery, com sessões de diálogo e ideação estruturadas em torno dos Novos 4Ps. O resultado é uma proposta de valor envolvente e inspiradora que pode ajudar a amplificar o impacto da organização e facilitar a transição para a economia digital.

Essa transformação digital só pode ser alcançada por organizações que entendam a relação entre plataformas, cadeia de valor de dados e sistemas e soluções interoperáveis sobre os quais as plataformas são construídas. Sistemas interoperáveis, quando arquitetados usando padrões e protocolos internacionais, proporcionam que as plataformas se expandam e ofereçam serviços novos e rapidamente escaláveis. Eles são os mecanismos que criam capabilidades digitais e o alicerce para a prestação de serviços específicos da plataforma.

TABELA 4.1 Propostas de Valor Elevadas

Proposta de Valor	Valores Organizacionais	Visão Future-Fit	Proposta de Valor Elevada
Solução de saúde digital para a coordenação da equipe de assistência médica disponível 24 horas por dia, 7 dias por semana Modelo de negócio privado para assistência técnica	Colaboração Integridade Soluções sistêmicas	Novas ontologias em saúde baseadas na experiência dos pacientes e em uma visão sistêmica da assistência médica	**Comunidades solidárias** Ecossistemas de saúde que integram autenticamente as práticas de profissionais de saúde, prestadores privados de assistência médica, fisioterapeutas de prevenção e cuidados, escolas e empresas
Nova plataforma de experiência de aprendizado digital Modelo de negócio com mensalidades	Inovação Impacto coletivo Experiências únicas	Conhecimento livre e construção compartilhada de aprendizagem baseada em desafios do mundo real	**Educação aberta** Modelos de negócio para remuneração de participação e evolução pessoal em projetos abertos em empresas
Atualização de aplicações críticas e integrações de plataforma no e-commerce de varejo Modelos de negócio baseados em eficiência	Dinamismo Proximidade com o cliente Habilidades de negociação	Desenvolvimento da cadeia de suprimentos da economia circular	**Comércio de impacto** Emissão de tokens de crédito regenerativo e moedas para fornecedores com melhores práticas ecológicas, sociais e de governança

É essencial entender as plataformas no que diz respeito aos seus serviços e às principais capabilidades digitais que viabilizam esses serviços (Figura 4.8). Coletivamente, eles são chamados de backbones que agrupam serviços centrais interoperáveis e estruturam as capabilidades de negócios. Os backbones são de suma importância para a economia digital, uma vez que formam as bases integradas sobre as quais as plataformas são construídas. Embora apenas uma minoria de negócios digitais tenha implementado backbones operacionais, pesquisas do MIT sugerem que aqueles que o fazem alcançam 2,5 vezes mais agilidade e são 1,4 vez mais inovadores.[99]

Quando as plataformas são arquitetadas de modo flexível, é possível que sejam abertas e extensíveis, de modo a criar novas soluções por parte dos parceiros externos. É esse aspecto que leva à evolução das plataformas para os ecossistemas digitais. Hoje, por exemplo, o Instagram não é apenas uma plataforma. Existe todo um ecossistema de soluções que utiliza as funcionalidades da plataforma.

FIGURA 4.8 Backbones Digitais

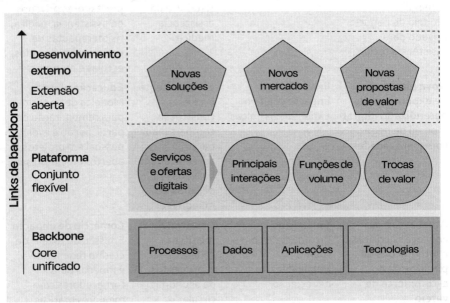

As plataformas precisam ser flexíveis e extensíveis ao mesmo tempo. Para crescer, a plataforma deve ser rapidamente personalizável e ter a capacidade de se estender a novos mercados e setores. A flexibilidade e a extensibilidade das plataformas se caracterizam por cinco dimensões fundamentais:

1. **Elevação da proposta de valor:** as plataformas elevam o conceito de valor criado pelas capabilidades de negócios, ofertas digitais e customer experiences.

2. **Serviços escaláveis:** o escalonamento possibilita rápida experimentação e crescimento em novos mercados, produtos/serviços e modelos de negócio inovadores.
3. **Efeitos de rede:** os efeitos de rede facilitam a criação e amplificação de novas ondas de valor por meio de modelos abertos.
4. **Estabilidade do backbone:** backbones digitais fornecem o alicerce de plataformas e garantem um núcleo robusto de interoperabilidade, integridade e segurança para serviços digitais.
5. **Qualidade das interações:** refere-se às diferentes formas de interações que os usuários têm com as plataformas: principais interações, funções de volume e trocas de valor.

Quando uma organização decide dar o primeiro passo rumo aos modelos de negócio baseados em plataforma, erros caros e demorados podem ser cometidos se houver confusão entre a demarcação do backbone digital e os serviços digitais fornecidos pela plataforma. Qualquer equipe executiva responsável por determinar o escopo e os requisitos de uma nova plataforma deve expressar e documentar as diferentes maneiras pelas quais os usuários interagem com a plataforma. Nosso processo Deep Tech Discovery caracteriza essas interações da plataforma da seguinte forma:

1. Principais interações
Todas as plataformas oferecem uma gama de serviços. Elas conseguem crescer tendo interações fundamentais relativamente simples que são projetadas com cuidado para reforçar a proposta de valor principal. As principais interações do Facebook são gostar, compartilhar e visualizar conteúdo na linha do tempo. O WhatsApp possibilita o envio de mensagens curtas, imagens ou arquivos.

2. Funções de volume
As funções de volume são aquelas que possibilitam que a plataforma aumente o número de pessoas que a utilizam. O Facebook permite que as pessoas adicionem amigos e vejam os amigos de amigos. O WhatsApp lê os contatos em seu smartphone. O Instagram tem influenciadores que criam volume, porque as pessoas querem se inspirar e acompanhar a vida das celebridades.

3. Trocas de valor
A troca de valor sustenta o modelo de negócio da plataforma. Por exemplo, o Facebook tem publicidade, o WhatsApp mantém o controle da comunicação dentro

do Facebook e como um aplicativo independente, e o WeChat orquestra uma indústria de aplicativos e pagamentos.

Antes, a troca de valor nas plataformas e de seus aplicativos era um aspecto oculto. Os usuários muitas vezes não estão cientes da natureza da troca de valor que sustenta a expansão e o crescimento. Em 2018, Dima Yarovinsky, artista e user experience designer, escandalizou os visitantes quando seu projeto *I Agree* foi exibido nos EUA na exposição Visualizing Knowledge, demonstrando o quão absurdamente extensos são os termos e condições para aplicativos de smartphone quando impressos em papel.[100] No evento, ele apresentou seu projeto da seguinte maneira:

> "Peguei o conteúdo dos 'termos de serviço' dos principais serviços online que usamos todos os dias (incluindo Facebook, Snapchat, Instagram, Tinder etc.) e os imprimi em um papel padrão A4 com um tamanho e tipo de fonte de contrato legal padrão. Depois de imprimir esses chamados termos, pendurei os rolos de papel na galeria da academia, adicionei o número de palavras e o tempo que leva para ler cada rolo de papel no chão. Meu principal objetivo foi enfatizar o quão pequenos e indefesos somos contra essas corporações gigantes."[101]

O bom design de plataforma é baseado em uma expansão da perspectiva funcional visando alcançar uma dimensão intencional mais profunda. O objetivo é mudar da fórmula básica amplamente utilizada, que se concentra no volume de usuários e dados gerados, para ondas contínuas de amplificação de valor autêntico. Podemos alcançar isso quando:

- As interações da plataforma reforçam a proposta de valor elevada.
- Os serviços de plataforma são flexíveis, extensíveis e inspirados por uma visão clara da plataforma.
- O backbone digital cria uma interoperabilidade sólida entre cadeias de valor operacionais e serviços de plataforma.

O estágio final do Deep Tech Discovery é o desenvolvimento de um conjunto de hipóteses de plataforma. Nosso processo explicita a necessidade de que as hipóteses incluam a voz de partes interessadas significativas, e não apenas a voz do consumidor. Depois, eles são priorizados e avaliados por meio da concepção e desenvolvimento de um protótipo, prova tecnológica de conceito, experimento ou produto mínimo viável. A arquitetura também é mínima e com foco em teste de serviços digitais individuais, conjuntos de interações de plataforma, viabilidade técnica e conceitos de plataforma.

Assim que o teste inicial evidenciar que a proposta de valor é viável e escalável, é possível começar a expressar uma visão future-fit, a base para o desenvolvimento de uma "arquitetura intencional" (explicada no Capítulo Cinco). O teste do usuário precisa explorar as necessidades imediatas das pessoas, e como os serviços da plataforma atenderão às necessidades e aspirações futuras. Uma vez entendidos, a articulação da plataforma pode começar a evoluir para a arquitetura intencional.

Captar o escalonamento e o poder das plataformas Deep Tech por meio de propostas de valor elevadas, modelos de negócio em rede e forças do ecossistema representa uma oportunidade substancial às organizações na economia digital. Para que isso ocorra, é necessário que os líderes corporativos se libertem do pensamento de perspectiva fechada, baseado somente nos resultados financeiros de curto prazo e oriundo dos desenvolvimentos tecnológicos que podem reforçar as desigualdades sociais em nossa sociedade. Se pensarmos com mais profundidade na arquitetura e no design da plataforma, isso pode resultar em modelos de crescimento econômico mais sustentáveis e em rede, possibilitando que as empresas sejam exemplos de um movimento que amplifica o bem-estar, reduz a desigualdade por meio da defesa dos direitos humanos e atribui mais importância aos nossos desafios mais profundos.

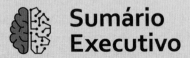

Sumário Executivo

→ Uma nova economia digital está sendo criada e está transformando a maneira como pensamos a criação de valor nos negócios e na sociedade. Precisamos entender como a Deep Tech está criando novos modelos de negócio e econômicos para o futuro.

→ Deep Tech é a próxima fase da economia digital; uma nova forma de inovação que é mais inclusiva, orientada ao propósito e regenerativa.

→ As plataformas representam a próxima geração de modelos de negócio. Eles são o próximo passo na evolução da concorrência. O design de plataformas Deep Tech é um processo complexo que exige a integração de muitos conjuntos de mentalidades e habilidades diferentes.

→ O design e o desenvolvimento de plataformas Deep Tech são um processo complexo e altamente iterativo. Os projetos mais bem-sucedidos são aqueles que estão alinhados com a estratégia geral da organização, proposta de valor e modelo operacional digital. Projetos ágeis podem ser adotados por qualquer departamento ou divisão dentro de uma organização, mas uma organização como um todo ainda precisa de um mapa estratégico unificador que contenha a proposta de valor elevada da organização.

→ O design de plataformas Deep Tech é um processo de criação de uma arquitetura digital aberta, extensível e altamente conectada em rede. É um conjunto de interações e serviços digitais que elevam, escalam e amplificam o valor na economia digital.

→ Deep Tech Discovery é uma abordagem sistemática para o desafio de integrar e alinhar propostas de valor, estratégia ágil, experiência vivida e ontologias de domínio para proporcionar novas oportunidades de criação de valor. Baseia-se na premissa de que os modelos de negócio de plataforma mais poderosos são baseados em uma proposta de valor elevada, um modelo de negócio em rede e forças do ecossistema.

5

CAPÍTULO CINCO

Projetando e Escalando as Plataformas Deep Tech

A ARQUITETURA DA TRANSFORMAÇÃO DIGITAL

As organizações conquistam escalonamento e elevação por meio do design e da implementação de arquiteturas complexas de plataformas Deep Tech. Mas, conforme vimos no Capítulo Quatro, ainda hoje as organizações enfrentam o desafio das limitações na disponibilidade de talento, o que restringe a capacidade de desempenharem um papel de liderança na economia digital. A dimensão humana da transformação digital pode resultar em muitos inibidores diferentes agindo em conjunto para criar ainda mais barreiras à amplificação de uma organização. Por essa razão, neste capítulo, demonstraremos exatamente o que são esses inibidores, como operam e como os líderes podem lidar com eles, uma vez que tenham sido identificados e compreendidos.

Apesar de o termo "transformação digital" ter sido frequentemente definido de inúmeras maneiras e por vezes usado de modo ambíguo, nós o definimos como a mudança na forma pela qual uma organização entrega valor por meio da implementação de modelos de negócio digitais, modelos operacionais digitais e plataformas digitais. Como o objetivo final é a transformação estratégica dos negócios, as iniciativas de transformação digital devem sempre ser acompanhadas da transformação cultural. Isso leva à implementação de modelos operacionais digitais otimizados que estão alinhados com as arquiteturas corporativas e digitais, possibilitando a expansão e o escalonamento da empresa por meio de pessoas capacitadas, engajadas e que tenham um entendimento estratégico das plataformas Deep Tech e da proposta de valor elevada.

Viabiliza-se a expansão e o escalonamento por meio da definição das capabilidades da plataforma digital (Figura 5.1). Nossa metodologia de design de plataforma Deep Tech estrutura essas capabilidades ao configurá-las em quatro camadas fundamentais. A direção da transformação digital sempre começa com a definição da camada interna da proposta principal de valor e, em seguida, a construção externa com os serviços da plataforma, as capabilidades de crescimento e, por último, os pontos de extensão da plataforma. Quando implementada dessa forma, a transformação digital viabiliza que as organizações amplifiquem seu propósito, aumentem sua competitividade e alcancem posições de liderança na economia digital.

FIGURA 5.1 Capabilidades da Plataforma Digital

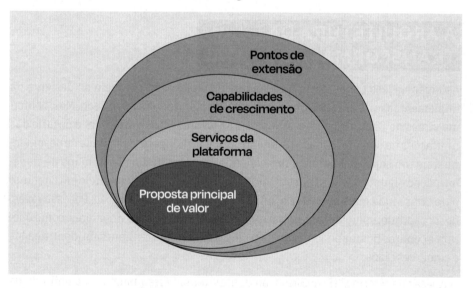

O propósito de uma plataforma é manifestado por meio da sua proposta principal de valor. Por exemplo, a proposta de valor do Facebook é ser uma rede social global que se aproxime das comunidades e dê voz a todas as pessoas. A principal proposta de valor do Instagram é possibilitar que as pessoas compartilhem momentos de suas vidas cotidianas. Uma vez que uma proposta principal de valor tenha sido elaborada e as principais interações, articuladas, é possível identificar os serviços de plataforma que entregam o valor prometido. Por exemplo, o Facebook tem serviços de privacidade, grupos e publicidade.

As organizações que não têm visão de plataforma não distinguem a proposta principal de valor de uma plataforma de serviços que esta oferece. As plataformas devem sempre ser construídas definindo primeiro essa proposta principal de valor antes de seus serviços. São os serviços que possibilitam e amplificam a proposta principal de valor, não o contrário.

As capabilidades de crescimento são uma camada-padrão que possibilita que os serviços da plataforma sejam escalonados e convertidos em fonte de renda. Um dos motivos para defini-las como uma camada separada é que muitas propostas de valor inspiradoras não alcançam uma grande escala, apesar da viabilidade técnica e mercadológica, devido à ausência da especificação das capabilidades de crescimento da arquitetura da plataforma. Essa camada é especialmente apropriada para a integração acelerada de frameworks de fornecedores, soluções e plataformas de marketing.

Um exemplo de capabilidade de crescimento é a comunicação multicanal que pode ser encontrada numa variedade de plataformas. Um segundo exemplo é a autenticação multifator que proporciona aos usuários uma sensação de proteção ao interagir com uma plataforma. Os serviços de personalização e recomendação, como sugerir possíveis amigos ou análises de comportamento do usuário, são sempre criados como uma camada acima dos serviços da plataforma, viabilizando uma crescente base de usuários e o engajamento no serviço.

A camada final das capabilidades de uma plataforma são seus pontos de extensão. Eles possibilitam que parceiros e desenvolvedores terceirizados acessem e utilizem os serviços e as capabilidades de crescimento de uma plataforma por meio da implementação de interfaces abertas. Essas interfaces abertas precisam ter conexões bem projetadas com as capabilidades de crescimento e os serviços da plataforma. Sem eles, a plataforma permanecerá sempre restrita, com possibilidades limitadas de escalonamento e expansão.

A Figura 5.2 mostra algumas capabilidades de crescimento comuns funcionando nas plataformas hoje, localizadas dentro da camada de serviços da plataforma e dentro do contexto dos principais elementos arquitetônicos associados à plataforma com os quais eles se interconectam.

A primeira camada se refere ao serviço de atendimento ao consumidor na forma de cadastro, gestão e retenção de usuários na plataforma. O gerenciamento unificado de contas permite que as pessoas usem a mesma conta, como uma conta do Google, em diversas plataformas. A autenticação multifator contribui para o crescimento, viabilizando muitos métodos diferentes para logar automaticamente em uma plataforma. O Facebook gerencia essa forma de autenticação, por exemplo, sempre fazendo login no celular de um usuário e no navegador do computador. Isso permite que o Facebook conecte o número de telefone a esse navegador específico. Se for feita uma tentativa de fazer login por meio de um navegador que nunca foi usado antes com o Facebook, uma mensagem será enviada ao celular para verificar se é a pessoa autorizada fazendo login, e não uma tentativa de invadir a conta. Isso possibilita que a plataforma permaneça aberta continuamente, ao mesmo tempo em que proporciona um grau de segurança aos usuários.

FIGURA 5.2 Arquitetura de Capabilidades de Crescimento

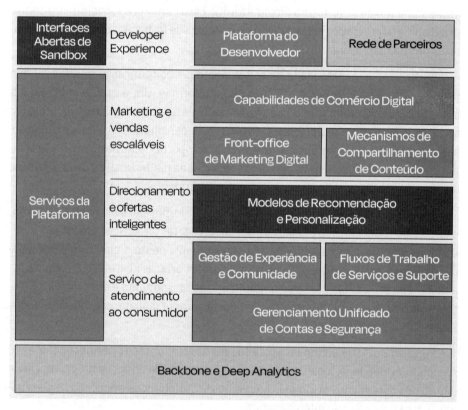

Nesta camada, as capabilidades adicionais estão relacionadas ao engajamento do cliente. Isso inclui o gerenciamento de comunidades de usuários, gerenciamento de reputação social e atendimento ao cliente. A reputação social e o compartilhamento são capabilidades que possibilitam aos usuários gerenciarem comentários ou avaliações negativas e ajudarem a construir marcas com transparência.

A segunda camada se refere ao direcionamento e a ofertas inteligentes. Isso inclui modelos de personalização e recomendação incorporados nas principais interfaces de transação e fluxos de trabalho de conteúdo de uma plataforma. Esta camada de inteligência viabiliza a personalização em escala e garante que as pessoas recebam ofertas e conteúdos específicos para seus perfis e necessidades. Diversos modelos de personalização e recomendação estão atualmente disponíveis com base no comportamento do usuário, dados pessoais e algoritmos de clustering.

A terceira camada se refere ao marketing digital escalável e vendas. Mensagens-chave, conteúdo cocriado, ofertas especiais e ativos de marca digital são gerenciados por meio da integração em diferentes canais, como mensagens, portais, comércio, mídias sociais, publicidade e marketplaces. Os usuários conseguem, portanto, receber mensagens e conteúdo que são unificados em todos os pontos de contato. As redes de conteúdo, por exemplo, têm a capacidade de alavancar canais de audiência digital em canais de mídia social, como Instagram ou YouTube, fornecendo análises expandidas sobre o uso da plataforma em grupos específicos. Compreender a linguagem orgânica dos influenciadores digitais e o modo como as pessoas colaboram no espaço digital pode gerar muitas ideias sobre como criar novas formas de valor da plataforma e como melhorar o roadmap da plataforma. Para que isso aconteça, é essencial levar em consideração os desafios e regulamentos de publicidade, privacidade do usuário e proteção de dados.

O design das soluções de comércio digital precisa ser feito a partir da perspectiva da fluidez da plataforma. Na prática, isso é possível por meio do design de serviços fit-for-purpose de pedido e pagamento da próxima geração que sejam capazes de acomodar todas as formas de transação e operar no maior número de canais possível. Exemplos são serviços em tempo real (consultoria online imediata para empreendedores, master classes personalizadas para o aluno ou grupos específicos e experiências digitais personalizadas para uma família); compras automatizadas sob demanda (dispositivos como refrigeradores que optam por comprar certas quantidades de produtos de acordo com parâmetros predeterminados, como necessidades alimentares de uma família); e live commerce (compradores em potencial interagindo online por meio de conversas diretas com vendedores).

FIGURA 5.3 Deep Analytics

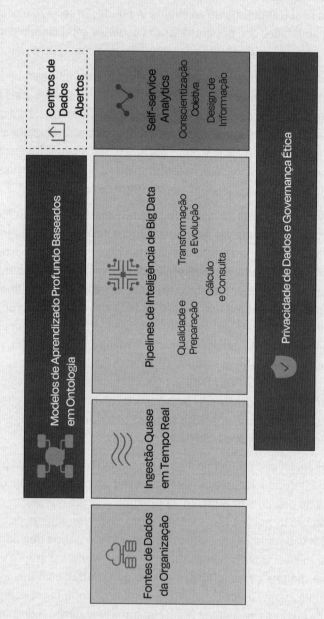

Embora a user experience seja agora prática comum de design, os desenvolvedores que criam serviços com base nas capabilidades de uma plataforma são uma comunidade cujos requisitos muitas vezes não são explicitamente levados em consideração. Por esse motivo, a camada da developer experience fica no topo das capabilidades de crescimento. Do ponto de vista técnico, esse bloco arquitetônico consiste em interfaces abertas que possibilitam aos desenvolvedores estender a plataforma. A developer experience também pode ser pensada como uma prática de user experience design que leva em conta como os desenvolvedores externos precisam entender e pensar sobre os modelos e as funcionalidades de uma plataforma. Logo, essa comunidade exige acesso a serviços de teste e suporte técnico para ajudá-la a aprender como explorar ao máximo as capabilidades da plataforma.

As capabilidades de crescimento de uma plataforma são desenvolvidas sobre os alicerces do backbone principal e da camada de deep analytics (Figura 5.3). As capabilidades analíticas em larga escala possibilitam o crescimento e a evolução da plataforma e dos seus serviços. Elas fazem isso integrando fluxos de dados de diferentes fontes em tempo quase real, fornecendo a capacidade de entender o perfil e o comportamento de um usuário. O uso de modelos de aprendizagem profunda baseados em ontologia (explicados em mais detalhes no Capítulo Seis) significa que os dados do usuário podem ser inseridos em um contexto semântico mais amplo que entenda sua jornada em toda a plataforma, possibilitando, assim, que a plataforma faça inferências inteligentes sobre as intenções de usuários e grupos individuais. A deep analytics integra todas as fontes de dados gerados pela plataforma, junto com conjuntos de dados abertos, para apoiar as capabilidades de crescimento, criando uma camada de inteligência para cada serviço na plataforma.

A deep analytics deve ser operada dentro dos frameworks de uma organização visando à privacidade de dados e à governança ética, uma vez que elas definem as políticas e os mecanismos de verificação para apoiar o desenvolvimento de modelos de aprendizado analítico e profundo de forma tão imparcial e tão justa quanto possível.

O backbone, apresentado no capítulo anterior, fornece a camada fundamental subjacente sobre a qual a plataforma é construída. As inovações contínuas e frenéticas e as ofertas digitais dependem bastante de modelos e capabilidades operacionais dinâmicas que exigem uma base unificada de processos, dados, aplicações e tecnologias essenciais. Se quisermos desenvolver plataformas com serviços escaláveis e flexíveis, precisamos de um núcleo altamente unificado, que é o backbone.

Um backbone bem projetado garante que os serviços da plataforma e a customer experience tenham integridade estrutural e sejam interoperáveis em toda a arquitetura. Assim, por exemplo, uma plataforma bem arquitetada terá um único modelo de usuário, ao qual todos os serviços fazem referência. Isso significa que quando novos serviços são lançados, como um serviço de pagamento, eles sempre fazem referência a esse perfil único de usuário, em vez de um perfil de usuário distinto, de outro espaço.

Três capabilidades específicas de backbone contribuem para o crescimento da plataforma:

1. Dados fundamentais e modelos de transação

Os dados fundamentais e modelos de transação definem as principais maneiras pelas quais o modelo de negócio baseado em plataforma de uma organização gera receita por meio da modelagem de dados das principais interações do usuário. Por exemplo, o Facebook é baseado em um grafo que modela as principais conexões entre as pessoas. O Twitter tem um modelo de dados para microblog. O backbone contém um modelo de domínio principal para dados que representa a estrutura da proposta de valor. É imperativo fazer o design de um modelo de dados de alta qualidade que possa refletir totalmente a lógica dos modelos de negócio e das propostas de valor.

Algumas organizações não dedicam tempo para fazer o design de um modelo de domínio explícito ou não entendem a necessidade dele, optando por se concentrar no design dos serviços da plataforma. Um erro, pois é a qualidade da descrição do modelo de dados fundamentais que permite que a plataforma funcione de modo ideal e tenha a flexibilidade de suportar uma ampla gama de serviços. Muitos dos problemas que surgem quando há a fusão de diferentes organizações ou quando elas têm sistemas integrados resultam de modelos de domínio principal não definidos ou não compatíveis. Por esse motivo, as organizações exigem conhecimentos especializados em ontologias computacionais, que explicamos em detalhes no Capítulo Seis.

2. Infraestrutura de operações autônomas

As plataformas precisam ser escalonadas em níveis internacionais e em diversos mercados e setores. O nível de complexidade em suas arquiteturas significa que as plataformas precisam ter um grau de autonomia relacionado à autorregeneração. Identificado o uso excessivo de recursos, esse grau de autonomia possibilita que uma plataforma entre em um modo de operação dinâmico que lhe permite lidar com essa capacidade adicional, permitindo que se recupere desse estado operacional extremo. As plataformas também são capazes de se autorreparar quando os recursos principais falham por algum motivo. Quando isso acontece, a plataforma faz uso automático de recursos anteriormente redundantes. Portanto, a autonomia de uma plataforma possibilita que ela se repare e se recupere de forma inteligente e escalone dinamicamente quando necessário.

3. Fluxos de trabalho de eventos

O escalonamento e a expansão das plataformas resultaram em desafios extremamente complexos relacionados a como elas operam e como os eventos da plataforma são processados por meio do modelo operacional digital de uma empresa. Por essa razão, as plataformas são geridas operacionalmente por meio de fluxos de trabalho de eventos, que viabilizam a coreografia dos serviços, mantendo, assim, elevados níveis de coordenação entre serviços e aplicações. Exemplos de eventos são adicionar um item para venda no eBay, criar uma conta e adicionar um produto a um carrinho de compras. Como muitas partes diferentes de uma plataforma (domínios de serviço) podem estar interessadas nesses eventos, elas devem ser coreografadas para permanecerem sincronizadas. Essa coreografia complexa é alcançada conectando todos os diferentes serviços que exigem acesso aos eventos por meio de um hub de fluxo de eventos (Figura 5.4).

Na década de 1990, sistemas de software monolíticos que careciam de uma arquitetura estruturada e se desenvolviam sem a técnica de desacoplamento de tecnologia muitas vezes poderiam resultar em complexidade exponencial e inflexibilidade, que Brian Foote e Joseph Yoder chamaram de "grandes bolas de lama antipadrões [big balls of mud anti-patterns]."[102] Hoje em dia, quando o núcleo, os microsserviços e os domínios de serviço de uma plataforma não estão explicitamente bem definidos, o resultado são eventos de negócios descoordenados. Nessa situação, outro antipadrão complexo vem à tona, muitas vezes chamado pelos desenvolvedores de software de "antipadrão da Estrela da Morte". Isso ocorre quando a coordenação entre serviços digitais fragmentados atinge um nível exponencial de complexidade com o qual a arquitetura de uma plataforma não consegue lidar. Um exemplo famoso ocorreu em meados dos anos 2000, quando a plataforma da Amazon atingiu um nível de complexidade que não era mais gerenciável, forçando a plataforma a desenvolver novas capabilidades de gerenciamento de microsserviços.[103]

Pode-se gerenciar essa complexidade por meio de ocultação de informações e contratos claros de eventos, serviços e dados. As informações são gerenciadas de forma que qualquer parte interessada em um evento não tenha acoplamento estrutural e dependência com o autor do evento ou com qualquer outra parte que também tenha acesso a ele. Ou seja, qualquer parte da plataforma pode acessar o evento e manter a complexidade enquanto escalona suas atividades, possibilitando que

FIGURA 5.4 Coreografia de Serviço

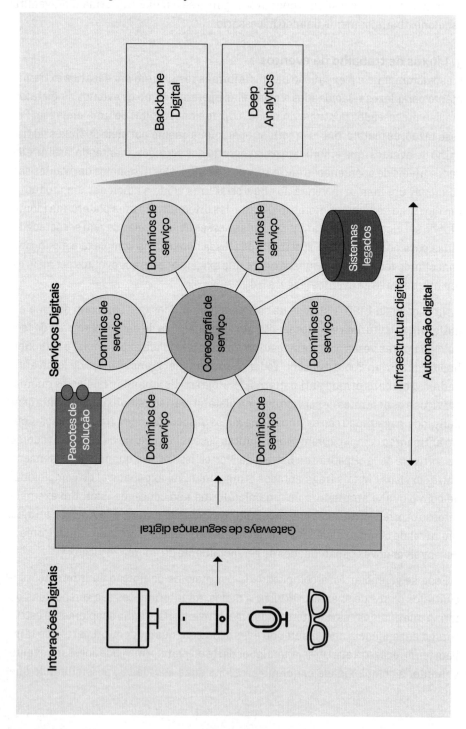

serviços complexos sejam continuamente substituídos por alternativas mais eficientes, sem impactar o desempenho de outros serviços.

O backbone desempenha um papel decisivo na manutenção da coerência do design em todas as camadas da arquitetura e nas fronteiras dos serviços. Não deve ser pensado como um sistema autônomo; os links de backbone estão presentes em todas as camadas da plataforma e fornecem um conjunto altamente unificado e eficiente de capabilidades principais para os serviços da plataforma. Tecnicamente, é a capacidade de gerenciar complexidades que possibilita elevação, escalonamento e amplificação da proposta de valor de uma organização.

ESCALANDO TODO O NEGÓCIO

As organizações podem alcançar escalonamento e amplificação por meio de plataformas Deep Tech, entendendo seu ciclo de vida de desenvolvimento. As plataformas digitais não são simplesmente definidas, projetadas e implementadas. Elas atingem a maturidade após a arquitetura da plataforma ter passado por uma série de estágios distintos: prototipagem, mínimo, evolução, escalonamento, amplificação e intencional (Figura 5.5).

Apresentamos o conceito de arquitetura intencional no Capítulo Quatro. As plataformas Deep Tech são projetadas começando com uma proposta de valor elevada. Com isso definido, é possível então desenvolver uma visão da plataforma que seja future-fit e que manifeste a essência da proposta de valor. Uma arquitetura intencional nunca é uma definição fixa da plataforma; ela evolui continuamente à medida que a plataforma amadurece. Isso facilita uma abordagem estruturada para o design da plataforma, que consiste em definir e planejar iniciativas de arquitetura que suportem e aprimorem as capabilidades de uma plataforma à medida que ela escalona rumo à visão elevada.

As arquiteturas intencionais ajudam as pessoas a compreender a necessidade de operar dentro de determinadas fronteiras, como a escolha da plataforma tecnológica, o orçamento financeiro, as restrições de design ou a integração de capabilidades futuras. Quando esses fatores de restrição são identificados e levados em consideração no projeto, há uma chance maior de que a iniciativa seja bem-sucedida na entrega da proposta de valor elevada.

Assim, embora uma arquitetura intencional defina um estado final hipotético que nunca será construído devido ao caminho evolutivo da plataforma, ela confere

FIGURA 5.5 Ciclo de Vida da Plataforma Deep Tech

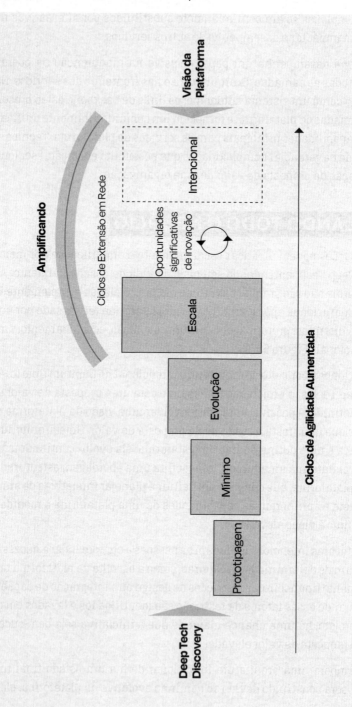

os alicerces para os requisitos da plataforma que precisam ser definidos antes que o primeiro protótipo seja construído. Após a etapa de prototipagem, uma arquitetura mínima é construída com o primeiro conjunto de serviços da plataforma. Essa arquitetura mínima possibilita que os designers entendam melhor as estruturas emergentes da arquitetura antes de progredir para a terceira fase, que é a da arquitetura em evolução. Essa arquitetura é atualizada de modo constante por meio de ciclos de design iterativos de agilidade aumentada rumo à visão da arquitetura intencional.

As plataformas se desenvolvem por meio de ciclos iterativos sincronizados, a fim de manter a integridade sistêmica em todos os níveis da plataforma — o backbone, a plataforma, seus serviços e interfaces abertas. Ou seja, é necessário que um arquiteto de plataforma tenha um alto nível de consciência de design a fim de conseguir entender uma iniciativa de plataforma como um sistema vivo dinâmico. Ele deve ser capaz de sincronizar a visão futura da arquitetura intencional com a maturidade da arquitetura atual e as funções e serviços adicionados em cada uma das três principais etapas de desenvolvimento: prototipagem, mínimo e evolução.

O arquiteto da plataforma também deve assegurar que o backbone tenha a flexibilidade necessária para acompanhar a evolução da arquitetura da plataforma e os padrões e protocolos de interoperabilidade que possibilitam que todos os elementos da plataforma se comuniquem com todos os outros elementos. Mesmo que o backbone tenha que ser aberto para ser extensível, ele deve ser fechado no que diz respeito aos protocolos interoperáveis padronizados. Assim como as espinhas dorsais humanas têm grande grau de robustez e inflexibilidade, sendo ao mesmo tempo flexíveis, ocorre o mesmo com os backbones digitais.

Quando chega ao estágio de evolução da arquitetura, uma plataforma pode ser aberta para uma comunidade mais ampla de desenvolvedores que, por sua vez, pode adicionar os próprios serviços de plataforma, elevando a plataforma para um nível mais alto de funcionamento, possibilitando que ela escalone. Neste estágio, os serviços existentes de plataforma podem ser amplificados por meio de novas arquiteturas. Uma plataforma só pode ser aberta neste estágio, e não nos estágios de desenvolvimento anteriores, devido à alta probabilidade de os protocolos mudarem ou alterarem de alguma forma.

Duas leis de design de software relacionadas podem nos ajudar a entender a progressão rumo à maturidade da plataforma e o desenvolvimento da sua visão:

Lei da mudança: toda plataforma muda. Aquela que não muda não está mais viva. Logo, as plataformas precisam ser pensadas como uma forma de sistema vivo.

Lei da complexidade: sempre que uma plataforma evolui, ela se torna mais complexa. Ao se tornar mais complexa, mais mudanças são introduzidas. A melhor forma de liderar com mudanças e gerenciar plataformas e arquiteturas complexas é por meio da agilidade aumentada, que explicaremos no próximo capítulo.

Um sistema vivo se caracteriza pelo modo como a informação flui através dele. As pessoas responsáveis por uma iniciativa de plataforma devem garantir que a linguagem usada para descrever seus projetos seja acessível e compreensível por todas as partes interessadas no desenvolvimento. Não raro, a linguagem das arquiteturas de plataforma é técnica e difícil de interpretar, mesmo por desenvolvedores de software e especialistas em tecnologia.

Devido ao nível de complexidade das plataformas Deep Tech, é necessário que os líderes estejam atentos à coordenação e à sincronização entre o backbone digital, a deep analytics, os serviços de plataforma, as camadas comuns de crescimento e os pontos de extensão. Quando desenvolvidos por equipes diferentes ou sem integração adequada, eles podem se desvincular das atividades de desenvolvimento de negócios e design corporativo, gerando um conflito entre os sistemas operacionais de negócios e tecnologia. Desse modo, a nova lógica do ecossistema de negócios de uma plataforma deve ser alinhada com as estruturas organizacionais estabelecidas pela equipe executiva sênior. Quando a sincronização é alcançada em todas as camadas, a organização pode se empenhar para alcançar sua visão future-fit.

A sincronização entre os serviços de uma plataforma, a sua arquitetura e a dinâmica de negócios de uma organização impactam de modo crítico a capacidade de evolução e escalonamento de uma plataforma. A velocidade dessa evolução e a capacidade operacional de gerenciar a complexidade resultante são possibilitadas por meio da deep collaboration entre equipes de desenvolvimento de plataformas, arquitetos corporativos, líderes seniores e gerentes departamentais (marketing, vendas, customer success, finanças etc.). Por isso, é necessário que a equipe executiva sênior compreenda a natureza das convenções de design de plataforma e como elas influenciam a maneira pela qual a organização opera, tanto do ponto de vista comercial quanto técnico.

O aumento da complexidade e a distribuição de tecnologias avançadas têm assumido uma expansão das perspectivas na operação de serviços digitais. Por exemplo, o DataOps foca a automação de fluxos de dados e análises de e para domínios de serviço; o MLOps se concentra na análise do usuário e no aprendizado de máquina; o DevSecOps foca o desenvolvimento, segurança e operações de serviços digitais; e o FinOps traz responsabilidade financeira para o modelo de gasto variável de modelos de negócio de computação em nuvem, possibilitando que as equipes façam compensações entre velocidade, custo e qualidade.[104]

Para que essas atividades operacionais funcionem de forma ideal, deve-se entender a relação entre o escalonamento da plataforma e sua arquitetura corporativa organizacional, considerando as convenções de design de plataforma, maturidade arquitetônica, serviços de plataforma e capabilidades de negócios. Há uma relação direta entre o design da plataforma, a topologia da equipe, a maturidade da liderança e o alinhamento organizacional.[105] Portanto, é papel das equipes executivas seniores ajudar suas organizações a sincronizar plataformas, equipes e processos de negócios. Essa sincronização só pode ser alcançada quando os líderes entendem a maneira de pensar dos arquitetos de tecnologia, cuja criatividade tecnológica se origina do domínio de princípios, padrões e práticas de design, além da sua capacidade de construir sistemas digitais baseados em processos de negócios e lógica corporativa. Por isso, explicaremos agora como esses padrões e práticas se relacionam com as operações de uma organização.

Um termo comum para descrever o design e desenvolvimento de uma plataforma é "engenharia de plataforma". Essa metáfora sugere que existe um conjunto de leis que podem ser seguidas mecanicamente para criar uma arquitetura escalável. Na prática, são as convenções de design de plataforma, em vez de leis fixas, que viabilizam o escalonamento das plataformas (Figura 5.6).

Nossa metodologia de design de plataforma Deep Tech categoriza essas convenções de design em três dimensões:

1. **Padrões:** o desenvolvimento arquitetônico emprega padrões, em vez de leis de design. Esses padrões se relacionam ao design corporativo, às estruturas da equipe, às práticas de inovação e ao comportamento da equipe, junto com práticas técnicas de design, como análise do sistema, padrões de design, estilo de implementação e testes automatizados.

2. **Feedback:** o desenvolvimento arquitetônico exige a validação contínua dos padrões por meio de feedback contínuo. As principais atividades incluem

FIGURA 5.6 Convenções de Design de Plataforma

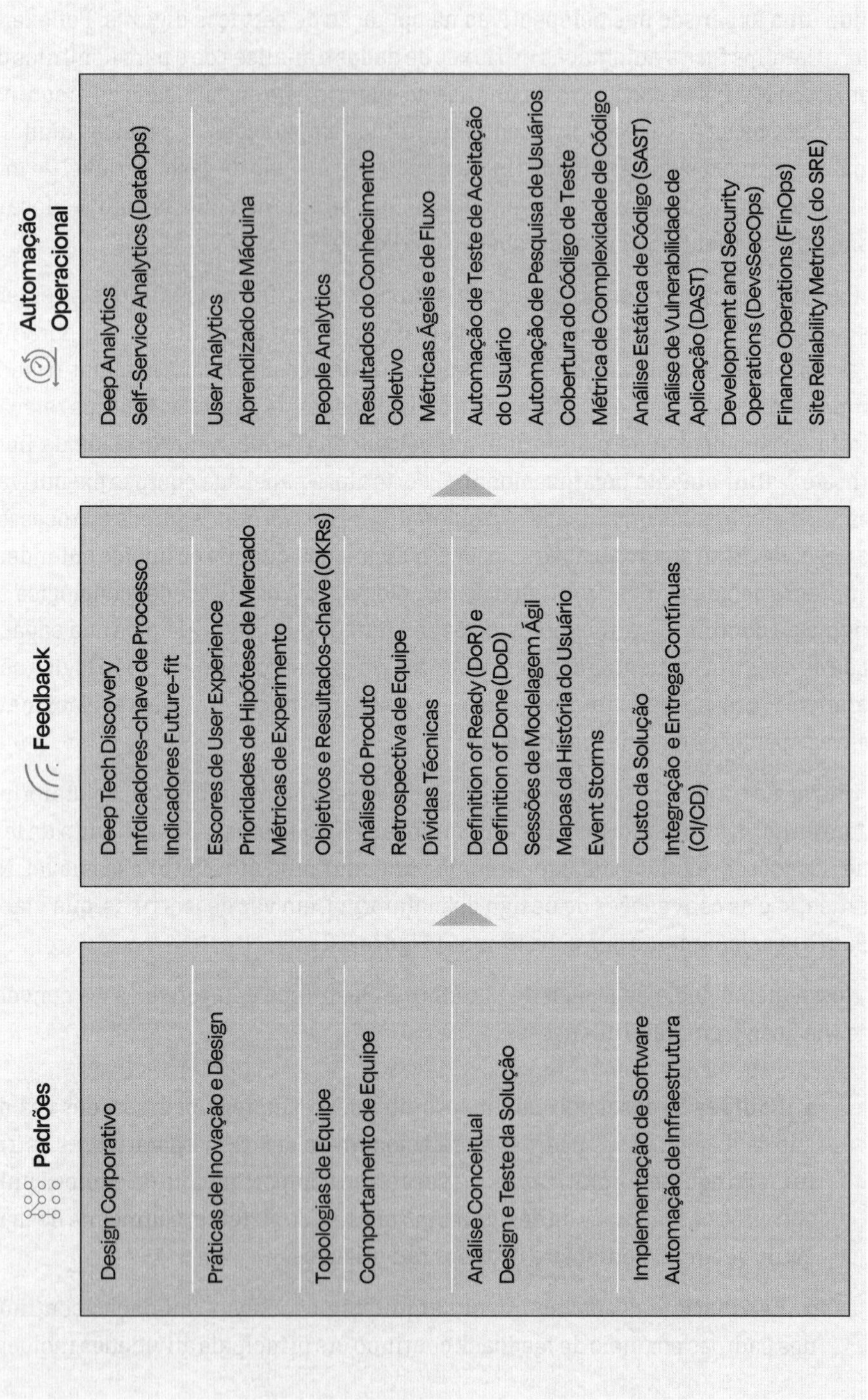

Padrões

Design Corporativo

Práticas de Inovação e Design

Topologias de Equipe
Comportamento de Equipe

Análise Conceitual
Design e Teste da Solução

Implementação de Software
Automação de Infraestrutura

Feedback

Deep Tech Discovery
Indicadores-chave de Processo
Indicadores Future-fit

Escores de User Experience
Prioridades de Hipótese de Mercado
Métricas de Experimento

Objetivos e Resultados-chave (OKRs)
Análise do Produto
Retrospectiva de Equipe
Dívidas Técnicas

Definition of Ready (DoR) e
Definition of Done (DoD)
Sessões de Modelagem Ágil
Mapas da História do Usuário
Event Storms

Custo da Solução
Integração e Entrega Contínuas (CI/CD)

Automação Operacional

Deep Analytics
Self-Service Analytics (DataOps)

User Analytics
Aprendizado de Máquina

People Analytics
Resultados do Conhecimento Coletivo
Métricas Ágeis e de Fluxo

Automação de Teste de Aceitação do Usuário
Automação de Pesquisa de Usuários
Cobertura do Código de Teste
Métrica de Complexidade de Código

Análise Estática de Código (SAST)
Análise de Vulnerabilidade de Aplicação (DAST)
Development and Security Operations (DevSecOps)
Finance Operations (FinOps)
Site Reliability Metrics (do SRE)

a definição de processos-chave, indicadores future-fit, métricas experimentais, objetivos e resultados-chave (OKRs), bem como testes de aceitação e integração de soluções que exigem confiabilidade, qualidade de serviço e métricas de user experience.

3. Automação operacional: é necessário monitorar e fazer a manutenção das plataformas regularmente. As arquiteturas de plataforma devem ser continuamente observadas por meio de muitas métricas diferentes para garantir que não quebrem ou falhem.

Arquiteturas de plataforma mal construídas sofrem de complexidade e inflexibilidade excessivas, restringindo sua capacidade de escalonamento. Em vez de tentar maximizar a qualidade de cada elemento de modo isolado, um bom arquiteto de plataforma procurará o nível ideal de crescimento e desenvolvimento de uma plataforma, sempre buscando otimizar o desempenho como um todo. Sem esse nível de otimização arquitetônica, o escalonamento da plataforma não será rentável, seguro nem integrado às operações comerciais de uma organização. Ou seja, os arquitetos da plataforma desempenham um papel-chave de liderança no desenvolvimento da qualidade da visão sistêmica das pessoas, ajudando as equipes a entender como seu trabalho específico contribui para a estratégia geral, a implementação e o funcionamento da plataforma.

A DIMENSÃO HUMANA

As plataformas Deep Tech podem ser diferenciadas das plataformas digitais comuns por suas qualidades coletivas (Figura 5.7). Este framework toma como base nosso Manifesto Deep Tech e demonstra como as qualidades dos valores humanos universais, o nível de consciência e a compreensão da alma na tecnologia dentro do manifesto se traduzem em soluções future-fit de economia digital.

A camada de Negócios Digitais demonstra que uma plataforma totalmente capacitada viabiliza a flexibilidade e a extensão de serviços, sustenta o escalonamento com design de aplicações de alta qualidade e tem uma base sólida de princípios arquitetônicos que a definem e caracterizam como Deep Tech. As capabilidades dinâmicas das plataformas possibilitam que as empresas digitais tenham modelos de negócio mais flexíveis por meio de uma visão amplificada dos mercados, devido ao seu núcleo extensível e modelo operacional digital unificado suportado por backbones.

FIGURA 5.7 Qualidades da Plataforma Digital

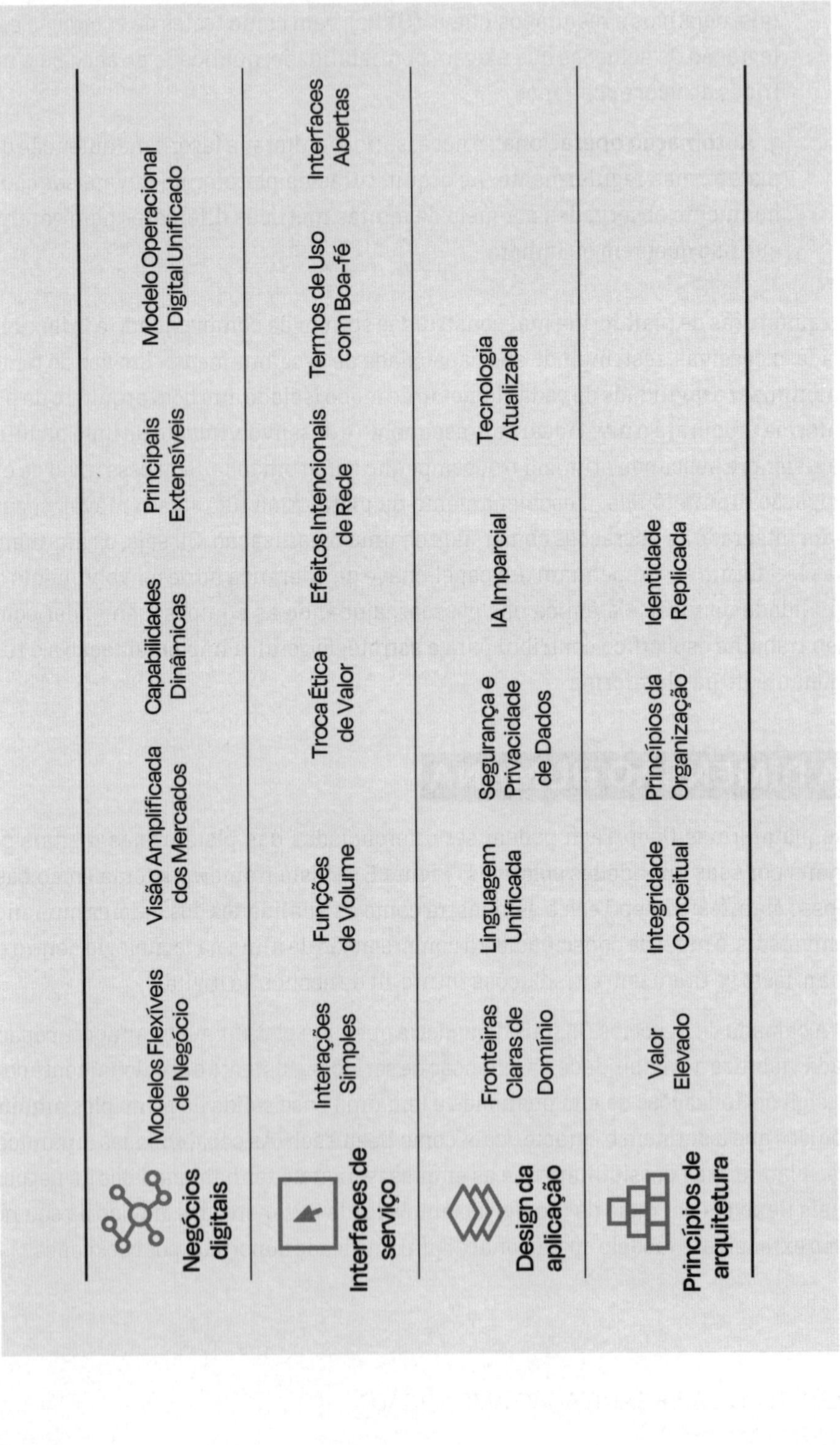

Negócios digitais	Modelos Flexíveis de Negócio	Visão Amplificada dos Mercados	Capabilidades Dinâmicas	Principais Extensíveis	Modelo Operacional Digital Unificado
Interfaces de serviço	Interações Simples	Funções de Volume	Troca Ética de Valor	Efeitos Intencionais de Rede	Termos de Uso com Boa-fé / Interfaces Abertas
Design da aplicação	Fronteiras Claras de Domínio	Linguagem Unificada	Segurança e Privacidade de Dados	IA Imparcial	Tecnologia Atualizada
Princípios de arquitetura	Valor Elevado	Integridade Conceitual	Princípios da Organização	Identidade Replicada	

A camada de Negócios Digitais se faz possível por meio das Interfaces de Serviço, que consistem em interações simples. As Funções de Volume devem ser justas e comunicadas aos usuários. Não se deve recolher informações confidenciais ou realizar análises comportamentais que não melhorem diretamente a qualidade do serviço prestado aos usuários ou que bloqueiem e dificultem a desativação da plataforma.

As organizações que fazem isso podem enfrentar graves consequências. Por exemplo, quando os celulares Android foram lançados pela primeira vez, os usuários só podiam usar o navegador Chrome e não podiam instalar outros, como o Firefox. Como resultado dessa conduta, a Comissão Europeia multou o Google em €4,34 bilhões por violar as regras antitruste da UE.[106] Comentando essa ação, a Comissária Margrethe Vestager, chefe da política de concorrência da UE, disse:

> "Hoje, a internet móvel representa mais da metade do tráfego global da internet. Mudou a vida de milhões de europeus. O caso trata de três tipos de restrições que o Google impôs aos fabricantes de dispositivos Android e às operadoras de rede para garantir que o tráfego em dispositivos Android vá para o mecanismo de pesquisa do Google. Dessa forma, o Google tem usado o Android como um veículo para consolidar o domínio de seu mecanismo de busca. Tais práticas negaram aos concorrentes a chance de inovar e competir por seus méritos. Negaram aos consumidores europeus os benefícios de uma concorrência efetiva na importante esfera móvel. Segundo as regras antitruste da UE, isso é ilegal."[107]

A Troca de Valor relativa à relação entre usuários e plataformas Deep Tech deve, portanto, ser sempre ética e transparente, e não obscura. Em 2018, a imagem da marca do Facebook foi prejudicada de modo global pela Cambridge Analytica, que obteve indevidamente dados pessoais de 270 mil pessoas que fizeram o download de um aplicativo de previsão de personalidade. O escândalo fez com que o Facebook sofresse a perda mais significativa de valor de mercado em um único dia, com as ações fechando quase em 19%, levando consigo US$119 bilhões do valor da empresa.[108]

Outro exemplo de troca antiética de valor é quando uma plataforma adota de modo intencional um conjunto fechado de padrões e protocolos, mesmo quando alternativas abertas já existem e são adequadas para o domínio do serviço, impedindo assim que outras plataformas os adotem. No passado, muitas empresas de plataformas dominantes adotaram essa abordagem, forçando clientes e consumidores a usar suas soluções em vez das dos concorrentes.

Para combater essas formas menos igualitárias de troca de valor, em março de 2021, a SoundCloud, uma plataforma de música e áudio, introduziu royalties impulsionados por fãs em sua plataforma como uma forma mais justa e transparente para artistas emergentes e independentes ganharem dinheiro. Os royalties dos fãs são impulsionados diretamente pela base de fãs de um artista. A receita de assinatura ou publicidade de cada ouvinte é distribuída entre os artistas que eles ouvem, e não por meio de reproduções agrupadas, beneficiando artistas independentes em ascensão com fãs leais. Para demonstrar a diferença, a explicação da SoundCloud sobre seu novo modelo de receita citou o exemplo real de Vincent, um compositor de música eletrônica que, no plano antigo, estava recebendo US$120. O novo modelo possibilitaria que ele recebesse US$600, um aumento de 403%.[109] Michael Weissman, CEO da SoundCloud, explicou os benefícios dessa forma elevada de troca de valor:

"Muitos do ramo desejam isso há anos. Estamos entusiasmados por sermos os únicos a disponibilizar isso ao mercado para apoiar melhor os artistas independentes. A SoundCloud está posicionada de forma única para oferecer este novo modelo transformador devido à poderosa conexão entre artistas e fãs que ocorre em nossa plataforma. Como a única plataforma de streaming de música direta para o consumidor e empresa de serviços de artistas de próxima geração, o lançamento de royalties impulsionado por fãs representa um movimento substancial rumo à direção estratégica da SoundCloud para elevar, crescer e criar novas oportunidades diretas com artistas independentes."[110]

As equipes de desenvolvimento de plataformas também devem estar totalmente conscientes dos efeitos sistêmicos da rede. A razão é que, sem esse nível de consciência do design, uma plataforma pode contribuir com a desigualdade e amplificá-la em vez de reduzi-la. A pouca acessibilidade, o uso complexo da linguagem, os vieses sociais inconscientes, a cibersegurança e as preocupações com a privacidade têm consequências diretas sobre o valor que uma plataforma pode oferecer. As interfaces abertas também contribuem para os efeitos de rede, pois possibilitam que as comunidades de desenvolvedores em todo o mundo adaptem e especializem serviços de plataforma que não teriam sido contemplados pela equipe original de design da plataforma. Assim, os efeitos de rede são responsáveis pelo impacto exponencial da plataforma.

Vejamos o exemplo de uma proposta de plataforma consciente, o RideFair, projeto crowdfunding para criar uma plataforma open-source de serviços ridesharing com motoristas parceiros. A ideia é fornecer uma plataforma open-source sem fins lucrativos como alternativa a Uber, Lyft, Ola e budistaidi. A troca de valor é explicitamente manifestada na declaração de missão da RideFair, que contém cada dimensão dos Novos 4Ps:

> "Nossa missão é ajudar os motoristas a obter uma renda justa e equitativa, dando-lhes a capacidade de reivindicar a propriedade das empresas para as quais dirigem. Ter uma empresa cooperativa de serviços ridesharing possibilita que os motoristas tenham voz nas decisões da empresa em relação às políticas, às alterações de tarifa e aos membros do comitê que conduzem a direção da empresa. Além disso, os motoristas ficam com 95% do seu dinheiro suado, já que a RideFair só aceita um corte de 5% nas tarifas para cobrir os custos de manutenção e desenvolvimento. Esse modelo permite que os motoristas controlem o próprio destino, e todos os rendimentos permanecem dentro da comunidade local, o que é muito benéfico para o crescimento e a sustentabilidade em longo prazo da economia local."[111]

A qualidade final relacionada às interações de serviço consiste nos termos de uso da plataforma com boa-fé. Por estar presente em todo desenvolvimento, empreendimento e iniciativa Deep Tech, a boa-fé é um conceito jurídico relacional que expressa os valores humanos na prática. Em todo o mundo, as jurisdições tratam a boa-fé de maneiras diferentes, algumas das quais são mais definidas do que outras. Por exemplo, no direito britânico, não há doutrina geral de boa-fé na negociação ou no cumprimento de um contrato. No entanto, nele há a noção de "contratos relacionais", no qual as partes estão sujeitas a deveres de boa-fé por uma questão jurídica. Nesses casos, elas estão "proibidas de praticar condutas que, em um contexto relevante, seriam consideradas comercialmente inaceitáveis por pessoas sensatas e honestas".[112]

A camada de Design da Aplicação se refere a qualidades técnicas. As fronteiras do domínio de serviço devem ser claramente definidas para gerenciar a complexidade da plataforma. A linguagem técnica que descreve a plataforma deve ser unificada a fim de assegurar que ela sirva a especialistas em tecnologia e seja totalmente acessível, tendo em conta as diferenças culturais. A linguagem desempenha um papel fundamental na amplificação do acesso à plataforma, tanto para os usuários quanto para a comunidade mais ampla e diversificada de desenvolvedores de plataformas.

As aplicações de dados devem ser seguras para garantir a privacidade dos usuários e estar sempre atualizadas com os mais recentes desenvolvimentos tecnológicos. Além do mais, os algoritmos de inteligência artificial devem ser o mais imparciais possível. Por exemplo, isso pode ocorrer devido aos vieses cognitivos dos designers responsáveis por eles ou à falta de dados completos, resultando no uso de amostras não representativas. Um exemplo é a tentativa da Amazon em 2015 de automatizar o processo de recrutamento empregando uma IA para ler e revisar currículos de candidatos. Em um curto espaço de tempo, a Amazon percebeu que esse processo continha um viés sistêmico contra as mulheres, levando-a a parar de usar o algoritmo no recrutamento.[113]

A camada final das qualidades da plataforma digital é a dos Princípios de Arquitetura. Nossa abordagem Deep Tech para o design de plataformas ressalta a necessidade de imaginar como a proposta de valor pode elevar nossa qualidade de vida com base em tecnologias future-fit que reconhecem nossos limites de recursos planetários físicos e princípios regenerativos de sistemas vivos. Para que a proposta de valor elevada seja concretizada por completo, ela deve estar presente conceitualmente em todos os aspectos da plataforma. É nesse ponto que se pode dizer que uma plataforma tem integridade conceitual. Quando uma plataforma tem esse nível de integridade, é possível replicar sua identidade; seu DNA está presente em todas as interações e nos serviços oferecidos. A totalidade da tecnologia é expressa em todas as partes, com valores, ética, igualdade e uma linguagem unificada que manifesta sua essência e identidade singulares. A totalidade é a qualidade de um sistema que é encontrado pelas pessoas no uso e na interação com uma plataforma. Os arquitetos e designers da plataforma alcançam essa totalidade quando as qualidades da plataforma são manifestadas por meio de três impulsionadores interconectados (Figura 5.8).

FIGURA 5.8 Direcionadores de Plataforma Deep Tech

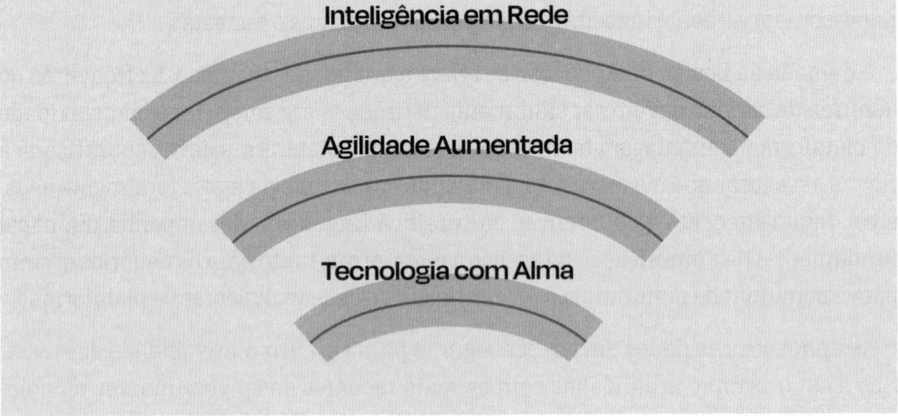

No Capítulo Seis, exploraremos em detalhes a forma pela qual essas três dimensões operam juntas e sistemicamente. Nós as definimos da seguinte maneira:

Tecnologia com Alma: tecnologia que facilita uma profunda conexão entre a essência de uma organização amplificada, sua identidade, cultura e desafios de design tecnológico, social e ambiental.

Agilidade Aumentada: ritmo acelerado de evolução estimulado por relações elevadas de colaboração e confiança, domínio coletivo e liderança transformacional. O papel da Agilidade Aumentada é escalonar a Tecnologia com Alma e facilitar a Inteligência em Rede.

Inteligência em Rede: ecossistemas de colaboração aberta com camadas de inteligência entre organizações e que são possíveis por meio de arquiteturas padronizadas com protocolos comuns, políticas éticas e mecanismos de privacidade.

Antes que uma organização possa começar a fazer o design e implementar uma plataforma Deep Tech que consiga entregar uma proposta de valor elevada, a equipe de liderança deve entender, identificar e eliminar uma série de inibidores de plataforma digital interconectados (Figura 5.9). Usamos isso como um framework de sensemaking Deep Tech para líderes empresariais com quem trabalhamos ao desenvolver iniciativas simultâneas de transformação digital e cultural.

Por maior que seja o desejo, a energia e os recursos para desenvolver uma plataforma, se os inibidores estiverem presentes, uma organização não terá as condições necessárias para possibilitar que a plataforma se eleve, escalone e amplifique em nenhum grau significativo. Esses inibidores impedem que uma organização atinja seu maior potencial na economia digital.

A primeira camada de inibidores pode ser entendida como os fatores que resultam na visão confusa e coletiva dentro de uma organização. É aqui que há uma proposta de valor mal definida, a visão da plataforma é mal compreendida e não é future-fit, e a estratégia geral não está alinhada com a política ambiental, social e de governança (ESG) da organização. A visão de uma organização também pode ser confusa devido a incentivos, políticas e sistemas de gestão desatualizados que não são mais relevantes para modelos operacionais digitais.

Além do mais, a cultura de uma organização pode ser extremamente resistente à mudança, sobretudo onde há baixos níveis de diversidade e inclusão, resultando nas mesmas ideias e modelos mentais operando. A visão também sofre quando há falta de talento qualificado para projetar, implementar e operar um novo modelo de

FIGURA 5.9 Direcionadores de Plataforma Deep Tech

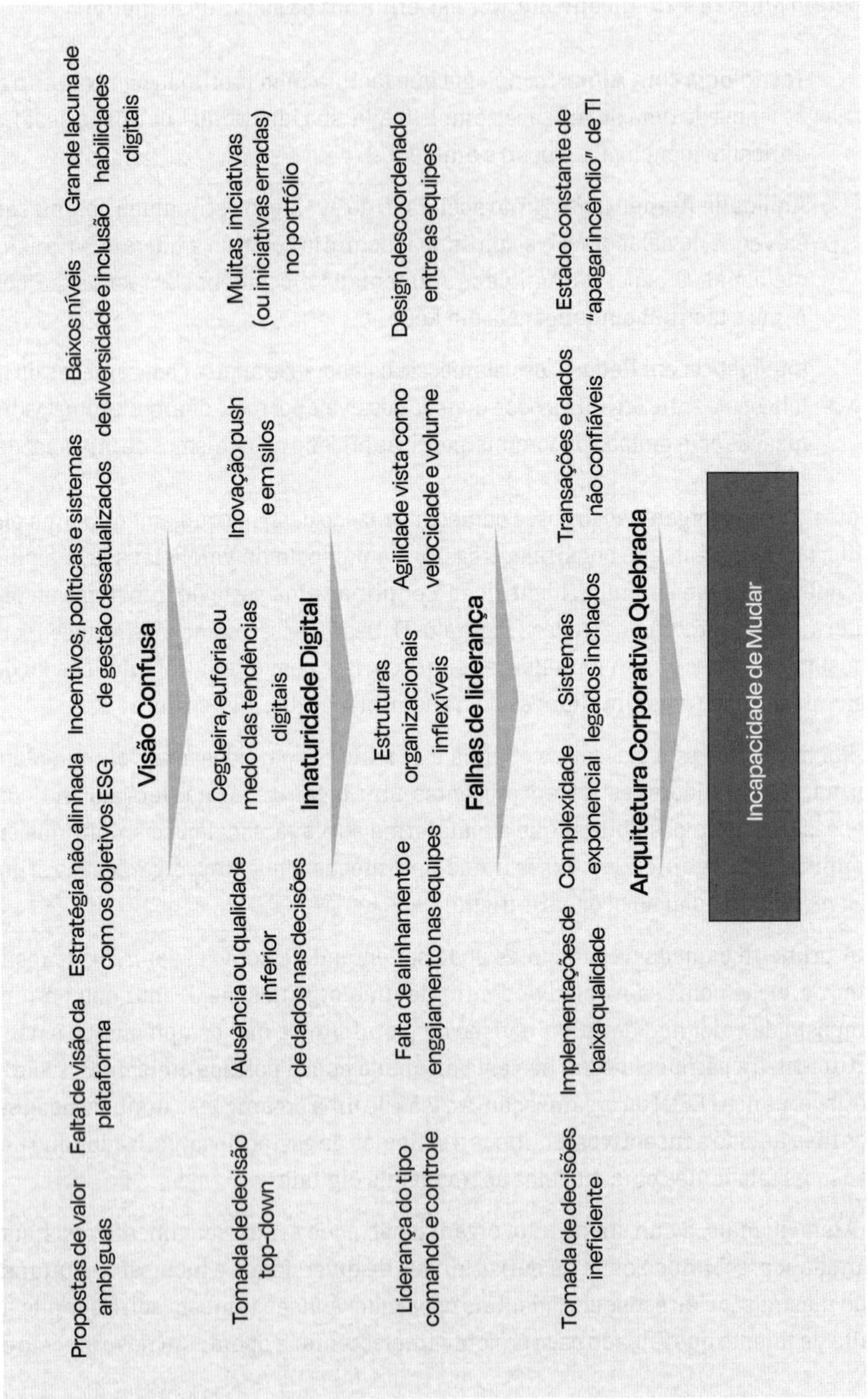

Propostas de valor ambíguas	Falta de visão da plataforma	Estratégia não alinhada com os objetivos ESG	Incentivos, políticas e sistemas de gestão desatualizados	Baixos níveis de diversidade e inclusão	Grande lacuna de habilidades digitais

Visão Confusa

Tomada de decisão top-down	Ausência ou qualidade inferior de dados nas decisões	Cegueira, euforia ou medo das tendências digitais	Inovação push e em silos	Muitas iniciativas (ou iniciativas erradas) no portfólio

Imaturidade Digital

Liderança do tipo comando e controle	Falta de alinhamento e engajamento nas equipes	Estruturas organizacionais inflexíveis	Agilidade vista como velocidade e volume	Design descoordenado entre as equipes

Falhas de liderança

Tomada de decisões ineficiente	Implementações de baixa qualidade	Complexidade exponencial	Sistemas legados inchados	Transações e dados não confiáveis	Estado constante de "apagar incêndio" de TI

Arquitetura Corporativa Quebrada

Incapacidade de Mudar

negócio baseado em plataforma, impedindo a organização de compreender o vínculo entre estratégia e execução.

Pode ser que os níveis mais altos de liderança não tenham o discernimento crítico e a compreensão da lógica das arquiteturas de plataforma para tomar as decisões estratégicas mais embasadas para suas organizações. Por isso, quando um mapa estratégico é integrado aos processos de design ágil, os designers com visão estratégica são mais capazes de assumir um papel protagonista, assumindo a responsabilidade pelo desenvolvimento da visão da plataforma na equipe executiva. As organizações que projetam coletivamente mapas estratégicos bem elaborados e sistêmicos são capazes de expressar a visão geral, a proposta de valor elevada e as iniciativas Deep Tech de missão crítica de forma clara e significativa, de um modo que as associe às operações e às estratégias de nível empresarial para gerenciar, apoiar e desenvolver pessoas.

A próxima categoria de inibidores refere-se ao nível de imaturidade digital dentro de uma organização. Por exemplo, algumas organizações ainda dependem em excesso da tomada de decisões top-down, um modo de liderança que não é adequado para iniciativas e projetos ágeis. Nesses contextos, o nível de tomada de decisão pode muitas vezes ser ineficiente devido à falta de dados e de análises relevantes, sendo impulsionado por vieses cognitivos, modelos mentais limitados e culturas organizacionais inadequadas. Os líderes precisam estar cientes dos níveis de cegueira, medo ou dependência excessiva das tendências digitais em seus negócios. A solução, como demonstraremos no Capítulo Seis, é integrar o sensemaking computacional com a inteligência em rede, um processo que eleva a liderança e as habilidades de tomada de decisão de uma organização a um nível mais alto.

A imaturidade digital se relaciona ao nível em que a inovação é entendida e incorporada dentro de uma organização. Em algumas organizações, a inovação ocorre em departamentos em silos com baixos níveis de conexão e comunicação com outras áreas. As organizações também podem sofrer por terem muitos ou poucos projetos de tecnologia e inovação para gerenciar. Quando uma inovação não é bem compreendida internamente, ela pode ser disponibilizada nos mercados antes da hora e sem as qualidades fundamentais necessárias para que se torne um sucesso.

A falta de maturidade digital é resultado de falhas nas equipes de liderança. Em vez de equipes ágeis, autônomas e altamente estratégicas trabalhando em rede, o resultado são formas de liderança do tipo comando e controle, que reprimem as iniciativas de inovação e tecnologia. Quando se tem uma concentração focada de poder nos altos escalões de uma organização, as equipes se debatem para alinhar e envolver seu pessoal, resultando em má comunicação, tempo e recursos desperdiçados para corrigir problemas que não teriam ocorrido com estruturas organizacionais mais adequadas às formas ágeis de trabalho.

As organizações norteadas por tomadas de decisão top-down têm o potencial de sofrer com estruturas inflexíveis em excesso, ou seja, não conseguem responder rapidamente às mudanças. Isso se reflete em sua concepção da agilidade, enxergando-a como velocidade e volume em vez de flexibilidade e adaptação contínua às mudanças de requisitos e dos ambientes de negócio. O resultado são equipes de projeto descoordenadas, cada uma produzindo e projetando à própria maneira, sem referência à visão sistêmica do projeto ou ao mapa estratégico. Nesses casos, desenvolvem-se estruturas de plataforma que não se integram de forma ideal com seus backbones digitais. O resultado é que os serviços da plataforma não criam as experiências esperadas pelo cliente, com a lógica da arquitetura da empresa quebrando devido ao nível de complexidade não ser adequadamente gerenciado e compreendido.

O conjunto final de inibidores é um sinal que deve alertar uma organização para a necessidade de diagnosticar e retificar seus inibidores de plataforma digital específicos. Essa categoria de inibidores pode ser desafiadora de gerenciar porque resulta da incapacidade de uma organização de mudar. Quando esses inibidores estão presentes, os processos de desenvolvimento da plataforma resultam em estimativas de baixa qualidade de custos e facilidade ou dificuldade de execução, tomada de decisão mal implementada e aumentos exponenciais inesperados na complexidade da plataforma. Os sistemas legados acentuam esses desafios devido à sua incapacidade de fornecer as características e qualidades necessárias para o nível avançado de arquitetura previsto. As transações e os dados dentro desses sistemas não são confiáveis, com os departamentos de TI em constante estado de emergência, sempre combatendo incêndios em vez de serem proativos e estratégicos.

O resultado geral é uma arquitetura corporativa quebrada que simplesmente não tem a capabilidade ou a capacidade necessária para fornecer plataformas Deep Tech amplificadas. Tomados coletivamente, os inibidores da plataforma digital podem ser usados como um diagnóstico para testar a prontidão da cultura de uma organização para a inovação Deep Tech e transformação digital. Quando identificado e remediado por líderes seniores em uma organização, o resultado é o design e a implementação de iniciativas Deep Tech que consideram a transformação digital e cultural como dois lados da mesma moeda. Não são fatores que podem ou devem ser separados.

Um dos insights mais significativos para as equipes de liderança entenderem é que as hard skills muitas vezes não são o aspecto mais difícil dos projetos Deep Tech. É a qualidade da dimensão humana (muitas vezes referida de forma depreciativa como "soft skills") que mais impacta o sucesso de um projeto. A não consideração da dimensão humana acarreta riscos de falhas extremamente dispendiosas. Quando os líderes entendem que as soft skills são, na verdade, hard skills de liderança que exigem domínio pessoal, esses inibidores são levados a sério, diagnosticados e retificados antes da tentativa de lançar iniciativas de transformação digital em larga escala.

É necessário que os líderes Deep Tech, em todos os níveis de uma organização, dominem as propostas de valor, terminologia e comunicação, ao mesmo tempo em que demonstram altos níveis de valores, consciência e pensamento sistêmico. Eles precisam de competência em habilidades de empatia para serem capazes de entender não apenas a importância da customer experience, como também a employee experience e a developer experience. O jeito de ser de uma organização se reflete na qualidade de suas relações. Portanto, é de suma importância que os líderes entendam esses inibidores e como eles impactam os relacionamentos, a comunicação, o design e o alinhamento estratégico. Em última análise, o papel dos líderes Deep Tech é prestar atenção à qualidade dos relacionamentos em suas organizações e ecossistemas de negócios. Sem esse nível de integridade sistêmica, as organizações e os ecossistemas não serão capazes de fazer o design e concretizar a transformação digital com propostas de valor elevadas e future-fit.

A transformação de modelos de negócio digitais para a nova economia sempre começa com uma organização desenvolvendo uma visão de plataforma elevada. Isso é alcançado na fase de descoberta, alinhando as práticas de design por meio do engajamento interorganizacional. Os líderes Deep Tech mais bem-sucedidos entendem que uma plataforma digital e suas estruturas arquitetônicas representam a coordenação dos relacionamentos da organização, porque estão presentes em todos os sistemas e transações. Quando as atividades digitais são bem coordenadas dentro da organização, é possível operar plataformas de forma eficaz e gerenciar sua expansão por meio de suas interfaces com o ambiente externo.

As organizações alcançam escala por meio da integração de seu modelo operacional digital com sua arquitetura de plataforma digital. Essa integração é alcançada por meio de ontologias computacionais que facilitam diálogos em diferentes domínios corporativos. A Figura 5.10 mostra como isso pode ser alcançado.

O modelo operacional digital de uma organização consiste em quatro camadas interconectadas. A primeira camada descreve os Alicerces Técnicos de uma organização: Infraestruturas Digitais em Nuvem e On-premise, arquiteturas de referência técnica e mecanismos de Tecnologia Avançada que viabilizam Serviços Digitais. Esta camada técnica facilita a maneira mais adequada de integrar, padronizar e

FIGURA 5.10 Modelo Operacional Digital

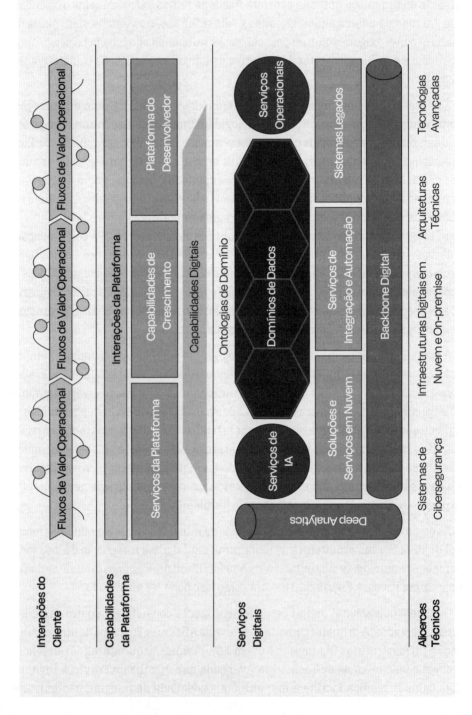

selecionar componentes de tecnologia e expandir o poder computacional de plataformas e soluções digitais, possibilitando a eficiência de custos e maior escalonamento e flexibilidade de plataformas.

A segunda camada se refere aos Serviços Digitais. É aqui que estão localizados os serviços de automação, data analytics, inteligência artificial, inovação digital e segurança e privacidade. Embora as organizações geralmente tenham experiência no design desses diferentes serviços em relação a dados e estruturas de dados, é raro encontrar competência na terceira dimensão crítica, que são os Domínios de Dados (explicados no Capítulo Seis).

A terceira camada descreve as Capabilidades da Plataforma de uma organização. Esta camada contém Serviços de Plataforma, Capabilidades de Crescimento e Serviços de Desenvolvedor. As Capabilidades Digitais, Ofertas e Interações da Plataforma são construídas usando combinações de Serviços de IA e Serviços Operacionais fornecidos pelos Serviços Digitais e Alicerces Técnicos; portanto, eles estão localizados em uma camada de nível superior do modelo.

A camada final no modelo operacional digital é a jornada do cliente. A visão da plataforma, a visão future-fit, os cenários estratégicos, o portfólio de transformação e o roadmap impulsionam coletivamente melhorias no Fluxo de Valor Operacional e inovação na customer experience. O modelo operacional digital só pode funcionar como um todo quando os roadmaps de transformação e o portfólio de investimentos têm uma ontologia de negócios (conceitos, propriedades relacionais e conjuntos de dados) que é compartilhada entre as três camadas anteriores de Capabilidades de Plataforma, Serviços Digitais e Alicerces Técnicos. Sem essa ontologia de negócios, os Domínios de Dados não podem ser estruturados, o que significa que não se atinge todo o potencial dos serviços e da tecnologia da aplicação.

A arquitetura se resume a estender e aumentar a vitalidade dos sistemas por meio de um equilíbrio dinâmico de forças e um processo em constante evolução de aprendizagem e desenvolvimento. Nossa metodologia Deep Tech Discovery possibilita que as organizações escalonem, adotando uma abordagem mais profunda para o design da plataforma, resultando na cocriação de conjuntos centrais simples, mas poderosos, de interações do usuário. Propostas de valor elevadas, ousadas e urgentemente necessárias exigem Serviços de Plataforma especializados e diferenciados que dependem de um backbone sólido e de uma inteligência de Deep Analytics, respaldados por Capabilidades de Crescimento. Embora a excelência técnica das equipes forneça a integridade e o combustível para o desenvolvimento da plataforma, é a qualidade da visão da arquitetura intencional que garante que a arquitetura da plataforma esteja sempre alinhada com o propósito estratégico geral da organização amplificada.

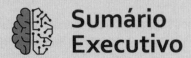

Sumário Executivo

→ A transformação digital é uma jornada de transformação estratégica dos negócios. É a mudança na forma como uma organização agrega valor por meio da implementação de modelos de negócio digitais, modelos operacionais digitais e plataformas digitais.

→ As organizações que não têm visão de plataforma não diferenciam a proposta de valor de uma plataforma dos serviços que esta oferece. As plataformas devem sempre ser construídas definindo primeiro essa proposta de valor antes de seus serviços. São os serviços que possibilitam e amplificam a proposta de valor, não o contrário.

→ O propósito de uma plataforma é fornecer valor por meio da implementação de modelos de negócio digitais, modelos operacionais digitais e plataformas digitais.

→ O backbone é a base unificada dos principais processos, dados, aplicações e tecnologias. É o núcleo da plataforma.

→ A Deep Analytics deve ser operada dentro dos frameworks de uma organização para privacidade de dados e governança ética. Estes definem as políticas e os mecanismos de verificação para apoiar o desenvolvimento de modelos de aprendizado analítico e profundo de uma forma tão imparcial e tão justa quanto possível.

→ Os inibidores da plataforma Deep Tech fornecem um framework de diagnóstico para as equipes de liderança entenderem o nível de maturidade da plataforma digital dentro das organizações. Os inibidores mais importantes para a inovação digital não são técnicos ou financeiros, mas estão relacionados com a maturidade cultural, cognitiva, social e digital de uma organização.

→ O propósito da plataforma digital é orquestrar os relacionamentos dentro do ecossistema digital da organização. Uma estratégia de plataformas digitais deve ser projetada pelos líderes Deep Tech para garantir o alinhamento em toda a organização. Essa estratégia exige uma compreensão profunda do espaço de mercado, da proposta de valor do cliente, da finalidade, da arquitetura da plataforma digital, das infraestruturas tecnológicas, dos serviços digitais, das capabilidades da plataforma e do modelo operacional digital.

CAPÍTULO SEIS

Design Orientado a Propósito

TECNOLOGIA COM ALMA

No Capítulo Três, analisamos os sistemas vivos para demonstrar que o jeito como entendemos os sistemas impacta o modo como damos sentido ao mundo. Há inúmeras maneiras diferentes de pensar e compreender os sistemas, e, como vimos, isso inclui considerar as quatro formas diferentes de conhecer o mundo: pensar, perceber, sentir e intuir. No Capítulo Cinco, explicamos a importância do pensamento sistêmico em relação à visão da plataforma e à compreensão das arquiteturas complexas da plataforma.

As organizações constroem suas arquiteturas técnicas de maneiras qualitativamente diferentes, devido, por exemplo, ao contexto tecnológico ou à diferença das habilidades técnicas nas equipes de design. Desse modo, para implementar uma estratégia de transformação digital, precisamos saber como estudar o contexto da organização e suas arquiteturas. É possível fazer isso recorrendo aos mesmos processos por meio dos quais entendemos os princípios organizadores dos sistemas vivos.

Como os modelos de negócio baseados em plataformas estão se tornando predominantes na economia digital, atualmente, muitas organizações estão sofrendo com questões de complexidade, volumes de dados incontrolavelmente altos, falta de integridade de dados e sistemas legados inflexíveis. Na economia digital, os vencedores serão aquelas organizações com líderes capazes de aprender a enxergar padrões e conexões de relacionamentos complexos. Isso pode ser conquistado por meio da reflexão profunda dos diferentes aspectos dos sistemas vivos.

Nossa abordagem à Deep Tech foi desenvolvida para ajudar a elevar as organizações de uma única perspectiva tecnológica para uma mais planetária. Fazemos isso buscando inspiração nas práticas de design da biomimética (também conhecida como biomimetismo). Em vez de tentar transferir um conceito ou mecanismo de sistemas vivos para os sistemas digitais por meio de réplicas simples e diretas do protótipo biológico, procuramos adotar uma perspectiva mais analógica, começando por imaginar sistemas tecnológicos como estabelecidos dentro de sistemas biológicos.

O biólogo austríaco Ludwig von Bertalanffy foi um dos criadores da Teoria Geral de Sistemas (TGS), desenvolvida pela primeira vez na década de 1940, e procurou encontrar uma nova abordagem para entender os sistemas vivos.[114] Ainda que essa forma de entender os sistemas seja predominantemente funcional, a Teoria Geral dos Sistemas é útil para entender as categorias do sistema e sua escala e estabelecer as fronteiras entre sistemas abertos e fechados e as relações auto-organizadas entre matéria, energia e informação. Por exemplo, a Via Láctea contempla entre 100 e 400 bilhões de estrelas. O cérebro humano tem aproximadamente 86 bilhões de neurônios. Mesmo em escala semelhante, os princípios organizacionais e os relacionamentos entre as partes nos sistemas são drasticamente diferentes.

Ao refletirmos sobre os sistemas vivos, percebemos que sua escala e qualidades são impressionantes. Por exemplo:

- No planeta Terra, há 8,7 milhões de espécies vivas.
- A população dos 10 animais mais conhecidos do mundo (incluindo os humanos) é de 14 bilhões.
- No corpo humano, há 30 bilhões de células.
- No corpo humano, há 37 bilhões de vírus.
- No planeta Terra, há 3,04 trilhões de árvores.[115]

Nossos sistemas tecnológicos contemporâneos são extremamente poderosos e operam em uma escala inimaginável. Por exemplo, em 2017, foram produzidos 20 trilhões de transistores (a unidade básica de equipamentos digitais) por segundo em todo o globo.[116] Em agosto de 2020, somente três anos depois, a Cerebras anunciou o Cerebras CS-1 — "o sistema de computador de IA mais poderoso do mundo". Esse chip de 8,5 polegadas quadradas, alimentado por 1,2 trilhão de transistores, é tão rápido e poderoso que consegue predizer ações futuras "mais rápido do que as próprias leis da física quando geram o mesmo resultado".[117] A razão de se desenvolver essa tecnologia de IA é melhorar os modelos de treinamento de aprendizado profundo, possibilitando que os pesquisadores "testem formas de tensor estranhas, estruturas de rede irregulares, redes muito esparsas e muito mais, sem as penalidades de desempenho impostas pelos dispositivos existentes".[118] Isso possibilita que os pesquisadores sejam mais produtivos, "reduzindo o tempo necessário para treinar modelos, de meses para minutos e de semanas para segundos".[119]

Em 2021, a Cerebras conseguiu mais do que dobrar o número de transistores por chip lançando o Wafer Scale Engine 2 (WSE-2) com 2.600 trilhões de transistores, acelerando ainda mais a inteligência artificial e os workloads de aprendizado de máquina.[120] Os avanços na computação quântica sugerem que os cientistas da computação não estão muito longe de desenvolver uma nova geração de computadores que possa resolver problemas do mundo com os quais os computadores tradicionais simplesmente não conseguem lidar. Apesar de o Google já ter o recorde mundial do computador quântico mais rápido do mundo, em julho de 2021, Jian-Wei Pan e uma equipe de colegas da Universidade de Ciência e Tecnologia da China, em Hefei, relataram que seu computador quântico programável chamado Zuchongzhi havia resolvido um problema em pouco mais de uma hora, problema esse que levaria oito anos para ser resolvido pelo supercomputador mais poderoso do mundo.[121]

Em julho de 2021, o tráfego de internet por segundo foi de 121.858 gigabytes.[122] No entanto, é importante considerar não apenas o poder computacional da tecnologia, como também a dimensão social dos sistemas tecnológicos. Por exemplo, a principal tecnologia responsável pela adoção e uso exponencial da internet é o vídeo. Para entender a velocidade desse crescimento, *Baby Cha Cha Cha*, o primeiro meme em vídeo da internet de um bebê dançando renderizado em 3D, foi desenvolvido e lançado em 1996. Vinte anos depois, Pinkfong, uma empresa de educação sul-coreana, transformou a música de acampamentos de verão *Baby Shark* em um vídeo que viralizou por meio de mídias sociais, vídeo online e rádio. Em novembro de 2020, tornou-se o vídeo mais visto no YouTube de todos os tempos, com mais de 8,3 bilhões de visualizações.[123]

Donella Meadows, uma das pensadoras de sistemas mais influentes do mundo, definiu os sistemas da seguinte maneira:

"Mas o que é um sistema? Um sistema é um conjunto de coisas — pessoas, células, moléculas ou algo assim — interconectadas de tal forma que produzem o próprio padrão de comportamento ao longo do tempo. O sistema pode ser atacado, constrito, desencadeado ou direcionado por forças externas. Mas a resposta do sistema a essas forças é característica de si mesmo, e essa resposta raramente é simples no mundo real."[124]

A Figura 6.1 mostra como pensar as qualidades dos sistemas vivos pode nos ajudar a compreender melhor as relações entre sistemas tecnológicos, humanos e ecológicos e, consequentemente, nos possibilitar o design de melhores soluções Deep Tech e future-fit com propósitos mais significativos.

FIGURA 6.1 Interconexões entre os Sistemas Vivos

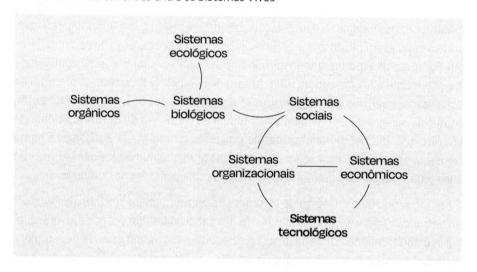

Enquanto seres humanos, vivemos, antes de mais nada, dentro de um sistema ecológico composto de sistemas orgânicos, sistemas biológicos e sistemas sociais. Esses sistemas orgânicos — vivos e não vivos — estabelecem as condições para a existência de sistemas biológicos, que, por sua vez, deram origem aos sistemas sociais. Estes podem ser divididos em sistemas organizacionais e econômicos, como empresas, instituições, organizações governamentais, estados e países.

Nossos sistemas tecnológicos podem ser vistos como resultado da necessidade de aumentar o poder dentro de nossos sistemas organizacionais e econômicos. Então, podemos ver que aqui esses três sistemas — organizacional, econômico e tecnológico — são todos fundamentalmente sociais, sendo seus principais componentes as relações sociais. Delimitamos esses sistemas no âmbito de sistemas ecológicos para enfatizar a necessidade de entendê-los como um todo, no contexto do nosso planeta, e não como algo separado com interações mais limitadas. O valor de qualquer sistema ecológico está na sua estrutura em rede e na sua manutenção em longo prazo como um todo, e não na manutenção de um subconjunto limitado de partes. A partir dessa delimitação, os sistemas tecnológicos não estão subordinados aos ecológicos, mesmo sendo norteados pelos sociais que, por sua vez, são orientados por sistemas orgânicos e biológicos.

Definimos "tecnologia com alma" como sistemas tecnológicos criados com propósito cujo sentido é sempre os sistemas vivos. São sistemas desenvolvidos e projetados intencionalmente para servir à vida, contribuindo para a manutenção, o aprimoramento e a regeneração de nossos sistemas sociais e ecológicos. Quando não temos essa intenção consciente sobre a tecnologia, nossas inovações e iniciativas de design permanecem orientadas à tecnologia (Figura 6.2).

FIGURA 6.2 Desenvolvimento Orientado à Tecnologia

Essa perspectiva começa com a lei do lucro, impulsionada pelo entendimento e depois pela manipulação do comportamento do consumidor. Identificam-se as oportunidades de mercado e desenvolvem-se as soluções com base em práticas de design e gestão mecanicistas, não havendo sentido de uma conexão viva e incorporada entre a inovação orientada à tecnologia e os impactos sistêmicos mais amplos em nossos sistemas sociais e ecológicos.

Nossa abordagem Deep Tech de design orientado a propósito, norteada pelos Novos 4Ps, segue o caminho oposto (Figura 6.3). O desenvolvimento de soluções Deep Tech é orientado pelos deep challenges que enfrentamos atual e globalmente. Esses desafios exigem novos métodos de design baseados em práticas colaborativas e fundamentados nos princípios de diversidade, inclusão e experiência vivida. O resultado dessas práticas é o design orientado à vida e à inovação, cujo objetivo é contribuir para a evolução dos nossos ecossistemas sociais e ambientais.

Assim sendo, o design orientado a propósito tem por objetivo facilitar a mudança de nosso pensamento tecnológico com foco no desenvolvimento para a compreensão aprofundada de nossos desafios globais; postulando-os como direcionadores da inovação tecnológica. A tecnologia é desenvolvida a serviço da vida, e a inovação se torna regenerativa e próspera devido à qualidade de seus relacionamentos dentro dos sistemas orgânicos, biológicos e sociais globais mais abrangentes.

FIGURA 6.3 Design Orientado a Propósito

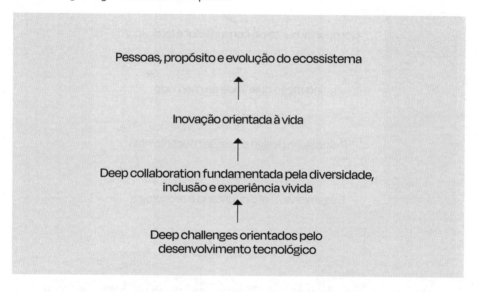

A valorização das qualidades encontradas nos sistemas vivos, incluindo nosso próprio corpo, pode elevar significativamente nossas práticas de design. Dentro dos doze principais sistemas do corpo humano, encontramos muitos princípios de design interessantes que podem servir de inspiração aos nossos desenvolvimentos e inovações tecnológicas (Figura 6.4). Por exemplo, apesar de o crescimento ser gradual, o corpo humano não cresce além de determinadas condições limítrofes; não fazê-lo resultaria em danos e morte. O sistema metabólico mantém um grau crítico de sincronização entre os subsistemas, ao passo que outros elementos cruciais, como o coração e o cérebro, estão fortemente protegidos. Para manter a saúde, reúnem-se diversos indicadores que orientam a ação, como o sinal da fome.

No corpo humano, vemos um sistema de medição inteligente integrado, contínuo e em tempo real que se caracteriza pelo nível sistêmico de interconexões entre cada parte. O sistema nervoso, por exemplo, é composto de cérebro, medula espinhal e nervos. Os nervos são feixes cilíndricos de fibras que começam no cérebro e na medula espinhal central e ramificam-se para diferentes partes do corpo.[125] As respostas são desencadeadas pelo nível de cada alerta, como glicose, temperatura e nutrientes. Eles também são integrados, o que significa que não apenas enviam sinais da fonte para o cérebro; eles são configurados em uma estrutura de rede, dialogando entre si.

FIGURA 6.4 Princípios do Design Orientado a Propósito (i)

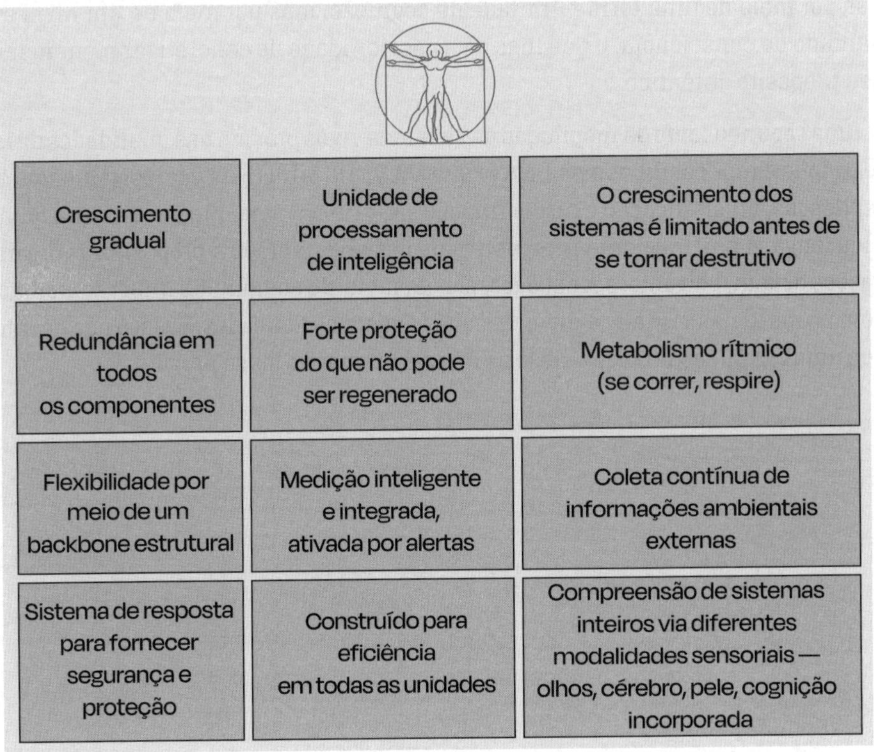

Crescimento gradual	Unidade de processamento de inteligência	O crescimento dos sistemas é limitado antes de se tornar destrutivo
Redundância em todos os componentes	Forte proteção do que não pode ser regenerado	Metabolismo rítmico (se correr, respire)
Flexibilidade por meio de um backbone estrutural	Medição inteligente e integrada, ativada por alertas	Coleta contínua de informações ambientais externas
Sistema de resposta para fornecer segurança e proteção	Construído para eficiência em todas as unidades	Compreensão de sistemas inteiros via diferentes modalidades sensoriais — olhos, cérebro, pele, cognição incorporada

A segurança do corpo humano não se baseia na certeza de que nenhuma entidade externa prejudicial o invadirá. O organismo mantém sua segurança tendo respostas imunológicas adequadas quando os elementos nocivos inevitavelmente entram. Do mesmo modo, as organizações precisam aprender a desenvolver seus sistemas digitais para responderem adequadamente a riscos, crises e invasões eletrônicas. Elas também precisam criar um senso de completude, de totalidade do sistema, em vez de uma concepção hierárquica, mecanicista ou departamental. Esse senso de totalidade se origina de uma maneira de pensar que integra diferentes sentidos, prismas e sentimentos.

Às vezes, uma organização opera somente por meio de um subconjunto limitado de prismas, sendo os principais financeiros e numéricos. Nesses casos, o potencial oriundo das contribuições completas de todos na organização se perde por falta de inclusão, diversidade, inteligência emocional, criatividade, sensemaking e tomada de decisões. As organizações tornam-se capazes de amplificar quando coletam um leque mais amplo de dados e de informações qualitativas e quantitativas, processam-nas por meio de muitos prismas diferentes, operando não apenas por meio de uma forma limitada de cognição, mas por meio de um nível expandido de consciência, o que lhes dá a possibilidade de concretizar plenamente seu propósito autêntico.

Uma segunda fonte de inspiração de sistemas vivos provém das qualidades de integridade e replicabilidade no DNA (Figura 6.5). Os principais comportamentos de replicação, diversificação e disseminação são críticos para que um sistema tenha vida longa. A partir de uma perspectiva de design orientado a propósito, as organizações devem, portanto, ser capazes, por exemplo, de combinar e integrar produtos com novas ideias visando à diversificação em novos mercados. Se isso não acontecer, uma organização corre o risco de não sobreviver no longo prazo.

FIGURA 6.5 Princípios do Design Orientado a Propósito (ii)

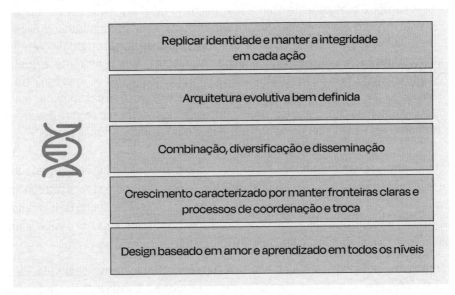

Quando examinamos as células, podemos constatar que elas têm uma arquitetura bem definida e papéis evolutivos, ou seja, existem células específicas para pulmões, rins, coração etc. Todas essas células crescem orientadas pela mesma arquitetura, mas com responsabilidades separadas. O crescimento é determinado por fronteiras claras, ação coordenada e troca de materiais e energia. Quando uma organização é capaz de crescer e se desenvolver seguindo esses princípios, cada parte dela evolui como um todo vivo e coerente.

Aprender a enxergar os sistemas de novas maneiras pode melhorar nossas práticas de design existentes, ajudando a revelar novos padrões sistêmicos e qualidades ocultas que podem ter permanecido desconhecidas anteriormente. Ao mergulharmos de cabeça em um estudo da natureza, deparando-nos com a qualidade de vida em seus sistemas, as oportunidades de aprender e as inspirações são inesgotáveis. O resultado é uma visão funcional e estrutural de sistemas que respeita os princípios dos sistemas vivos. Quando uma organização manifesta plenamente a essência da tecnologia com a alma, as soluções tecnológicas são capazes de alcançar um nível mais transcendental de design e valores humanos universais. O físico David Bohm articulou esse conceito observando que:

"O campo finito é tudo o que podemos ver, ouvir, tocar, lembrar e descrever. Esse campo é basicamente o que é manifesto ou tangível. A qualidade essencial do infinito, em contrapartida, é a sua sutileza, a sua intangibilidade. Essa qualidade é veiculada pela palavra 'espírito', cujo significado original é 'vento ou respiração'. Isso sugere uma energia onipresente, mas penetrante, à qual o mundo manifesto do finito reage. Essa energia, ou espírito, se impregna em todas as coisas vivas, e sem ela qualquer organismo deve se desmanchar em seus elementos constituintes. Aquilo que está verdadeiramente vivo nos sistemas vivos é essa energia do espírito, e isso nunca nasce e nunca morre."[126]

O que Bohm está explorando é o conceito de um espírito animador, sem o qual uma entidade se reduz às suas partes constituintes. A tecnologia com alma é um conceito que nos leva à consideração do lugar e do rumo corretos da tecnologia, buscando inspiração naquilo que nos anima. Sem esse nível transcendental de design, estaremos apenas projetando partes constituintes e não um organismo vivo.

O monstro de Frankenstein personifica esse conceito de design sem vida. Para criá-lo, empregou-se a tecnologia mais avançada conhecida pela humanidade, mas o concebido foi uma visão de horror — um monstro que não era totalmente robô nem totalmente humano, e que era funcional e esteticamente abominável. A história nos choca pela forma como as partes estão todas em seus devidos lugares, mas o todo não consegue alcançar seu propósito elevado. Ela nos ensina até que ponto estamos desenvolvendo sistemas tecnológicos que não queremos nem precisamos. Algumas partes podem ser da mais alta qualidade, porém o todo permanece comprometido.

Em um sistema, a totalidade não é simplesmente determinada pelas relações entre as partes. Deparamo-nos com ela em nossa experiência com o sistema. E é justamente por isso que precisamos aprender como criar técnicas diferentes para entendermos os sistemas, tal como a maneira dinâmica de ver e identificar fenômenos como a cor, em vez de ficarmos aprisionados a somente uma perspectiva tecnológica de entender a luz como um construto abstrato e matemático. Quando se perde a qualidade da vivência em nossas práticas de design, os resultados são aproximações medíocres do que se pretendia.

Os líderes podem elevar o pensamento de suas organizações, ajudando as pessoas a compreender os valores situacionais da tecnologia:

- Identidade.
- Autoexpressão.

- Confiança.
- Diversidade.
- Inclusão.
- Liberdade de escolha.
- Oportunidade de mudança.
- Democracia.
- Transparência.

Esses valores situacionais expressam as maneiras pelas quais a tecnologia é capaz de ser associada aos cinco valores humanos universais: paz, verdade, amor, retidão e não violência. Dessa forma, é possível pôr em prática um valor universal, como o amor, desenvolvendo sistemas baseados na confiança e na segurança. Assim, enquanto as pessoas expressam valores humanos universais, a tecnologia que construímos expressa seus respectivos valores situacionais.

Podemos ver a expressão dos valores humanos nas quatro leis de sustentabilidade que Donella Meadows propôs para ajudar a nortear o desenvolvimento de designs orientados a propósito:

1. Todo recurso renovável deve ser utilizado a uma taxa igual ou inferior à sua própria velocidade de regeneração.
2. Todo recurso não renovável deve ser utilizado a uma taxa igual ou inferior à velocidade em que um substituto renovável possa ser desenvolvido.
3. Qualquer fluxo de poluição deve ser emitido a uma taxa igual ou inferior à velocidade em que possa ser absorvido ou tornado inofensivo.
4. Para serem socialmente sustentáveis, os estoques de capital e os fluxos de recursos devem ser distribuídos de forma equitativa e suficiente para dar uma boa vida a todos.[127]

Alcançamos um design orientado a propósito quando conciliamos os valores da tecnologia e essas leis da sustentabilidade, elevando a tecnologia funcional à tecnologia com alma. É dentro da tecnologia com alma que encontramos o coração da Deep Tech. A Figura 6.6 define o significado da tecnologia com alma em relação a tecnologias específicas.

The Soul of Technologies [A Alma das Tecnologias] representa uma estruturação Deep Tech que nos possibilita desenvolver uma compreensão do propósito e da proposta de valor elevada da tecnologia avançada. Assim, por exemplo, a internet é o

FIGURA 6.6 A Alma das Tecnologias

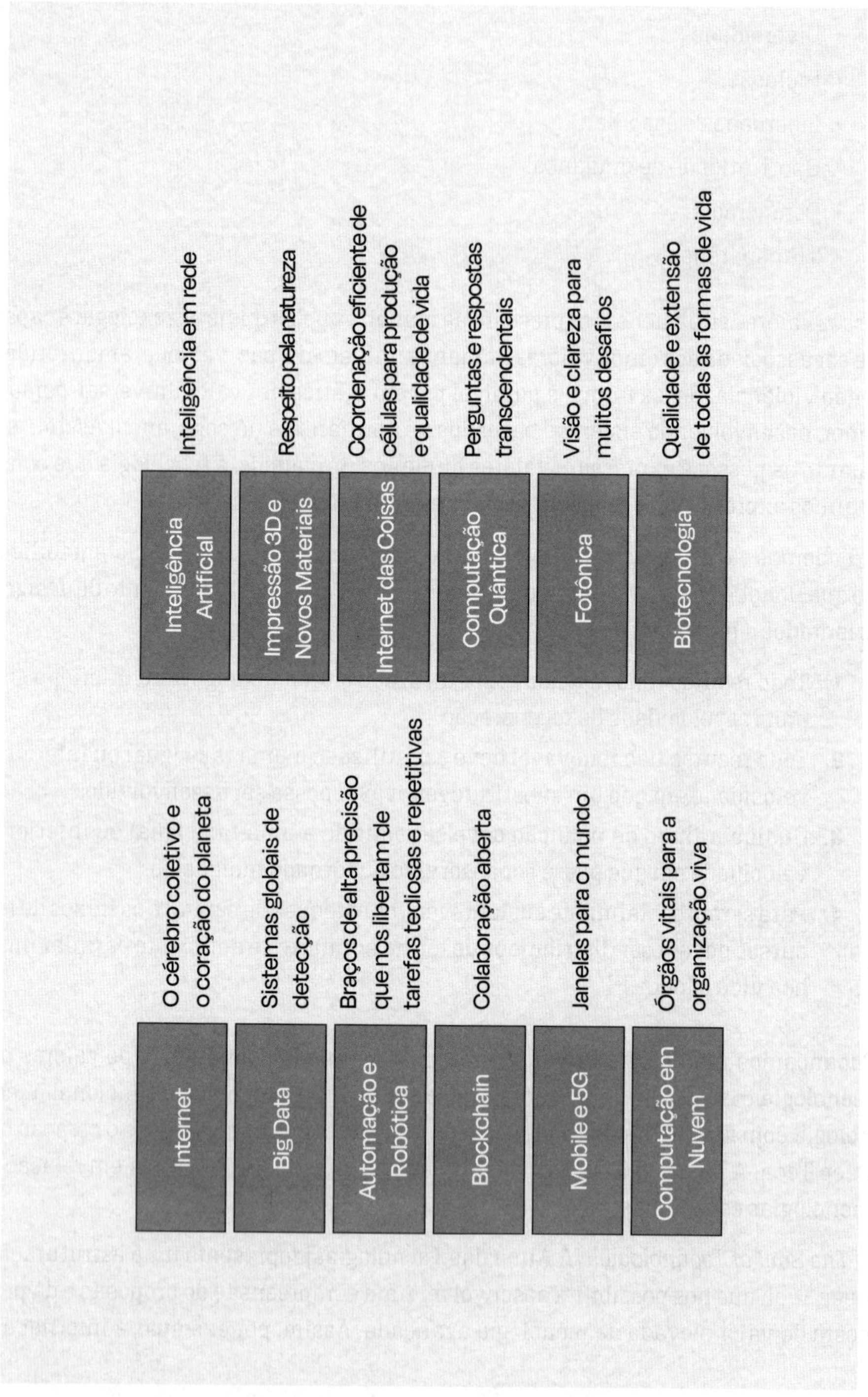

Internet	O cérebro coletivo e o coração do planeta
Big Data	Sistemas globais de detecção
Automação e Robótica	Braços de alta precisão que nos libertam de tarefas tediosas e repetitivas
Blockchain	Colaboração aberta
Mobile e 5G	Janelas para o mundo
Computação em Nuvem	Órgãos vitais para a organização viva
Inteligência Artificial	Inteligência em rede
Impressão 3D e Novos Materiais	Respeito pela natureza
Internet das Coisas	Coordenação eficiente de células para produção e qualidade de vida
Computação Quântica	Perguntas e respostas transcendentais
Fotônica	Visão e clareza para muitos desafios
Biotecnologia	Qualidade e extensão de todas as formas de vida

cérebro coletivo do planeta. O big data representa nossos sistemas globais de detecção e automação, e a robótica pode ser pensada como braços que nos libertam de tarefas tediosas, fúteis e repetitivas. A razão para desenvolver essa estruturação é que essas tecnologias são os blocos de construção da revolução que está nos levando à economia digital, assentada em modelos de negócio baseados em plataforma e propostas de valor. A tecnologia orientada a propósito incentiva e suscita a justiça e a saúde em sociedades democráticas nas quais todos podem participar plenamente e desempenhar um papel construtivo.

AGILIDADE AUMENTADA

No Capítulo Dois, exploramos os valores humanos universais no que diz respeito ao desenvolvimento de um propósito autêntico nas organizações. Neste capítulo, mostramos como esses valores também se relacionam com a Deep Tech, adotando uma abordagem orientada a propósito de seu design e implementação. Uma terceira área na qual os valores humanos universais são intrinsecamente parte é a das metodologias de design ágil. A razão é que, quando os valores humanos universais estão presentes, necessitamos de menos regras e menos burocracia. A qualidade de nossos relacionamentos também é expressivamente maior, ou seja, a forma como colaboramos se torna mais significativa, produtiva e menos dispendiosa, pois existe menos inveja, raiva, críticas aos outros e apego às nossas próprias ideias.

Nossas colaborações se tornam mais ágeis quando somos capazes de cultivar e facilitar redes autênticas, em vez de falsificar *nós*, termo que criamos para caracterizar redes colaborativas em que altos níveis de ego estão presentes.[128] Ao pensar em uma cultura organizacional, quando os valores humanos universais: paz, verdade, amor, retidão e não violência, estão presentes e são plenamente vivenciados por cada membro, as comunidades são capazes de desenvolver culturas benéficas e prósperas, possibilitando que cada membro atinja seu potencial máximo, e que as organizações atinjam o que chamamos de "patamar mais elevado".

Uma organização está operando de um patamar mais elevado quando tem capacidade de desenvolver propostas de valor elevadas e satisfazer a visão social, ecológica e tecnológica Deep Tech. Suas redes sociais se tornam psicológica, social e biologicamente saudáveis, autênticas e autossustentáveis. Fazendo isso, uma organização é capaz de evoluir da implementação de metodologias ágeis para a implementação da agilidade aumentada, cujo alicerce é uma forma expandida e elevada de conscientização.

Nem sempre uma organização que implementa metodologias ágeis alcança automaticamente a agilidade. Tradicionalmente, o foco das organizações que adotam a metodologia ágil tem sido ferramentas de metodologias como o SAFe®, framework para escalar a metodologia ágil em nível corporativo. O framework foi desenvolvido para acelerar o tempo de chegada ao mercado, alcançar aumentos de produtividade e de qualidade, e melhorar o engajamento dos funcionários.[129] Se o SAFe for implementado de forma linear, focando as ferramentas e os rituais, e não a compreensão fundamental da essência da agilidade, é bem provável que muitos erros custosos e demorados sejam cometidos.

Um dos motivos para essa falta de compreensão é que o manifesto ágil original, expresso em quatro valores-chave, não se refere à estratégia de uma organização nem à sua proposta de valor:

i. Pessoas e interações, em detrimento de processos e ferramentas.
ii. Validação do software, em vez de uma documentação exaustiva e longa.
iii. Colaboração com o cliente, em detrimento da negociação de contrato.
iv. Resposta à mudança, em vez de seguir cegamente um plano. [130]

Ao analisarmos os doze princípios da metodologia ágil, o foco está no desenvolvimento de software, em vez de adotar uma perspectiva sistêmica em toda a empresa, que incorpora estratégia e definição de proposta de valor. Os princípios que mais se aproximam da estratégia são o primeiro, que afirma que "Nossa maior prioridade está em satisfazer o cliente por meio da entrega adiantada e contínua de software de valor", e o quarto, que diz: "Tanto pessoas relacionadas a negócios como desenvolvedores devem trabalhar juntos, diariamente, durante todo o projeto."[131] Observamos muitas vezes em primeira mão que, quando os projetos de desenvolvimento ágil de destaque não incluem considerações estratégicas, o resultado é a falta de conscientização e alinhamento da estratégia com squads e equipes ágeis.

Devido à falta de alinhamento de estratégia e proposta de valor dentro do manifesto ágil, que não foi atualizado desde sua concepção em 2001, a 1STi e a Holonomics trabalharam juntas para desenvolver uma série de práticas de agilidade a fim de melhorar o desenvolvimento e a entrega de iniciativas complexas e desafiadoras de Deep Tech. Nossos princípios de Agilidade Aumentada apresentam as características que devem estar presentes para que uma organização alcance a agilidade em toda a empresa:

i. Claro entendimento estratégico dos desafios.

ii. Conexão com o desafio.
iii. Segurança e colaboração.
iv. Relações elevadas.
v. Domínio pessoal.
vi. Valores humanos universais.

Todos esses princípios podem ser vistos no projeto de agilidade aumentada em que a 1STi foi convidada a participar com o Hospital Sírio-Libanês em janeiro de 2021, em meio à pandemia de Covid-19 no Brasil. Em uma única semana, a 1STi se reuniu com uma equipe ágil do hospital para fazer o design, testar e lançar um aplicativo, de modo a possibilitar que mil trabalhadores da linha de frente agendassem e tomassem suas vacinas contra a Covid. O projeto teve muitos desafios, como validar a equipe em relação à sua identidade, elegibilidade, sintomas potenciais, coordenação de vagas de vacinação e fabricante de vacinas etc., tudo no contexto de uma pandemia médica que já impunha demandas sem precedentes à organização.

Na noite de quinta-feira, 14 de janeiro, Igor recebeu uma ligação do hospital informando que as vacinas seriam aprovadas no Brasil na semana seguinte. A partir desse momento, a 1STi entrou em ação para entender como um aplicativo de agendamento poderia ser desenvolvido. A equipe era formada por Igor, arquiteto geral de aplicativos e líder de comunicação, Eric Couto, gerente de projeto, Tiago Braga Machado, engenheiro-chefe, Ygor Fonseca, designer front-end, Arthur Couto, designer back-end, Ulli Maia, designer de interface, Maria Luciano, tester e Igor Postiga, designer consultor. O Hospital Sírio-Libanês contribuiu com um líder de produto, um gerente de aplicativos e um especialista em dados.

Diego Aristides, Enterprise Agility Advisor e gerente sênior de TI, explicou-nos a experiência de trabalhar com agilidade aumentada na perspectiva do hospital:

> "Nesse projeto, nossos clientes eram internos. Médicos, especialistas em doenças infecciosas, administradores e tecnólogos trabalharam juntos em grande sintonia, permitindo-nos implementar a primeira versão do aplicativo, melhorar o processo de vacinação e desenvolver os produtos em apenas quatro dias. A agilidade aumentada nos possibilitou caminhar juntos, cometendo e depois corrigindo erros mais do que depressa. Na verdade, parecia que a equipe estava tão unida que não mais distinguíamos as diferentes áreas das pessoas. Isso nos permitiu realmente cumprir nossa missão — uma missão de entregar esperança."

Muitas pessoas se reuniram rapidamente para elaborar uma perspectiva de toda a organização sobre o que precisaria acontecer para que o aplicativo fosse desenvolvido e lançado. Sem margem de erro, o aplicativo foi desenvolvido durante todo o fim de semana e validado com a equipe médica na segunda e terça-feira, os dados foram carregados e os scripts operacionais implementados na quarta-feira, e o aplicativo foi lançado na quinta-feira, um feito incrível. Todos os princípios de agilidade aumentada estavam presentes em cada aspecto desse projeto, começando com um entendimento claro do desafio.

Ailton Brandão, CIO do Hospital Sírio-Libanês, contou-nos sobre como o processo de agilidade aumentada contribuiu para o sucesso do projeto:

> "Acredito que foi o alto engajamento e alto grau de contribuição de todos os envolvidos. Todo mundo estava esperando há muito tempo pela vacinação. Um procedimento de vacinação desorganizado poderia ter instaurado o caos para nós, com potenciais riscos de contaminação de nossos colaboradores. Então, a agilidade aumentada possibilitou que cada participante se sentisse parte do todo e pudesse contribuir com sua experiência e talento ao máximo. A satisfação de ver o aplicativo se materializar e depois trabalhar com sucesso desde o início gerou muita energia. É fantástico como um grupo motivado com a organização certa pode entregar tanto em tão pouco tempo. A agilidade aumentada possibilita que as pessoas trabalhem sem apego e respeitem a contribuição de todos."

Em um projeto de agilidade aumentada, todos precisam entender perfeitamente os objetivos estratégicos. Isso ocorre para possibilitar que todos se engajem ao máximo com o desafio, sempre buscando compreender os fatores críticos de sucesso e mantendo o foco para enfrentar os desafios, como garantir a segurança e a proteção de dados no aplicativo. Os problemas identificados só podem ser solucionados por meio do alto nível de colaboração e confiança entre cada membro da equipe. Quando elevados níveis de confiança, transparência e empatia estão presentes em um projeto de agilidade aumentada, o foco muda da metodologia escolhida para o dinamismo e a energia, viabilizando a rápida adaptação e resolução de problemas. Quando, por exemplo, identificou-se um problema com a formatação dos dados em um dos bancos de dados, todos os membros da equipe trabalharam juntos a fim de garantir que ninguém fosse responsabilizado, possibilitando que toda a energia fosse direcionada para encontrar uma solução. Um nível de trabalho em equipe como esse somente pode ser alcançado por meio da confiança, e não por meio da atribuição de culpa ou da recusa em aceitar a responsabilidade de encontrar uma solução.

Foi interessante entender a agilidade aumentada na perspectiva de um dos profissionais da equipe médica sênior que contribuiu para o projeto, o Dr. Felipe Duarte Silva, gerente de internação e práticas médicas:

"Trabalhar em um cenário de crise é um desafio para qualquer profissional. Colegas que se empenham ao máximo e aqueles na gestão que são solicitados a usar o melhor de suas habilidades de forma ágil e criativa são capazes de projetar soluções que podem resolver conflitos e também otimizar fluxos de trabalho, gerando valor. A pandemia de Covid-19 exigiu muito de nós. No entanto, imbuídos de um único propósito, também vimos nossa unidade crescer e criar a oportunidade de colaborar mais.

"O desenvolvimento do aplicativo para organizar e gerenciar a campanha de vacinas no Hospital Sírio-Libanês foi definitivamente um dos grandes marcos desse trabalho. Além de promover interação e transparência para os usuários, trouxe eficiência na forma como gerenciamos a organização do processo. Ajudou a evitar o desperdício de recursos e permitiu-nos adotar estritamente as orientações formais dos diversos órgãos de regulamentação no que se refere à política municipal de imunização. Somos melhores quando trabalhamos juntos."

A agilidade aumentada surge como resultado da liderança transformacional de alto desempenho e do domínio técnico, a fim de ser capaz de avaliar rapidamente os riscos e estabelecer a direção ideal em cada ponto de decisão. Muitas organizações sofrem devido ao imperativo cultural de buscar e responsabilizar os culpados, resultando em perda de tempo e em enorme gasto de energia emocional. Mas, quando se vivenciam e se colocam em prática os valores humanos universais, as pessoas são capazes de exprimir empatia, colaborar de forma mais inteligente e garantir que respeitem os limites do domínio técnico e requisitos de aprendizagem de cada membro. Quando os valores humanos universais estão presentes, níveis mais elevados de confiança e de comunicação possibilitam a maior descentralização das informações, das tomadas de decisão e das estruturas operacionais. Isso não ocorre porque as pessoas aprenderam uma nova metodologia ágil; ocorre porque absorveram a agilidade aumentada como jeito de ser. Como explica Ulli Maia:

"Nesse projeto, um dos fatores cruciais de sucesso foi o contato próximo que a 1STi teve com os membros da equipe do Hospital Sírio-Libanês. Devido à segurança e confiança, foi dado à 1STi um alto nível de autonomia, permitindo que nos adaptássemos a cada desafio e mudança de circunstâncias que surgiam."

Ulli identificou os seguintes "facilitadores" que devem estar presentes em um projeto de agilidade aumentada para que ele seja bem-sucedido. Trata-se de um checklist que pode ser discutido nos estágios formativos de um projeto para ajudar a alinhar os membros da equipe com o propósito, as expectativas e os valores:

1. Equipes de clientes e consultores totalmente integradas e descentralizadas.
2. Comunicação constante.
3. Expectativas e prioridades alinhadas.
4. Fluxos de aplicativos claramente definidos.
5. Regras de negócio claramente definidas.
6. Tomada de decisão autônoma.
7. Compreensão total da cultura e das operações do cliente.
8. Protótipos animados.

Ulli criou esse checklist facilitador, pois observou que, em muitos projetos, os designers muitas vezes não são totalmente incluídos nas atividades ágeis de gerenciamento de projetos, sobretudo no nível estratégico. Ele explicou:

"Nós, designers, também fazemos parte de projetos ágeis e somos responsáveis por equipes de desenvolvimento. Por esse motivo, também precisamos estar a par das metodologias ágeis. Como designer, eu realmente me concentrei em entender as necessidades do Hospital Sírio-Libanês, e isso foi possível devido ao contato direto com o cliente, algo que nem sempre acontece com todos os designers. Esse foi um fator crítico que possibilitou que nossa equipe entendesse os fluxos de usuários do aplicativo em apenas um dia, por exemplo."

A agilidade aumentada se concentra na dimensão humana dos projetos de agilidade, viabilizando que as organizações alcancem um patamar mais elevado. Como temos ressaltado continuamente, não faz mais sentido diferenciar e separar a transformação digital das iniciativas de transformação cultural. A visão Deep Tech, conforme expressa em nosso manifesto, é de inteligência aumentada por meio da combinação de inteligência artificial e empenho humano consciente. Para que isso ocorra, é necessário que as organizações aprendam a transcender os desafios em relação ao modo como coletam e analisam dados por meio do sensemaking computacional e da inteligência em rede, assunto da seção a seguir.

SENSEMAKING COMPUTACIONAL E INTELIGÊNCIA EM REDE

No Capítulo Dois, discutimos a maneira pela qual os valores humanos universais definem nossa essência como seres humanos. Mas nós, seres humanos, também somos seres que fazem, e uma das atividades mais elementares que fazemos, de modo consciente ou não, é tentar insistentemente dar sentido ao nosso mundo. Apesar desse desejo, os progressos nos campos da psicologia e neurobiologia ainda não proporcionaram um entendimento científico exato e universalmente aceito de como fazemos isso.

A filosofia contribuiu para nosso entendimento de como damos sentido ao mundo por meio da formação de dois ramos. A ontologia é um ramo da metafísica que explora as questões de ser e da existência. A epistemologia estuda a questão da natureza, origem e limites do conhecimento humano. Assim sendo, o desafio para a filosofia é se empenhar para descobrir verdades essenciais dentro do ato humano de interpretação, dado que as pessoas experienciam mundos que são significativos para elas.

Para ajudar os líderes a desenvolver uma compreensão do impacto da interpretação, dos modelos mentais e da cultura em suas organizações, e para desenvolver empatia em relação à experiência vivida tanto de seus clientes externos quanto de seus colaboradores internos, Maria e Simon criaram a Escada de Ver, diagrama usado para facilitar as discussões sobre como damos sentido ao mundo.[132] Cada passo representa uma compreensão progressivamente mais consciente do impacto que os modelos mentais têm em nossas formas de ver, e a postura que as pessoas assumem ao fazer perguntas e suposições sobre essas perguntas e hipóteses que estão testando. Ver bem é um ato de humildade. Quando os líderes conseguem deixar o ego de lado e se envolvem em diálogos genuínos para explorar perguntas, cenários e posturas, eles são capazes de ajudar sua organização como um todo a desenvolver uma visão amplificada e mais sistêmica que valoriza a diversidade e a inclusão e que não sucumbe ao pensamento grupal.

FIGURA 6.7 A Escada de Ver

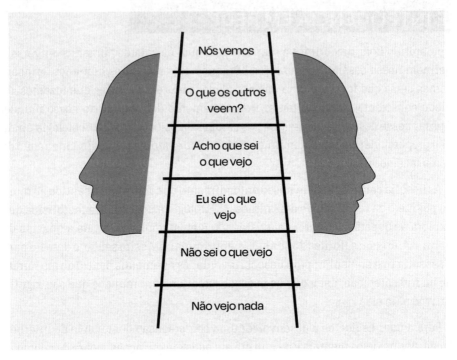

A Escada de Ver foi criada como ferramenta para ajudar os líderes a entender o processo pelo qual os fenômenos no mundo nos parecem significativos, e a fim de ajudar a esclarecer-lhes possíveis limitações em suas próprias formas de conhecer a realidade. Eles são incentivados a explorar seus estilos de liderança, vieses cognitivos e processos de cocriação por meio de uma compreensão empática das visões de mundo, modelos mentais e experiência vivida de outras pessoas que podem ter ignorado ou deixado de considerar. A Escada de Ver tem sido usada por diversas equipes em diferentes contextos organizacionais como um framework de diagnóstico para ajudar a entender como e onde o diálogo e a comunicação precisam ser melhorados e utilizados para ajudar a alinhar pessoas e iniciativas estratégicas.

Nas últimas duas décadas, as organizações enfrentaram o enorme desafio de coletar, processar e armazenar big data — termo usado para descrever dados de alto volume, alta velocidade e altamente variáveis. Podemos ampliar o escopo da Escada de Ver de questões de liderança, design e inovação para o campo da cognição computacional. Isso nos possibilita explorar a maneira pela qual os seres humanos, juntamente com a inteligência artificial, podem dar sentido ao mundo coletivamente. Para tal, é necessário mudarmos do big data para o sensemaking computacional. O catalisador para essa mudança são as ontologias computacionais.

Quando uma organização entende as ontologias computacionais, ela tem a capacidade de se amplificar por meio de seu domínio de dados, informações e conhecimentos. Assim como os backbones digitais fornecem os alicerces essenciais para arquiteturas digitais, as ontologias computacionais fornecem os alicerces essenciais para arquiteturas corporativas e modelos operacionais digitais. Elas possibilitam que as organizações padronizem e alinhem arquiteturas digitais complexas com as metas, objetivos e funções corporativas das empresas.

Na filosofia, ontologia é uma atividade interpretativa que busca fornecer insights sobre como as pessoas dão sentido ao mundo. As ontologias computacionais são projetadas para ajudar os pesquisadores a darem sentido aos dados que foram coletados, categorizados e armazenados. Joice Machado, cientista de dados da 1STi, explica o que são e como os especialistas de ontologias computacionais as usam:

> "Usamos ontologias para criar uma maneira de compartilhar informações entre pessoas, bancos de dados e aplicativos. Ontologia pode ser entendida como a especificação formal de um domínio fixo. Assim, uma vez definido o domínio, os ontologistas trabalham dentro do contexto desse domínio e da organização, definindo relacionamentos, propriedades e axiomas, a fim de transformar as informações armazenadas nos bancos de dados e nos data lakes em conhecimento. Portanto, as ontologias estão associadas a modelos e algoritmos de aprendizado de máquina e nos ajudam a visualizar as conexões e os relacionamentos entre dados díspares."

Como uma ontologia consiste em axiomas formais e propriedades matematicamente definidas, é possível questioná-la usando o raciocínio formal a fim de possibilitar que um pesquisador descubra padrões e inferências nos dados que, normalmente, não são possíveis devido à escala e volume dos dados disponíveis. Um exemplo é o ClinicalTrials.gov, recurso web dos EUA que fornece aos pacientes, profissionais de saúde e pesquisadores acesso aberto a informações de estudos clínicos respaldados por entidades públicas e privadas sobre uma ampla gama de doenças e patologias. O site é mantido pela National Library of Medicine (NLM) nos National Institutes of Health (NIH).[133] Como explica Joice:

> "Os especialistas em ontologia não trabalham apenas com dados e informações, eles também trabalham com especialistas no domínio do conhecimento, formando um núcleo de expertise no domínio a ser mapeado e formalizado, que lhes possibilita estruturar os dados e formalizar as relações e propriedades por meio da informação coletada e criar um conhecimento computacional mais formal. Isso permite que eles questionem os bancos de dados de maneira autônoma, produzindo formas mais ricas de conhecimento, além dos sistemas formais de classificação, como taxonomias."

Os três movimentos Deep Tech são elevação, escalonamento e amplificação. As ontologias computacionais fornecem um papel essencial para possibilitar que essas dinâmicas sejam alcançadas. A jornada por esses movimentos começa com o Deep Tech Discovery (descrito no Capítulo Quatro), processo que não se concentra somente no desenvolvimento de novas inovações, elevando as propostas de valor, mas que também tem uma dimensão estratégica, alinhando a compreensão dos objetivos, operação e arquitetura da tecnologia digital em toda a organização. Nosso processo de descoberta foi concebido para levar um conceito abstrato e abrangente até o ponto em que se torna uma visão compartilhada e focada, em que um produto mínimo viável pode ser desenvolvido.

Tendo desenvolvido uma hipótese sobre como a organização entregará valor aos clientes e construído os primeiros protótipos, torna-se necessário entrar em uma fase de escalonamento, e é aí que uma organização precisa definir e entender suas principais capacidades de crescimento (descritas no Capítulo Cinco). No entanto, quando uma organização tenta escalonar, enfrenta inumeráveis desafios de alinhamento, coordenação, integração entre sistemas, estruturação de dados e aplicações. O problema é a fusão semântica. Isso ocorre quando as pessoas na mesma organização falam sobre as mesmas coisas de forma diferente e sobre coisas diferentes do mesmo jeito. Logo, o perigo de escalonar é o resultado de sistemas fragmentados e deficientes que falham, não se integram, são inflexíveis e engessados. Nesses casos, desenvolve-se sistemas de TI que não se alinham com a estratégia, as metas e os objetivos do negócio. Para os líderes, a solução é alinhar o uso de linguagem e terminologia organizacional de modo semântico e em todas as fases do desenvolvimento da inovação Deep Tech.

As organizações enfrentam um problema comum e espinhoso quando desejam desenvolver capacidades e ofertas digitais baseadas em plataformas. Normalmente, seus alicerces técnicos já estão bem estruturados e disponíveis e, de modo geral, as organizações têm alto nível de expertise em construir serviços de dados e aplicativos individuais. Geralmente, o que falta é o elemento de domínios de dados. A razão é que os domínios de dados usam "linguagem ubíqua", termo que Eric Evans criou para descrever a linguagem compartilhada por equipes, desenvolvedores, especialistas em domínios e outros participantes no desenvolvimento de software.[134]

Linguagens ubíquas são necessárias porque, em cada parte de uma organização, as pessoas se referem aos mesmos conceitos de maneiras diferentes. Por exemplo, para o departamento financeiro, o consumidor é uma pessoa que está registrada para fins de faturamento; para marketing, o consumidor é uma pessoa convertida em cliente por meio de um processo de funil de vendas; para vendas, o cliente é a pessoa que está comprando um produto ou serviço. Ou seja, os dados relacionados a essa mesma pessoa ou entidade podem significar coisas diferentes em domínios distintos de dados. Por esse motivo, ao integrar os sistemas, ocorrem problemas devido à inflexibilidade das definições dos dados.

A falha de integração dos sistemas sempre resulta em aumento de custos e atrasos no projeto. Podemos pensar o problema da integração da seguinte forma: cada sistema tem o próprio modelo mental computacional dos dados armazenados, bem como diferentes linguagens computacionais para processar os dados e suas estruturas. Assim como as pessoas têm diferentes modelos mentais cognitivos, os sistemas têm diferentes modelos mentais metafóricos e suas próprias linguagens computacionais que definem seus domínios de dados. Nosso processo Deep Tech Discovery integra os modelos operacionais digitais das organizações com suas arquiteturas de plataforma digital, explicitando os modelos mentais anteriores em silos das equipes individuais, para que elas desenvolvam a capacidade de entender melhor o impacto de quaisquer sistemas digitais adotados em toda a empresa. Estruturar o Deep Tech Discovery dessa forma possibilita que as organizações coordenem mudanças entre departamentos e outros silos potenciais.

As organizações sem o nível de competência necessário em design de domínio de dados e em ontologias de negócios sempre terão dificuldade para implementar seus roadmaps de transformação digital, bem como fazer a transição para modelos de negócio de economia digital suportados por plataformas Deep Tech. Sem esse nível de competência, elas se submetem a infraestruturas fragmentadas e a equipes e departamentos não alinhados. Se os líderes corporativos não tiverem a capacidade de entender a tecnologia de uma perspectiva sistêmica e não tiverem uma ontologia computacional formalmente definida, que considere os modelos mentais por trás de cada domínio de dados, o design, o desenvolvimento e a implementação eficaz de plataformas Deep Tech simplesmente são impossíveis.

Os líderes normalmente delimitam seu pensamento analítico em termos das estruturas de dados que apoiam suas organizações. Quando os líderes entendem os modelos mentais computacionais por trás das estruturas de dados que constituem a arquitetura da empresa, é possível construir novas arquiteturas significativas de plataforma que integrem essas estruturas de dados perfeitamente em todas as aplicações digitais da empresa.

Além de ser necessário compreender a Escada de Ver, no que diz respeito à experiência vivida daquelas pessoas que desejam entender, empatizar e conectar-se para elevar a inteligência coletiva, é necessário também que os líderes Deep Tech compreendam a escada no que diz respeito ao sensemaking coletivo humano-computador. Computadores adquirem conhecimento operando no nível das ontologias computacionais; dessa forma, quando estas são integradas à tomada de decisão humana, o impacto e o resultado se tornam amplificados.

Os modelos mentais computacionais se manifestam por meio dos modelos mentais e vieses cognitivos dos desenvolvedores responsáveis pelo software escrito para sistemas de inteligência artificial. Isso acontece devido à ausência de pensamento sistêmico, que é fundamentado por uma visão fragmentada de dados e domínios. Assim sendo, os desenvolvedores de software devem ter plena consciência dessas fontes de vieses que impactam a qualidade da IA que está sendo implementada e as arquiteturas digitais que dependem dela.

Nas organizações amplificadas, o próximo nível de liderança é alcançado quando os líderes mudam do foco no domínio pessoal de hard e soft skills para o foco em alcançar o domínio coletivo em todo o ecossistema Deep Tech. Ou seja, os líderes devem entender a maneira pela qual o pensamento sistêmico, a experiência vivida e os modelos mentais de negócios e computacionais se conectam como os direcionadores fundamentais das organizações amplificadas da próxima geração. Essa conexão entre perspectivas multidisciplinares é possível por meio da inteligência em rede.

Em 1995, Don Tapscott forneceu uma visão presciente do impacto que a internet teria em nossas vidas, com foco em como a tecnologia em rede mudaria a forma de as pessoas e a sociedade interagirem.[135] Ele então resumiria o caminho para a transferência de conhecimento por meio de quatro princípios: colaboração, transparência, compartilhamento e empoderamento.[136] Devido aos aumentos exponenciais no poder computacional, Geoff Mulgan cunhou o termo "big mind" [mente grande, em tradução livre] para descrever as capacidades humanas e de máquinas trabalhando juntas, definindo "inteligência coletiva" como "a capacidade dos grupos de tomar boas decisões — para escolher o que fazer e com quem fazê-lo — por meio de uma combinação de capacidades humanas e de máquinas".

Enquanto Mulgan se referiu à inteligência coletiva como uma capacidade, usamos o termo "inteligência em rede" para nos referir tanto à arquitetura quanto ao objetivo do empenho de integrar conhecimento humano e computacional e sabedoria em todos os sistemas em rede. Portanto, definimos "inteligência em rede" como arquiteturas, redes e plataformas de deep collaboration que possibilitam que grupos conscientes de pessoas e sistemas de conhecimento computacional de nível ontológico ético se combinem, para resolver nossos desafios econômicos, sociais e ambientais mais difíceis. Esses elementos são mostrados esquematicamente na Figura 6.8.

FIGURA 6.8 Inteligência em Rede

O modelo operacional digital de uma organização pode ser pensado como um ecossistema digital composto de soluções digitais que suportam processos formais de produção operacional, redes de dados e estruturas informais de poder político. A Figura 6.8 mostra as conexões entre inteligência de plataforma, inteligência organizacional e inteligência coletiva:

Inteligência de plataforma: arquiteturas de informação que transformam dados em informação, que depois é analisada por meio de modelos de inteligência artificial, a fim de criar conhecimento. O resultado são modelos de aprendizado profundo.

Inteligência organizacional: definição, construção e enriquecimento de ontologias organizacionais por meio de arquiteturas de informação e do conhecimento produzido por elas.

Inteligência coletiva: ontologias específicas de domínios que estão livremente disponíveis para organizações e pesquisadores por meio de plataformas abertas. São criadas por meio da fusão de ontologias de diferentes organizações cujos conjuntos de dados abertos são anonimizados e publicados para que outras entidades possam fazer uso dos dados e colaborar para encontrar soluções.

As plataformas utilizam domínios de dados, que são alinhados e tornados significativos por meio de ontologias de negócios. Isso significa que as capacidades de negócios podem, portanto, fazer o máximo uso dos domínios de dados, e a organização passa de orientada a dados para orientada à IA. Um exemplo do uso desse tipo de ontologia é a BBC, que publicou as ontologias computacionais usadas para suportar suas aplicações voltadas para o público. A gama de ontologias inclui:

Ontologia de trabalho criativo: usada para expressar os metadados mínimos necessários a fim de expressar um conteúdo criativo na plataforma.

Ontologia alimentar: vocabulário simples para descrever receitas, ingredientes, cardápios e dietas.

Ontologia de jornalismo: ontologia que contém categorias e propriedades úteis para descrever a produção jornalística da BBC.

Ontologia política: ontologia que tem categorias e propriedades úteis para descrever a produção jornalística da BBC.

Ontologia esportiva: ontologia simples e trivial para publicar dados sobre eventos esportivos competitivos.[137]

Os avanços Deep Tech levaram à criação de ontologias abertas em rede que estimularam a pesquisa e possibilitaram a inteligência coletiva. Essas plataformas de ontologia viabilizam que os pesquisadores naveguem e filtrem ontologias, pesquisem-

-nas usando termos próprios dos usuários, enviem ontologias novas e explorem os mapeamentos entre ontologias. Um dos exemplos mais abrangentes de inteligência coletiva é o National Center for Biomedical Ontology [138] [Centro Nacional de Ontologia Biomédica, em tradução livre] cujo objetivo é ajudar pesquisadores biomédicos em seu trabalho intensivo em conhecimento, fornecendo ferramentas online e um portal web. Isso possibilita que os pesquisadores acessem, analisem e integrem recursos ontológicos díspares em todos os aspectos da investigação biomédica e da prática clínica. O principal enfoque do trabalho dos pesquisadores envolve o uso de ontologias biomédicas para contribuir com o gerenciamento e análise de dados derivados de experimentos complexos. O Centro alcança seus objetivos promovendo padrões de boas práticas de desenvolvimento semântico e de software, criando ferramentas e teorias que respaldam um amplo leque de projetos biológicos e semânticos, atividades de pesquisa colaborativa e aplicativos para usuários finais. Desse modo, laboratórios e pesquisadores que trabalham em ensaios clínicos em todo o mundo são capazes de colaborar de modo mais eficaz recorrendo à inteligência coletiva.

Nem todas as organizações que coletam e armazenam dados são capazes de usá-los de maneira significativa. Muitas organizações costumam gastar uma fortuna em diagnósticos de dados, mas depois ficam atoladas e são incapazes de progredir para o estágio de desenvolvimento de insights significativos a partir dos diagnósticos. Esses tipos de organizações orientadas a dados experienciam uma lacuna que surge devido à qualidade dos dados e informações armazenadas que as impedem de desenvolver informações, conhecimento e, em última análise, sabedoria (Figura 6.9).

FIGURA 6.9 Organizações Orientadas a Dados

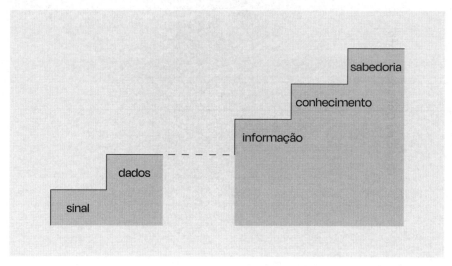

FIGURA 6.10 Grafo de Conhecimento e Ontologia do Domínio Jornalístico

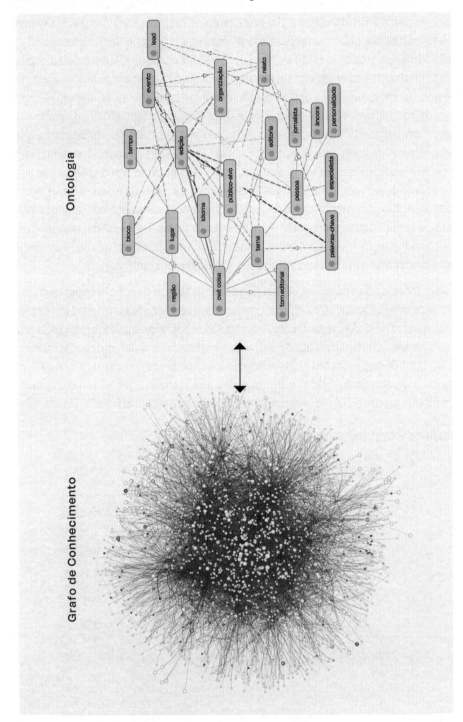

Por exemplo, a forma como os conjuntos gigantescos de dados são coletados e analisados atualmente em relação às redes sociais consiste em simplesmente contabilizar a frequência das mensagens, palavras-chave e hashtags etc., que podem então ser visualizadas de modos relativamente simples.[139] Os usos e tecnologias de big data aumentaram o poder de captura, processamento e análise. Contudo, o que não aumentou foi a definição e a compreensão do conhecimento. Nossa capacidade de compartilhar e disseminar conhecimento é, portanto, atualmente limitada.

Uma ontologia nos ajuda a questionar bancos de dados usando o raciocínio semântico, porque são as relações com outras informações que tornam um dado significativo. Dessa forma, o sonho de Tim Berners-Lee de uma teia semântica pode se tornar realidade, na qual o conhecimento é compartilhado, além de dados e informações.

A inteligência em rede viabiliza que os recursos computacionais e de dados disponíveis em uma organização se amplifiquem, possibilitando assim que os dados sejam transformados em conhecimento explícito. O objetivo da ontologia computacional é explicitar o conhecimento implícito. Sem as ontologias, os dados não são significativos; temos apenas propriedades e definições de entidades. Para demonstrar esse ponto, Joice compartilhou conosco um de seus projetos quando a 1STi trabalhou com a equipe de inovação de um dos maiores e mais importantes grupos de mídia do Brasil em janeiro de 2021.

O projeto foi criado para demonstrar aos jornalistas e tecnólogos dentro do grupo de mídia a qualidade e o poder dos insights que podem ser obtidos quando a tecnologia do grafo de conhecimento é combinada com ontologias de jornalismo específicas de domínio. Nesse estudo, uma ontologia foi criada gravando três programas de notícias de uma hora no horário nobre em três canais diferentes, um pertencente ao grupo de mídia e dois de canais concorrentes. Os dados consistiram em 160 minutos de conteúdo com 137 falantes diferentes identificados.

Em seguida, transcreveu-se o áudio dessas gravações e criaram-se grafos de conhecimento (Figura 6.10). Esses grafos conseguiram demonstrar os principais temas e conteúdos discutidos de forma visual, salientando os termos mais influentes e frequentes. Isso possibilitou analisar as semelhanças e as diferenças entre os relatos sobre as três diferentes redes, incluindo a quantidade de tempo dedicado à discussão de cada tema.

O grafo de conhecimento tinha a limitação de não ter uma definição do significado das conexões entre elementos. Por isso, criou-se uma ontologia de jornalismo para complementá-lo. Embora o grafo de conhecimento tenha mostrado diferentes *falantes*, foi a ontologia que conseguiu demonstrar as *pessoas* nomeadas individualmente, viabilizando que informações biográficas fossem adicionadas, possibilitando assim uma análise mais produtiva e significativa. Então, apesar de os grafos de conhecimento representarem redes de conhecimento, faltava-lhes uma dimensão semântica e contextual explícita; em outras palavras, faltava significado e capacidade de fornecer formas mais profundas de análise no nível semântico. Neste exemplo, o grafo de conhecimento foi capaz de demonstrar que uma pessoa deu entrevista sobre educação, enquanto a ontologia revelou que um falante em particular era especialista em educação e professor sênior de um departamento de pesquisa específico da universidade.

A ontologia do jornalismo possibilitou ao grupo de mídia analisar seu conteúdo de notícias em relação ao de seus concorrentes de muitas formas novas e interessantes. Isso lhes permitiu compreender os temas de cada canal de notícias que estavam recebendo ênfase, por exemplo, saúde, política, notícias nacionais. Essa forma de análise ontológica tem o potencial de proporcionar um modo mais transparente de análise midiática da cobertura jornalística, possibilitando que os pesquisadores compreendam os assuntos que estão sendo abordados pelos canais de notícias, e em que medida e onde.

Os computadores ainda são incapazes de trabalhar no âmbito da epistemologia para criar ontologias usando inteligência artificial. Ontologias criadas automaticamente a partir de grafos de conhecimento ainda não têm camadas contextuais e semânticas. O fator humano na criação de ontologias ainda é primordial. Embora os computadores se especializem em formas matemáticas de análise, a dimensão epistemológica do conhecimento significa que exigimos ontologias interpretativas da experiência vivida, como o ecossistema de experiência focado na assistência médica da UMIO, descrito no Capítulo Três.

O termo "sensemaking" foi cunhado por Karl Weick a fim de ressaltar a importância de que se tenha metodologias para dar sentido ao desconhecido, facilitando assim nossa capacidade de compreensão, entendimento, explicação, extrapolação e predição por meio de frameworks estruturados.[140] O desafio do sensemaking é ser um processo interpretativo no qual tanto o viés cognitivo quanto a manipulação política intencional e baseada no poder podem desempenhar um papel. A prática do sensemaking humano também ainda não conseguiu acompanhar os rápidos avanços em sistemas de informação, como inteligência de negócios e análise, ou novos ambientes sociotecnológicos, como redes sociais, computação móvel, mídia online e crowdsourcing etc.[141] Nossas práticas Deep Tech, portanto, incluem um processo que chamamos de "sensemaking computacional"— a união de grafos de conhecimento com ontologias computacionais, combinadas com ontologias de experiência vivida codificadas, a fim de viabilizar que as organizações elevem as análises que realizam em seus bancos de dados e data lakes, alcançando assim o conhecimento em escala.

Os atuais sistemas de inteligência artificial modernos, como o GPT-3, são capazes de processar grandes volumes de dados e, como procuramos mostrar ao incluir suas contribuições neste livro, a qualidade pode ser extraordinária. Mas ainda lhes faltam estruturas para contexto e significado. Por essa razão, apesar de ter mais poder computacional do que um cérebro humano, o GPT-3 ainda comete erros fundamentais que as pessoas não cometem. O poder da ontologia computacional é alcançado por ser o elo entre banco de dados e data lakes, arquiteturas de informação e modelos de aprendizado profundo. Os conceitos ontológicos filosóficos, como a experiência vivida, complementam as ontologias computacionais, resultando em novas formas poderosas de deep thinking. Logo, o sensemaking computacional ocorre na interseção do deep thinking e dos pilares de deep collaboration de nossa concepção de Deep Tech — cujo intuito é a maximização da colaboração intencional e autêntica entre inteligência artificial e experiência humana, cognição e tomada de decisões.

O desenvolvimento de ontologias computacionais está abrindo uma nova fronteira do conhecimento humano. Até agora, dependíamos de especialistas humanos para o tipo de raciocínio inferencial que estava além das capacidades dos computadores. A capacidade de raciocínio de um especialista é limitada pela capacidade de processar grandes quantidades de dados ao mesmo tempo. As ontologias viabilizam o escalonamento do raciocínio, pois contêm a lógica do conhecimento específico do domínio.

A nova fronteira da inteligência artificial é agora o deep sensemaking. É apenas neste domínio que os líderes, cientistas e designers Deep Tech resolverão o problema *do significado do significado*, ou seja, desenvolver inteligência que seja verdadeiramente capaz de conhecer e compreender as informações que está processando. Quando isso for possível, a internet se transformará de modo radical, bem como o modo que usamos aplicativos como mecanismos de busca para encontrar, processar e entender informações no mundo digital. Este é o ponto em que a inteligência se amplifica por meio da Deep Tech (Figura 6.11).

Nesse momento, os modelos de aprendizado profundo são construídos com base nos dados que estão atualmente disponíveis para eles. Essa abordagem, por exemplo, viabilizou que o GPT-3 gerasse textos de qualidade tão alta que agora é bastante difícil distingui-los daqueles escritos por humanos. No entanto, os modelos de aprendizado orientados a dados não consideram estruturas de conhecimento. Para tornar o aprendizado profundo mais poderoso, precisamos mudar de um foco em dados para focar a natureza das relações entre esses dados. Isso é feito por meio de dados em rede e centros de dados abertos.

Quando esse conjunto amplificado de dados e informações está disponível para uma organização, ele pode ser aprimorado semanticamente, garantindo que os dados tenham atributos quantitativos, qualitativos e textuais. Isso possibilita que os especialistas em dados elevem até o próximo nível de deep sensemaking, o das ontologias de domínio. Com ontologias de domínio presentes e mais links de dados disponíveis, a análise não é mais apenas estatística; aquelas pessoas que estão analisando os dados se tornam capazes de fazer inferências mais inteligentes (inferências fundamentadoras), que são ainda mais aumentadas por meio de pesquisas científicas disponíveis a todos.

FIGURA 6.11 Sensemaking Computacional

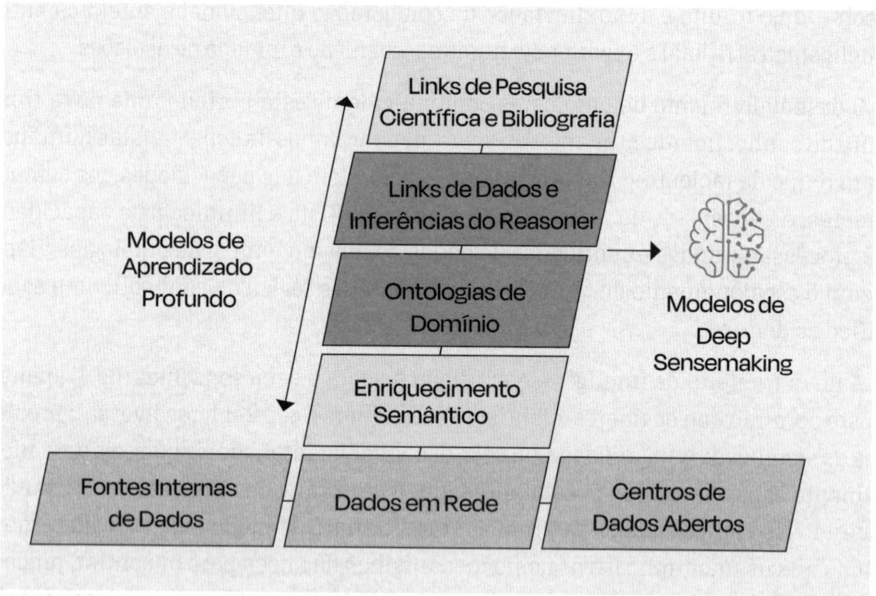

Este é o ponto em que uma forma aprofundada de deep sensemaking emerge — a forma mais elevada de deep collaboration entre máquinas e pessoas.

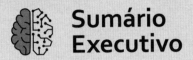

Sumário Executivo

- O propósito Deep Tech é contribuir para a regeneração e evolução de nossos ecossistemas sociais e ambientais.

- O design orientado a propósito é uma forma de pensar que nos ajuda a desenvolver a tecnologia com a alma. Este é um conceito que nos ajuda a elevar nosso pensamento a um nível transcendental de design, no qual somos capazes de criar tecnologias que estão a serviço da vida e que têm o potencial de elevar a condição humana.

- A agilidade aumentada é uma metodologia para projetos de transformação digital que foca a dimensão humana de projetos ágeis. É uma forma de ser que permite que as organizações alcancem um patamar mais elevado.

- Para se alcançar a agilidade aumentada, é necessária uma compreensão clara da missão, visão e valores de uma organização. Isso impulsiona a necessidade de que os líderes sejam capazes de comunicar sua visão de uma forma que inspire e apoie as pessoas a "viver a missão". O éthos que fundamenta a agilidade aumentada é garantir que as pessoas tenham o poder de assumir a responsabilidade pelos desafios que enfrentam e aprender com os erros.

- A ontologia computacional é a chave para desbloquear o poder dos dados. Ela fornece os alicerces essenciais para arquiteturas corporativas e modelos operacionais digitais, possibilitando que as organizações padronizem e alinhem arquiteturas digitais complexas Deep Tech com metas, objetivos e funções de negócios da empresa.

- As ontologias abertas em rede e os modelos de inteligência artificial possibilitam que as organizações construam inteligência coletiva e compartilhem o conhecimento que adquiriram. O deep sensemaking é o ponto em que o sensemaking humano encontra a inteligência artificial.

7

CAPÍTULO SETE

O Impacto do
Deep Talent

HABILIDADES DE TRABALHO DA NOVA ECONOMIA

Em 1958, o matemático John von Neumann cunhou o termo "singularidade", um ponto em que "o progresso tecnológico se tornará incompreensivelmente rápido e complicado".[142] Após sua morte, Stanislaw Ulam, seu colega, explicou a concepção de von Neumann sobre a singularidade como "o progresso cada vez mais acelerado da tecnologia e as mudanças no modo de vida humano que dão a impressão de se aproximar de alguma singularidade essencial na história da raça".[143]

A partir daquele momento, cientistas, tecnólogos e futurólogos começaram a contemplar o impacto que a humanidade sentirá quando os computadores se tornarem mais inteligentes e mais espertos do que as pessoas. No entanto, o que muitas vezes falta nessas conversas é uma discussão significativa sobre o *ser*; quem somos e a natureza essencial da humanidade. Por essa razão, os valores humanos universais são fundamentais dentro de nossa concepção Deep Tech, pois fornecem os alicerces para a compreensão da nossa essência mais elevada.

A economia budista, ao contrário da economia ocidental neoclássica, fornece-nos uma tripla definição elucidativa de trabalho. Primeiro, o trabalho é um meio pelo qual é possível obter os recursos necessários para se ter uma vida digna; segundo, uma oportunidade de lapidar o ego e tornar-se um ser humano melhor ao lidar com outras pessoas e com situações que estão além da nossa zona de conforto normal; e terceiro, uma oportunidade de colocar em prática nossos talentos pessoais únicos em prol dos outros.[144] O trabalho, portanto, é uma forma de as pessoas alcançarem a felicidade exercendo plenamente seus talentos, sem quaisquer limitações ou restrições. É claro que o dinheiro continua sendo relevante, mas como um meio, e não como um fim em si mesmo.

A singularidade pode ser delimitada tanto pela perspectiva distópica quanto utópica, o que significa que a tecnologia pode ser vista como um caminho para melhorar nossa qualidade de vida ou, alternativamente, como uma ameaça à nossa própria existência. Por isso, em 2018, a 1STi, a Holonomics e o Vai na Web criaram as Deep Tech Talks em São Paulo para iniciar e facilitar discussões entre executivos sobre o futuro que esperamos, o futuro que desejamos e o futuro que somos capazes de cocriar; um futuro possível onde a tecnologia tem alma.

Embora não seja possível predizer o futuro em médio prazo com grande precisão, o que está ficando claro agora é a necessidade de as pessoas desenvolverem novas habilidades para a nova economia. O *The Future of Jobs Report* [Relatório do Futuro dos Empregos, em tradução livre] do Fórum Econômico Mundial de 2020 mapeia as seguintes tendências críticas de empregos e habilidades do futuro:

- Metade de todos os funcionários precisará de reskilling até 2025, à medida que a tecnologia evolui de modo frenético.
- As habilidades em matéria de pensamento crítico e de resolução de problemas serão cada vez mais proeminentes nos próximos cinco anos.
- A autogestão é uma habilidade emergente fundamental, pois as organizações introduzem mais flexibilidade e aprendizagem ativa no local de trabalho.[145]

Segundo o professor Klaus Schwab e Saadia Zahidi, a disrupção tecnológica que está transformando empregos também pode ser o segredo para criá-los:

"Encontramo-nos em um momento determinante: as decisões e escolhas que tomamos hoje determinarão o rumo da vida e dos meios de subsistência de gerações inteiras. Temos as ferramentas à nossa disposição. A recompensa da inovação tecnológica que define nossa era atual pode ser alavancada para desencadear o potencial humano. Temos os meios para trabalhar o reskilling (reciclagem profissional) e o upskilling dos indivíduos em números sem precedentes, para implementar redes de segurança de precisão que protejam os trabalhadores desempregados da miséria, e para criar mapas personalizados que direcionem os trabalhadores desempregados para os empregos de amanhã, nos quais eles serão capazes de prosperar."[146]

No Capítulo Dois, examinamos como o Almanaque Digital está ajudando a desenvolver habilidades essenciais nas áreas de pensamento crítico, consciência cultural, empatia e cidadania. Essas habilidades estão bem alinhadas com as dez habilidades mais importantes citadas pelo *The Future of Jobs Report*, que os diretores de recursos humanos e de estratégia dos principais empregadores globais acreditam ser fundamentais em todos os setores e localizações geográficas:

1. Solução de problemas complexos.
2. Pensamento crítico.
3. Criatividade.
4. Gestão de pessoas.
5. Coordenação com outras pessoas.
6. Inteligência emocional.
7. Discernimento e tomada de decisão.
8. Orientação a serviço.
9. Negociação.
10. Flexibilidade cognitiva.[147]

Nossa concepção Deep Tech atribui tanto valor às pessoas quanto à própria tecnologia, ressaltando a necessidade de as organizações desenvolverem deep talents e entenderem a importância da deep collaboration. As soluções criativas para nossos problemas complexos não serão simplesmente desenvolvidas por algoritmos cada vez mais sofisticados, mas por pessoas capacitadas e talentosas, capazes de fornecer diferentes perspectivas sobre esses problemas e desafios que muitas pessoas diferentes estão enfrentando em todo o mundo, devido à qualidade de seu deep thinking.

MIND THE GAP

Antes que as organizações possam começar a desenvolver deep talents, primeiro, é necessário que superem três grandes gaps:

i. O gap de conhecimento digital.
ii. O gap da desigualdade de gênero.
iii. O gap da diversidade.

Essas três lacunas combinadas estão criando grandes obstáculos para que as organizações consigam alcançar suas ambições de transformação digital e se tornem verdadeiramente Deep Tech. As organizações que desejam responder ao desafio e buscar deep talents de origens não tradicionais podem amplificar seus resultados e impactos de uma forma bem maior do que antes imaginavam. Por esse motivo, é importante entender a natureza exata dessas lacunas e como superá-las.

O Gap de Conhecimento Digital

O conceito de exclusão digital tem suas raízes na pesquisa de gap de conhecimento da década de 1970, quando pesquisadores de comunicação nos Estados Unidos começaram a debater a teoria do crescente "gap de conhecimento". A principal hipótese era que: "Segmentos da população com status socioeconômico mais alto tendem a adquirir informações a uma taxa mais rápida do que os segmentos de status mais baixos, portanto o gap de conhecimento entre esses segmentos tende a aumentar em vez de diminuir."[148] Durante essa década, a pesquisa começou a explorar a maneira pela qual o nível de educação e o status socioeconômico faziam a diferença na aquisição de conhecimento. Foi direcionada pelo entendimento de que o aumento da informação favoreceria desproporcionalmente aqueles que já tinham posição privilegiada na sociedade, e seria à custa de grupos desfavorecidos da sociedade, em vez de reduzir os gaps entre esses dois grupos.[149]

Após a primeira onda da internet na década de 1990, essa pesquisa ampliou seu escopo para explorar o gap do conhecimento digital. Como observou a Organisation for Economic Cooperation and Development [Organização para a Cooperação e Desenvolvimento Econômico, em tradução livre] em 1999: "Visões de uma economia global baseada no conhecimento e de um comércio eletrônico universal, caracterizado pela 'morte da distância', devem ser abarcadas pela realidade de que metade da população mundial nunca fez um telefonema, muito menos acessou a internet."[150]

Em 2001, a OCDE definiu a exclusão digital como "o gap entre indivíduos, agregados familiares, empresas e áreas geográficas em diferentes níveis socioeconômicos no que diz respeito às suas oportunidades de acesso às tecnologias da informação e comunicação (TIC) e à utilização da internet para uma grande variedade de atividades".[151] Essa pesquisa suscitou as seguintes questões fundamentais:

- Onde ocorre e por quê?
- Quais são as causas?

- Quais são os parâmetros relevantes?
- Qual é sua extensão, ou seja, qual é a amplitude da exclusão digital?
- Em que ponto é mais impactante?
- Quais são seus efeitos prováveis em curto prazo?
- No longo prazo, o que é necessário fazer para mitigá-la?

Se analisarmos uma região economicamente desenvolvida como a Europa de hoje, a pesquisa demonstra que uma grande parte das pessoas ainda não tem habilidades digitais básicas. Em 2020, a Comissão Europeia divulgou as seguintes conclusões:

"Em 2019, o percentual de pessoas que tinha pelo menos habilidades digitais básicas atingiu 58% (contra 55%, em 2015). Uma grande parte da população da UE, no entanto, ainda não tem habilidades digitais básicas, embora seja exigência da maioria dos empregos. Em 2018, cerca de 9,1 milhões de pessoas trabalhavam como especialistas em tecnologia da informação e comunicação (TIC) em toda a UE, 1,6 milhão a mais do que quatro anos antes. Entretanto, continua a existir uma escassez de especialistas TIC no mercado de trabalho: 64% das grandes empresas e 56% das PME que recrutaram especialistas TIC durante 2018 informaram que as vagas para especialistas em TIC são difíceis de preencher. O problema é ainda mais generalizado na Romênia e na República Tcheca, onde pelo menos 80% das empresas que recrutaram ou tentaram recrutar especialistas TIC relataram as mesmas dificuldades. Há também uma questão de equilíbrio de gênero, pois somente um em cada seis especialistas TIC é do sexo feminino. No geral, na dimensão Capital Humano do Índice de Economia e Sociedade Digital, Finlândia, Suécia e Estônia são os países mais avançados."[152]

Essa falta de competência digital básica significa que empresas e organizações ainda são desafiadas pela exclusão digital de hoje. Apesar de muitas empresas estarem priorizando atualmente a estratégia digital e a análise de dados, aquelas que são frágeis ou não têm recursos nessa área notadamente terão dificuldades. À medida que caminhamos para a economia digital, todas as organizações se tornarão empresas de tecnologia e, por essa razão, terão que equilibrar seu desejo de elevar, por meio da inovação, suas necessidades de encontrar, cultivar e reter deep talents.

O Gap da Desigualdade de Gênero
A consultora, coach e pensadora de sistemas Kimberly Faith é a autora do livro *Your Lion Inside: Discover the Power Within and Live Your Fullest Life* [Seu Leão

Interior: Descubra o Poder Interior e Viva Sua Vida Plenamente, em tradução livre], que ela descreve como "um manifesto de esperança" e um "manual para a verdade", escrito para ajudar as mulheres a "serem mais, fazerem mais e contribuírem mais", com o objetivo de ajudar cada um de nós a criar uma cultura que valoriza as contribuições das mulheres em suas vidas profissionais e pessoais. Ela conseguiu alcançar isso por meio da criação de uma série de sete arquétipos estruturados, que ela chama de "A Sororidade das Sete", possibilitando-lhe revelar padrões profundamente arraigados de pensamento e comportamento que, não raro, são extremamente difíceis de perceber em nós mesmos quando nos falta a sabedoria e a orientação necessárias para nos ajudar a nos libertar de nossos velhos hábitos.

O intuito de Kimberly é fornecer novas ferramentas e histórias para munir as mulheres de poder, força e esperança necessárias, a fim de lhes possibilitar novas maneiras de pensar e viver vidas confiantes, em que empreguem todo o seu potencial para o bem maior de todos. No entanto, seu foco é ajudar as mulheres a entender as narrativas invisíveis que as detêm. Em seu processo, o primeiro passo é ampliar a conscientização das mulheres. Kimberly utiliza a metáfora de tirar as mulheres do aquário:

> "A conscientização é o primeiro passo para enxergar o mundo de forma diferente... A conscientização tira você do aquário, libertando-a e colocando-a próxima a ele, possibilitando que você enxergue claramente pela primeira vez. Quando sua perspectiva muda, tudo começa a mudar."[153]

Em termos globais, as mulheres ocuparam apenas 29% dos cargos de liderança sênior em 2020. E nos EUA, quase treze empresas da Fortune 500 eram administradas por homens para cada empresa administrada por uma mulher.[154] O desejo de Kimberly é capacitar totalmente as mulheres, e isso envolve uma transição de uma mentalidade de vítima para o foco nas histórias do futuro e no poder que as mulheres têm agora:

> "Trata-se de percepções equivocadas que distorcem o que vemos no espelho todos os dias. Será que chegou a hora de considerarmos que o fenômeno glass ceiling [teto de vidro, em tradução livre] também é um espelho? Com isso, quero dizer que é hora de nos olharmos no espelho e enxergamos as crenças, suposições e mentalidades internas específicas em nosso caminho. Essas mentalidades não aparecem nas novas pesquisas no local de trabalho, pois muitas mulheres nem sequer percebem que as mentalidades estão em seu ca-

minho. Por quê? Isso é um processo inconsciente, e a narrativa nos convenceu do contrário."[155]

Ao analisarmos as habilidades digitais no local de trabalho, empresas e organizações atualmente não estão conseguindo alcançar a paridade entre mulheres e homens. Segundo o *2020 Women in Digital (WiD) Scoreboard* [Painel de Avaliação das Mulheres no Digital (WiD) 2020, em tradução livre] da Comissão Europeia, as mulheres ainda têm menos probabilidade de terem as habilidades digitais especializadas e trabalharem no domínio digital e, quando comparadas aos homens, apenas 18% dos especialistas em tecnologias da informação e comunicação na União Europeia são mulheres.[156]

Conforme explica o Fórum Econômico Mundial: "A igualdade de gênero tem uma influência fundamental sobre se as economias e as sociedades prosperam ou não. Desenvolver e alocar metade dos talentos disponíveis no mundo têm uma enorme influência no crescimento, na competitividade e na prontidão futura das economias e empresas globais."[157] O relatório concluiu que as mulheres, além de não terem representatividade em cargos de gestão ou liderança sênior, também não estão alcançando a igualdade com os homens no que diz respeito às habilidades digitais, visto que a participação delas no mercado de trabalho como um todo estagnou, e as disparidades financeiras estão aumentando. Em termos globais, há uma tendência de deterioração nas economias emergentes e em desenvolvimento, e isso está neutralizando os ganhos obtidos nos países da OCDE.[158]

O FEM ressalta as três razões principais:

i. As mulheres têm maior representatividade nas funções que estão sendo automatizadas.
ii. O número insuficiente de mulheres que ingressam em profissões onde o crescimento salarial é o mais acentuado.
iii. As mulheres enfrentam o problema recorrente da insuficiência da infraestrutura assistencial e do acesso ao capital.[159]

O relatório sugere que os formuladores políticos têm que tomar medidas para melhor capacitar as gerações mais jovens, sobretudo nas nações em desenvolvimento, com as habilidades necessárias para serem bem-sucedidas no mundo dos futuros empregos. Mesmo que seja necessário aumentar a obtenção de educação formal, isso por si só não basta para que mulheres e homens jovens se capacitem em todos os níveis de ensino com os tipos de habilidades necessárias para o mercado de trabalho da economia digital. Nesse sentido, as desigualdades de gênero entre homens e mulheres persistem e, provavelmente, se agravarão ainda mais, a menos que sejam endereçadas agora.

O Gap da Diversidade

O World Economic Forum's Diversity, Equity and Inclusion 4.0 [Relatório Diversidade, Equidade e Inclusão 4.0 do Fórum Econômico Mundial, em tradução livre] define diversidade como "a amplitude de diferenças e variações humanas, sejam elas inerentes (por nascimento) ou adquiridas (por experiência)".[160] Essas variações podem resultar em diferentes formas de exclusão e discriminação no local de trabalho. O relatório enumera uma série de características das pessoas que correm o risco de sofrer discriminação, incluindo idade e geração, gênero e expressão de gênero, orientação sexual, raça, etnia, religião e origem social.[161]

Atualmente, estamos vivenciando uma convergência de três grandes tendências sociais e econômicas:

i. Uso frenético de tecnologias avançadas.
ii. Disrupções no mercado de trabalho, tanto no trabalho remoto como no trabalho que exige presença física.
iii. Apelo à maior inclusividade, equidade e justiça social.

Essas tendências representam uma grande oportunidade para as empresas e organizações reavaliarem seu desempenho atual em relação à diversidade, igualdade e inclusão. A razão é que as oportunidades econômicas futuras exigirão níveis mais altos de criatividade e inovação se as empresas quiserem usar melhor as novas tecnologias. É óbvio que locais de trabalho diversificados e inclusivos podem contribuir consideravelmente para alcançar essa visão.

Como demonstrado pela pesquisa WEF's *Diversity, Equity and Inclusion 4.0*, as empresas que em suas regiões geográficas e setores lideram em diversidade, equidade, inclusão e pertencimento têm um desempenho melhor do que a média de mercado em um amplo leque de métricas de desempenho importante.[162] Por outro lado, as empresas que ficam atrás das outras em diversidade, equidade e inclusão sofrem penalidade de competitividade, sendo 29% menos propensas a alcançar lucratividade acima da média do que a média de mercado.[163]

Muitas empresas estão tendo dificuldades para preencherem suas vagas digitais e de TI, ao mesmo tempo em que desejam abordar seus gaps de diversidade e inclusão. A solução que desenvolvemos para o nosso ecossistema Deep Tech é procurar, cultivar e ajudar jovens talentosos de origens educacionais não tradicionais, incluindo o desenvolvimento de deep talents nas comunidades desfavorecidas de muitas cidades do Brasil. Na seção a seguir, explicamos como alcançamos isso de forma sistêmica e com impacto social positivo.

IMPACTO SOCIAL COMO SERVIÇO

Apesar de a tecnologia fornecer os meios para as organizações criarem novas formas híbridas de trabalho, em que as pessoas passam tempo no local de trabalho e em casa, o cenário social também está mudando as atitudes das pessoas em relação à liderança e à cultura organizacional. Isso está ocorrendo em paralelo, com foco maior em como as organizações estão se saindo em relação aos seus padrões ecológicos, sociais e de governança (ESG). Acreditamos que, quando o desejo é autêntico, as empresas têm um papel decisivo a desempenhar não apenas em termos de compromisso com os objetivos ESG, mas na criação de um impacto genuíno, desenvolvendo uma forma inclusiva de capitalismo.

Essa atitude pode ser vista na carta aberta que Larry Fink escreveu aos CEOs em janeiro de 2021.[164] Fink é um bilionário norte-americano, presidente e CEO da BlackRock, corporação multinacional estadunidense de gestão de investimentos. Com quase US$8,7 trilhões em ativos sob gestão em 31 de dezembro de 2020, a BlackRock é a maior empresa de gestão de investimentos do mundo.[165] Fink colocou a mudança climática como o assunto principal de sua carta anual, ao mesmo tempo em que escreveu sobre a necessidade de as organizações considerarem suas estratégias de talentos a partir de uma perspectiva de sustentabilidade:

> "Não consigo me recordar de um momento mais importante para as empresas responderem às necessidades das partes interessadas. Estamos passando por um momento de tremendo sofrimento econômico. Estamos também numa encruzilhada histórica rumo à justiça racial, que não pode ser resolvida sem a liderança das empresas. Uma empresa que não procura se beneficiar de todo o espectro de talentos humanos é mais fraca por isso; menos propensa a contratar os melhores talentos, menos propensa a refletir as necessidades de seus clientes e das comunidades em que opera e tem menos probabilidade de ter um desempenho superior.

> "Embora as questões de raça e etnia variem muito em todo o mundo, esperamos que as empresas em todos os países tenham uma estratégia de talentos

que lhes possibilite aproveitar o conjunto mais completo de talentos possível. À medida que você divulga relatórios de sustentabilidade, pedimos que suas divulgações sobre a estratégia de talentos reflitam totalmente seus planos de longo prazo para melhorar a diversidade, a equidade e a inclusão, conforme apropriado por região. Nós nos guiamos por esse mesmo padrão."[166]

Como empreendedor social do Rio de Janeiro, Igor fundou a 1STi com base em sua compreensão dos desafios enfrentados por jovens talentosos das favelas da cidade que desejam ter uma carreira em TI. Sua missão primordial é criar soluções ecossistêmicas que superem as desigualdades, por meio do desenvolvimento de modelos de negócio novos e inovadores que viabilizem a formação profissional e apoio à carreira de jovens adultos que antes eram excluídos da TI. Desde o princípio, ele sabia que fundar a 1STi seria uma grande oportunidade para colocar suas ambições em prática.

A primeira favela do Brasil surgiu no Rio de Janeiro, no final do século XIX, construída por soldados que não tinham onde morar após a Guerra de Canudos. Após a abolição da escravidão, muitos dos cidadãos mais pobres e desfavorecidos começaram a se mudar, criando uma tendência para assentamentos informais de baixa renda longe dos centros urbanos, que se expandiram na década de 1970, quando as pessoas deixaram as áreas rurais para procurar trabalho nas cidades.[167] As favelas passaram a ser conhecidas como comunidades, na tentativa de eliminar o estigma dessa forma de ambiente construído.

Pesquisas da UNESCO mostram que 13,6 milhões de pessoas vivem em comunidades no Brasil.[168] Para termos uma noção do tamanho das comunidades, se essa população fosse um estado, seria o quinto maior do país. E se todas as comunidades brasileiras fossem um país, ele seria maior que Portugal, que tem 10,3 milhões de habitantes, e maior que a Bélgica, com 11,6 milhões de habitantes.[169] Enquanto o Brasil tem uma população composta por 55% de negros, nas favelas esse índice é de 67%.[170] Nas favelas, 44% dos domicílios são chefiados por mulheres, acima da média nacional.[171]

Mais de 10% da população do estado do Rio de Janeiro vive em favelas. Quando questionadas sobre o que essa população considerava ser a questão mais importante para o futuro do país, 40% das pessoas elencaram a saúde e 36% a educação como necessitando ser desenvolvida.[172] E em relação à tecnologia, 50% dos habitantes têm computador e 86% têm celular.[173]

A escala desse nível de desigualdade, discriminação e exclusão social mostra que as soluções só podem ter um impacto real se forem de natureza sistêmica. Uma série de tendências sociais e econômicas estão agora convergindo, sinalizando a reinvenção dos negócios por meio das oportunidades de deep talent. Como Peter Evans, sócio-gerente do Platform Strategy Institute, afirma: "O talento se tornou a nova fronteira da economia de plataforma."[174]

Como um dos quatro pilares de nossa concepção Deep Tech, o deep talent amplifica o deep thinking nas organizações, fornecendo continuamente novas vozes com perspectivas inovadoras sobre problemas e desafios, dando-lhes a capacidade de encontrar soluções sistêmicas que atendam às necessidades de muitas pessoas diferentes, e não apenas de um pequeno segmento da sociedade. A Figura 7.1 demonstra o modo pelo qual podemos explorar o cenário de impacto social.

FIGURA 7.1 Cenário de Impacto Social

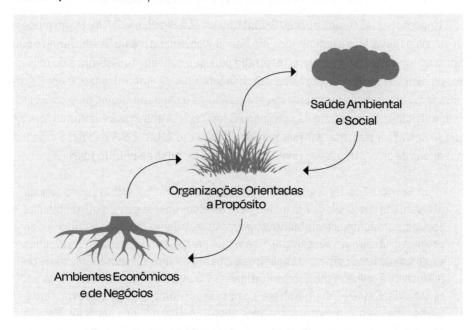

O diagrama do cenário de impacto social é baseado em uma metáfora orgânica de cultivo, salientando a natureza sistêmica das soluções que possibilitam às organizações cumprirem autenticamente suas obrigações operacionais ESG. Para que isso aconteça, é necessário que as organizações mudem: que parem de pensar nas pessoas, como se estivessem em uma guerra por talentos, e passem a entender como podem cultivar deep talents. Ou seja, para compreender o cenário de impacto social, é necessário que as organizações entendam as raízes de seu contexto, que se relacionam com o ambiente econômico e corporativo.

Pesquisas demonstram que, na superfície, mesmo que as árvores possam competir pela luz solar, no subsolo, elas podem trabalhar de modo colaborativo, formando redes de compartilhamento de recursos, partilhando nutrientes por meio de enxertos de raízes e desenvolvendo resiliência para superar os desafios ambientais.[175] Da mesma forma, as organizações prosperam quando recebem os nutrientes certos do meio ambiente, e isso, por sua vez, resulta na saúde social e ambiental. A relação é sistêmica, pois assim como os organismos necessitam da água das chuvas para fornecer umidade ao solo, o que regula a qualidade das águas subterrâneas terrestres, as organizações estão inseridas em ecossistemas sociais e ambientais mais amplos que fornecem as condições para que cresçam e prosperem.[176]

O Impacto Social como Serviço (Social Impact as a Service —SIAAS) é um modelo de negócio inovador desenvolvido pelo Vai na Web, iniciativa no Rio de Janeiro que apresentamos no Capítulo Dois. Inspirada pela sua concepção sistêmica de impacto social, o Vai na Web desenvolve e realiza jornadas de aprendizagem tecnológica para indivíduos jovens e talentosos, treinando-os e capacitando-os para conseguirem participar plenamente da revolução Deep Tech. Aline Fróes é cofundadora da 1STi e do Vai na Web, que ganhou vida em 2014. Para Aline, o Vai na Web é uma forma eficaz de as organizações preencherem suas lacunas de habilidades:

> "Tim Berners-Lee foi a grande inspiração para o Vai na Web. Precisamos de diversidade em nosso pensamento para resolver nossos principais problemas sociais, econômicos e ambientais, pois a diversidade leva à criatividade e ao progresso. As empresas sempre dizem que precisam de pessoas qualificadas e que um de seus principais desafios é a perda de seus colaboradores mais talentosos. Só que, em muitas comunidades, há muitos jovens interessados em tecnologia. Então o Vai na Web surgiu para atuar como uma ponte entre a energia dos jovens que querem aprender e evoluir e o mundo dos negócios. Mesmo que as empresas busquem principalmente talentos nas melhores universidades do mundo, estamos mostrando a elas que há pessoas profundamente talentosas na periferia. Reduzir a lacuna entre organizações e deep talent pode ser incrivelmente empoderador."

O Vai na Web é um movimento de impacto tecnológico e social que expande as capacidades humanas e requalifica a mão de obra para enfrentar os desafios do futuro do trabalho. Como Aline explica:

"As favelas são cheias de energia, diversidade, cultura, criatividade e ideias, características altamente desejáveis para as empresas. O Vai na Web está criando uma incubadora de talentos digitais. A tecnologia não pergunta qual é sua idade ou qual é seu gênero, ela te desafia todos os dias, como uma esfinge, a decifrá-la. Portanto, nossa missão é ajudar as empresas a realizar seus sonhos de inovar, de ter mais diversidade e de ter pessoas brilhantes contribuindo e se desenvolvendo; pessoas que estão perseguindo o sonho de suas vidas."

A iniciativa é mais do que apenas um programa de formação e recrutamento para jovens:

"Trabalhamos com o que chamamos de pipeline de talentos. Quando nossos alunos ingressam, eles passam seis meses em nossa escola aprendendo uma ampla gama de habilidades de TI e programação, como HTML5, CSS3, Javascript ES6 e muitas outras. Quem passa tem então a oportunidade de se juntar ao estúdio de design do Vai na Web para adquirir experiência prática. Depois de ganharem um ano de experiência trabalhando e entregando projetos reais, desenvolvendo um alto nível de excelência técnica, nós os ajudamos a buscar um emprego em empresas de TI."

A lógica do modelo de negócios Impacto Social como Serviço do Vai na Web é mostrada na Figura 7.2. Ele foi criado para oferecer benefícios tanto para os clientes do Vai na Web quanto para o ambiente social em que essa organização está inserida. O Vai na Web consegue isso oferecendo uma forma inclusiva de educação para alunos de origens desfavorecidas por meio da prestação de serviços de TI. É uma boa relação custo-benefício, pois os alunos que estão trabalhando em projetos comerciais por meio do pipeline de talentos da iniciativa também recebem orientação e mentoria da 1STi e dos especialistas do centro de excelência Deep Tech Network, garantindo assim um trabalho de design de alta qualidade para os clientes.

FIGURA 7.2 Impacto Social como Serviço no Vai na Web

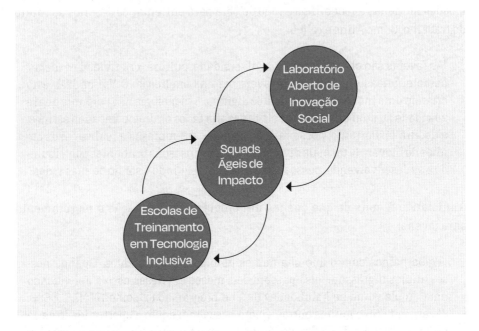

O Impacto Social como Serviço se baseia no modelo de negócios de valor compartilhado, apresentado pela primeira vez em 2011 por Michael Porter e Mark Kramer, que estabeleceram três variações: reconceber produtos e mercados, redefinir a produtividade na cadeia de valor e construir grupos locais de apoio na empresa.[177] Ao adotar uma perspectiva sistêmica, o SIAAS ajuda as organizações a alcançar coletivamente seus objetivos ESG, pois de outra forma elas teriam dificuldade em implementar uma iniciativa autêntica por conta própria. Durante o período em que uma organização está recebendo esse serviço, ela está contribuindo para o avanço da educação por meio de escolas que estão desenvolvendo a próxima geração de programadores.

O SIAAS melhora a sociedade quando tira jovens adultos de trajetórias de vida potencialmente violentas, proporcionando-lhes oportunidades de carreira estruturadas. Com o programa, famílias que normalmente não teriam os meios para lhes fornecer uma educação conseguem ajudar os filhos. Isso possibilita que o conjunto geral de talentos em uma economia cresça, o que significa que, em vez de as organizações ficarem presas na metáfora da "guerra por talentos",[178] elas conseguem mudar e compreender o papel que são capazes de desempenhar no apoio a jovens adultos talentosos de origens educacionais não tradicionais.

Assim sendo, o Vai na Web é um exemplo primordial de nossa concepção de deep collaboration, em que indivíduos profundamente talentosos trabalham em deep challenges enfrentados pelas empresas e pela sociedade. Quando os alunos se formam pela primeira vez no Vai na Web, eles são convidados a se juntar a pequenos squads de desenvolvimento de software, cujo foco são projetos que proporcionam impacto social, como o Almanaque Digital (descrito no Capítulo Dois). As empresas que investem em SIAAS permitem ao Vai na Web expandir esses squads para o Laboratório Aberto de Inovação Social, no qual clientes, instituições e pesquisadores do Vai na Web colaboram em tecnologias sociais. O objetivo desse laboratório é conceber novas propostas de valor elevadas, soluções de plataforma e modelos de negócio em rede que são baseados em ecossistemas colaborativos de partes interessadas. Quando esses projetos se concretizarem, o Vai na Web poderá investir em novos squads que gerem recursos adicionais de investimento, resultando em mais escolas e em jovens especialistas em TI mais qualificados.

Desirée Queiroz é economista especializada em desenvolvimento local e nos objetivos de desenvolvimento sustentável das Nações Unidas. Ela também é diretora-executiva do Precisa Ser, instituto de inovação social em rede fundado pela 1STi que ajuda líderes e patrocinadores de projetos sociais a criar impacto positivo. Ela explica que o Vai na Web é "uma iniciativa que pode ser considerada um acelerador dos objetivos de desenvolvimento sustentável (ODSs), possibilitando-nos transformar o mundo sem nunca deixar ninguém para trás, pois o Vai na Web fornece uma forma integrada de alcançar esses objetivos. O primeiro objetivo que alcançamos é o quarto, educação de qualidade, que por sua vez leva ao oitavo, acesso à renda, que impacta positivamente a erradicação da pobreza (objetivo 1), indústria, inovação e infraestrutura (objetivo 9) e redução das desigualdades (objetivo 10)".

O envolvimento de Zoraide Gomes, mais conhecida como Cris dos Prazeres (que recebeu esse apelido por ser da comunidade do Morro dos Prazeres, no Rio de Janeiro), tem sido fundamental para o sucesso do Vai na Web. Cris desempenha um papel importantíssimo nessa comunidade há mais de vinte anos, fundando diversas organizações e iniciativas para melhorar a educação, a saúde, a reciclagem e os direitos das mulheres, além de defender o ensino de tecnologia avançada e o desenvolvimento humano. Como Cris explica, a tecnologia pode ser empoderadora em um país com altos níveis de desigualdade:

"A taxa de analfabetismo digital é enorme no Brasil. Então pensar em novas maneiras de compartilhar conhecimento na área de tecnologia pode ser um caminho muito produtivo e próspero para o país como um todo. Embora a tecnologia digital esteja gerando disrupções, há também um contrato social relacionado e baseado na solidariedade que pode nos ajudar a superar nossos desafios. A tecnologia pode trazer uma dimensão mais humana, porque as pessoas de todas as idades a utilizam, desde crianças até pessoas em idade de se aposentar. Precisamos fazer com que a tecnologia seja mais acessível, para que possa conectar as pessoas e se tornar mais compreensível para quem a usa."

Cris enxerga o sucesso do Vai na Web não apenas pelo ensino de novas tecnologias, mas por realmente entender a experiência vivida por aqueles jovens que podem não estar inicialmente receptivos ou interessados em continuar seus estudos:

"No Vai na Web, todo mundo trabalha duro para garantir que as pessoas não sejam rotuladas ou excluídas. Precisamos ser capazes de perceber o poder dos jovens para que nossa iniciativa cumpra seu potencial. Levamos muito tempo para ouvir os jovens de nossa comunidade, visando entender como podemos ajudá-los a se tornarem nativos digitais, fazendo o melhor uso da tecnologia que atende às necessidades sociais reais. Portanto, um dos pilares de nossa filosofia é que precisamos acreditar em nossa juventude e acreditar no poder profissional que nossa juventude tem. Acreditamos na nossa realidade, no nosso futuro e na tecnologia a serviço da humanidade. Não ensinamos apenas tecnologia, formamos graduados com habilidades profissionais e pessoais para que sejam mais felizes em suas vidas, não importa em que área venham a trabalhar."

Yago Dos Santos Cambinda é graduado pelo Vai na Web e é, no momento em que escrevíamos este livro, estagiário na IBM e estudante de sistemas de informação na universidade. Sua experiência com o Vai na Web é um testemunho daquilo que Aline, Cris, Desirée e a equipe estão alcançando. Como Yago explicou:

"Além do conhecimento técnico, desenvolvem-se as habilidades sociais. O treinamento abrange áreas sobre como devemos tratar uns aos outros, como podemos trabalhar juntos de modo eficaz, e essa foi uma das coisas que mais me ajudou como pessoa. Enquanto jovem aprendiz, uma empresa não está à procura de alguém com muito conhecimento, mas com vontade de aprender, e foi aí que o Vai na Web fez toda a diferença. É isso que as empresas estão procurando. A tecnologia é para as pessoas; não é de máquina para a máquina, é de máquina para os seres humanos. É essencial desenvolver habilidades socioemocionais. Todo programador é um empreendedor, sempre procurando resolver um problema. Isso é o que significa ser um empreendedor. O Vai na Web também me ajudou muito com esse aspecto, me colocando em contato com muitos empreendedores."

Cris enxerga o Vai na Web como uma plataforma em que a educação digital não é apenas o desenvolvimento de habilidades técnicas, como também o desenvolvimento de toda a pessoa. Para ela, o Vai na Web é sobre "realizar os nossos sonhos coletivos, pensar junto com os jovens, sonhar junto com eles. Existe um lugar fora do alcance de muitos jovens do nosso país, que é acreditar. Mas podemos acreditar na criação de um mundo melhor; acreditando não só em si mesmo, mas no trabalho em rede, em outras pessoas e em suas habilidades".

Cris está manifestando a essência fundamental da filosofia Deep Tech, na qual o foco está na elevação de todos. Ela enfatiza continuamente o papel determinante das famílias na comunidade, ou seja, a prática pedagógica do Vai na Web mobiliza e envolve explicitamente os familiares que podem não ter tido um membro da família inserido anteriormente no ensino superior, aspecto que ajuda os alunos a desenvolver a autoestima e a coragem de aprender. Como Cris reforça:

"O Vai na Web é uma mistura de emoção, compromisso, profissionalismo e o desejo de sonhar coletivamente. Temos a capacidade de sonhar e renovar nossos sonhos todos os dias. E a tecnologia é a ferramenta pela qual realizamos e materializamos esses sonhos. Nossos alunos aprendem o poder de sonhar. Aprender a programar conosco é como alçar voos altos, onde o céu nunca será o limite. A tecnologia é um caminho muito importante, um caminho humano, de grande respeito. Por isso, é essencial que as empresas reconheçam cada vez mais o lugar da juventude e a sua capacidade entusiasmada de apoiar a transformação dentro de uma organização.

"O Vai na Web tem uma visão de abundância, em que todos têm espaço, confiança e amor. O melhor professor do mundo é aquele que compartilha informações, porque, quando eles compartilham, também aprendem. Nossa visão é de tecnologia a serviço da sociedade. Transformamos o mundo por meio da tecnologia."

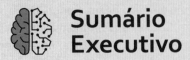

Sumário Executivo

- Deep Tech é uma nova visão de tecnologia, negócios, liderança, trabalho e vida, em que a deep technology é baseada em valores humanos universais e profundamente integrada à sociedade. Deep Tech é uma nova forma de ser, em que a tecnologia não é uma barreira, mas uma oportunidade para desenvolver todo o nosso potencial no trabalho, no lazer, na saúde e na educação.

- O gap de conhecimento digital é a disparidade entre aqueles que têm as habilidades e o conhecimento para alavancar a economia digital e aqueles que não têm.

- A diversidade tecnológica e a inovação são importantes para que as empresas se mantenham competitivas. Ter uma mão de obra mais diversificada pode ajudar as empresas a inovar mais e alcançar melhores resultados nos negócios. No final das contas, a indústria tecnológica não encontrará maneira de fazer com que mais mulheres se sintam bem-vindas ou confortáveis no local de trabalho, até que fique claro que esta é uma questão que a comunidade empresarial como um todo leva a sério.

- O cenário de impacto social é uma abordagem sistêmica para entender os contextos de impacto social dos negócios. Baseia-se na metáfora orgânica do cultivo a fim de ressaltar a natureza sistêmica das soluções que possibilitarão que as organizações cumpram autenticamente as obrigações ESG. Para que isso aconteça, é necessário que as organizações mudem: parar de pensar nas pessoas, como se estivessem em uma guerra por talentos, e passar a entender como podem cultivar deep talents.

- O Vai na Web é uma iniciativa que está transformando a vida de jovens adultos de comunidades vulneráveis no Brasil, dando-lhes a oportunidade de aprender a programar e a desenvolver suas habilidades tecnológicas e humanas como profissionais.

CAPÍTULO OITO

A Qualidade dos Nossos Relacionamentos

SEPARAÇÃO E DESCONEXÃO

Partindo da filosofia de muitos pensadores, a começar por Karl Marx, que previu o papel que o conhecimento desempenharia na produção, Peter Drucker apresentou em 1993 uma visão de mundo em que uma nova era impactaria a economia mundial. Esta seria a *sociedade do conhecimento*, uma era baseada nas características diferenciadoras dos seres humanos para criar e inovar, gerando assim valor competitivo às organizações.[179] Essa visão previu a ascensão do trabalhador do conhecimento, e um mundo de trabalho em que as máquinas seriam servas das pessoas. Apesar de todos os progressos que a sociedade do conhecimento gerou, isso não nos possibilitou solucionar muitos problemas complexos, e elevar a humanidade a um nível mais alto de prosperidade e igualdade, ao contrário da observação de Drucker de que "pessoas ricas... quase deixariam de ser importantes".[180]

Para que isso aconteça, precisamos nos transformar de uma sociedade do conhecimento para uma nova era de sabedoria. Atualmente, faz-se necessária a expansão de nossa consciência e a vivência personificada dos valores humanos universais. Acreditamos que agora temos uma grande oportunidade de expandir nossa consciência e percepção de nós mesmos e do propósito de nossa existência, proporcionando a oportunidade de melhorar o modo como gerenciamos os recursos, criando uma nova forma qualitativa de valor que seja cada vez mais inclusiva e que traga prosperidade a todos.

Uma possível resposta para a questão de como podemos progredir rumo à era da sabedoria pode ser encontrada observando a natureza e os 4,5 bilhões de anos de existência da Terra.[181] Neil deGrasse Tyson, cientista que reviveu e atualizou a série *Cosmos* (escrita originalmente e narrada pelo cientista planetário e astrofísico Carl Sagan), lembra-nos de que o passado tem muito a nos dizer sobre nosso futuro:

"Em um aspecto, estamos à frente do povo da Mesopotâmia Antiga. Ao contrário deles, entendemos o que está acontecendo com o nosso mundo. Por exemplo, estamos emitindo gases de efeito estufa para nossa atmosfera a uma taxa nunca antes vista na Terra por 1 milhão de anos. E o consenso científico é que estamos desestabilizando nosso clima. No entanto, nossa civilização parece estar em estado de negação; uma espécie de paralisia. Há uma desconexão entre o que sabemos e o que fazemos. Sermos capazes de adaptar nosso comportamento aos desafios é uma definição de inteligência tão boa quanto qualquer outra que eu conheço."[182]

Quando levamos nosso raciocínio das civilizações humanas para o mundo natural, encontramos inúmeras formas diferentes pelas quais o reino animal usa a tecnologia para sobrevivência e proteção. Como descrevemos no Capítulo Seis, é realmente possível pensar a tecnologia como sendo uma parte da natureza. Por exemplo, cupins constroem torres de lama capazes de regular o calor; formigas têm colônias para cultivar fungos em seus jardins; e pássaros usam gravetos, galhos e pedaços de madeira para construir seus ninhos.

Uma pergunta importante para nós, como humanidade, é: enxergamos a tecnologia como parte da natureza ou vemos a tecnologia como separada e desconectada da natureza? Uma série de estudos existentes já sinaliza a desconexão entre as pessoas e a natureza, e entre as pessoas e outras pessoas. Por exemplo, em 2021, o Dia da Sobrecarga da Terra caiu no dia 29 de julho.[183] Esse dia marca a data em que a humanidade esgotou os recursos naturais em um ano. Ou seja, pelo resto do ano, estamos mantendo nosso déficit ecológico, reduzindo os estoques de recursos locais e acumulando dióxido de carbono na atmosfera.

Um segundo indicador de nossa desconexão são os níveis globais de pobreza e desigualdade de distribuição de renda. Os números mais recentes do Banco Mundial estimam que 9,2% da população mundial (689 milhões de pessoas) viviam abaixo da linha internacional da pobreza (IPL) em 2017. Mais de 60% das pessoas mais pobres do mundo vivem na África Subsaariana, 41% têm a maior taxa de pobreza regional. Cerca de um quarto da população mundial (24,1%; 1,8 bilhão de pessoas) vive com menos de US$3,20/dia, enquanto quase metade (43,6%; 3,2 bilhões de pessoas) vive com menos de US$5,50/dia.[184]

Definimos sustentabilidade como "a qualidade dos nossos relacionamentos", e esses dados estatísticos se relacionam com a baixa qualidade coletiva dos relacionamentos com o nosso ambiente, a baixa qualidade em nossos relacionamentos com outras pessoas e a baixa qualidade do relacionamento que temos conosco.[185] Ao nos desconectarmos, nos afastamos de tudo o que é natural para nós — nossas habilidades de ser resilientes, sobreviver e estar presentes e atentos ao meio ambiente. Ao nos desconectarmos da natureza, passamos a vivenciar grandes problemas, não mais convivendo de forma saudável e evolutiva. Por essa razão, Deep Tech é um jeito de ser no qual nos reconectamos com nós mesmos, com outras pessoas e com a totalidade e existência da vida.

RELACIONAMENTOS E EMPATIA EM REDES HUMANAS

Em fevereiro de 2019, a Apple anunciou Deirdre O'Brien como vice-presidente sênior de Retail + People [Varejo + Pessoas, em tradução livre]. Criou-se esse cargo para que as responsabilidades de O'Brien por outros cargos de pessoas na Apple passassem a abarcar e a liderar o alcance global de varejo da empresa, focando a conexão entre clientes, pessoas e os processos que os atendem. Ao comentar sobre a recente nomeação, o CEO da Apple, Tim Cook, comentou que, "Na Apple, acreditamos que nossa alma é nosso pessoal, e Deirdre entende as qualidades e os pontos fortes de nossa equipe melhor do que ninguém".[186]

A expressão "employee experience" é creditada ao Dr. Kaveh Abhari, que começou a perceber em 2007 que as marcas que proporcionaram experiências excepcionais ao consumidor foram as que mais investiram em seus funcionários. Abhari também descobriu que as customer experiences positivas impactam employee experiences mais positivas, pois conseguem extrair mais significado de seu trabalho.[187] Assim como a customer experience é a soma total de todas as experiências que um consumidor ou cliente tem com uma organização, a employee experience é a soma total de suas experiências com seu empregador durante seu tempo em uma organização específica. Os departamentos de RH que gerenciam conscientemente a employee experience o fazem dividindo em cinco estágios principais — recrutamento, integração, desenvolvimento, retenção e demissão. Sua efetividade reside não apenas na maneira como essas organizações têm uma visão mais holística das carreiras, engajamento e experiência de seus funcionários, como também na forma como os departamentos de RH entendem a contribuição da tecnologia na experiência, desempenho e retenção dos funcionários.

Sendo assim, as equipes de RH têm um papel fundamental a desempenhar na estratégia de sua organização, garantindo que os funcionários tenham a tecnologia certa, informações e ferramentas analíticas avançadas disponíveis para realizarem seus trabalhos, além de trabalhar mais estreitamente com os departamentos de TI a fim de garantir um melhor alinhamento nos programas de transformação digital.[188] Dentro da nossa concepção Deep Tech, o papel dos profissionais de RH se expande para desempenhar papéis proativos no desenvolvimento do Deep Tech Discovery, contribuindo junto com a liderança para o alinhamento e a divulgação de metas e iniciativas estratégicas, usando seus conhecimentos em psicologia e ciências humanas para desenvolver o domínio da experiência vivida nas áreas de design e liderança.

Não é possível implementar uma grande iniciativa de transformação digital em toda a organização sem considerar a dimensão humana. A transformação digital e a transformação cultural são duas faces da mesma moeda. Por esse motivo, propomos que o RH se transforme fundamentalmente de um departamento operacional em um de importância estratégica central, assim como na Apple. Ao assumir a responsabilidade pela introdução e sustentação dos valores humanos, o RH pode ter um impacto ainda mais significativo, ajudando as pessoas a prosperar e contribuir para o desenvolvimento da capacidade de reinvenção e adaptação da organização amplificada, aumentando a criatividade coletiva, o pensamento sistêmico, a colaboração e a comunicação.

Qualquer programa de transformação digital tem que estar fundamentalmente preocupado com as redes de pessoas que serão impactadas pelas mudanças, aplicações e plataformas que estão sendo propostas. O modo como melhoramos a qualidade de nossos relacionamentos em rede é por meio da prática constante da empatia, entendendo as características únicas, a experiência vivida e as histórias de vida dos outros. Como vimos no Capítulo Dois, os valores humanos universais expressam quem somos como seres humanos, sendo o alicerce para relacionamentos sustentáveis e de alta qualidade. Eles são universais na medida em que formam os fundamentos éticos de cada grupo de pessoas — famílias, comunidades e organizações, por exemplo —, pois possibilitam nos conectar, nos comunicar e interagir de maneira coletiva e harmoniosa para alcançar nossos objetivos comuns. Quando os valores estão presentes em uma organização, o diálogo autêntico é possível, permitindo que equipes e grupos superem problemas complexos, mesmo em tempos de grande mudança.

Relacionamentos sustentáveis, portanto, são aqueles em que todas as relações recebem atenção e cuidado, considerando suas peculiaridades. Os processos de mudança são bem-sucedidos não quando buscamos mudar as outras pessoas, mas quando procuramos mudar nossos *relacionamentos* com outras pessoas. Melhorar a qualidade dos relacionamentos em nossas redes nos ajuda a ampliar nossa compreensão da resiliência, qualidade essencial, sobretudo quando os processos de mudança atingem seus momentos mais desafiadores. Quando nos conhecemos e interagimos com base nos valores humanos, somos mais capazes de passar por mudanças, dificuldades e adversidades de forma mais ativa e segura. A resiliência é mais do que apenas uma qualidade individual; é também um atributo coletivo resultante de relacionamentos de alta qualidade entre os indivíduos.

É interessante observar que os sistemas naturais têm a qualidade sistêmica de resiliência, que proporciona sobrevivência e evolução. Um exemplo é o ciclo de vida de uma ameba chamada *slime mould*.[189] Esse ser vivo é um organismo fascinante de se estudar, pois tem duas fases distintas no ciclo de vida. Quando o alimento é abundante, na forma de bactérias, essa espécie existe como ameba de vida livre independente. No entanto, assim que a comida se torna escassa, algo bastante extraordinário acontece; a ameba antes independente começa a agir como um todo coerente. Após algumas horas, algumas das amebas começam a se agregar em torno das células que atuam como centros que enviam sinais químicos (Figura 8.1).[190]

FIGURA 8.1 Agregação da Slime Mould

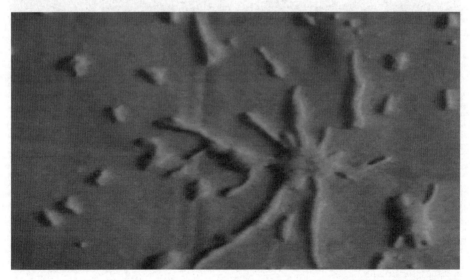

Em torno de cada centro, milhares de células se unirão e começarão a formar um novo organismo multicelular. Células anteriormente idênticas começarão a se diferenciar em tipos específicos de células, formando um corpo frutífero (Figura 8.2). Esse novo organismo consiste em uma base, um talo que se ergue da base e um corpo frutífero composto de uma bola de esporos vivos. Esse novo ser não precisa de tanto alimento nesse formato porque cada indivíduo se "transformou" em um novo tipo de órgão e exige menos alimento para sobreviver.

FIGURA 8.2 Corpo Frutífero da Slime Mould

Quando o alimento volta a ser abundante no ambiente, o organismo se separa, e as amebas voltam a ser indivíduos livres e independentes. Para garantir a sobrevivência, a ameba se transforma em um novo ser capaz de superar mudanças ambientais, ou seja, períodos de escassez de alimentos, demonstrando uma alta qualidade de relacionamento que resulta em resiliência coletiva. Esse comportamento da slime mould inspirou o design de sistemas de gestão mais resilientes dentro das organizações humanas. Um exemplo é o Sistema de Gestão Amoeba, criado pelo executivo japonês Kazuo Inamori, fundador da Kyocera.[191] O sistema foi criado para evidenciar o melhor das pessoas nos momentos em que é preciso encontrar soluções para novos problemas. Pessoas de todas as partes da organização se reúnem temporariamente para encontrar a solução de um problema e, depois de alcançar o resultado, se separam.

Podemos aprender algumas lições importantes com o comportamento da slime mould, observando uma série de características essenciais, como:

- Diante da mudança no ambiente externo e da necessidade de resposta coletiva, o sistema se auto-organiza, com base na "confiança" entre os indivíduos.
- A informação flui livremente por todo o sistema.
- Em tempos de escassez, as entidades individuais são capazes de passar por uma rápida transformação.
- Novas estruturas surgem de forma que não pode ser determinada simplesmente por um estudo das partes individuais. Uma célula se transforma em um novo tipo de célula e assume novas funções.
- Todas as células contribuem para o sucesso da comunidade.

Quando pensamos nas organizações como sistemas vivos, nossa perspectiva muda para uma em que podemos contemplar o mundo como interconectado, interdependente e auto-organizado. John Bonner, biólogo norte-americano que estudou a slime mould por muitas décadas, disse que ainda temos muito a aprender com essa forma de vida singela. É possível assistir a algumas de suas imagens de vídeo sobre o organismo no YouTube.[192] Ao assisti-las, é interessante fazer as seguintes perguntas:

- Por que as pessoas não conseguem se comportar como a slime mould em tempos de mudança ou dificuldades?
- Em quais condições o comportamento da slime mould pode ocorrer em nossos sistemas e interações humanas?
- Quais são os valores humanos situacionais necessários para que a resiliência sistêmica ocorra?

Às vezes, uma das barreiras para se ter relacionamentos de alta qualidade é a dificuldade que temos em entender a maneira como a experiência de vida das outras pessoas é qualitativamente diferente da nossa. Costumamos enxergar as outras pessoas a partir do nosso próprio contexto de vida e, quando não conseguimos expandir essa visão, acabamos julgando comportamentos e atitudes de uma forma muitas vezes imprecisa. Entendemos que as pessoas podem ter opiniões divergentes, mas não fica claro para nós que essas diferenças são baseadas em histórias e experiências que são muito diferentes das nossas. Por essa razão, trabalhar ativamente com o conceito de experiência vivida pode ser poderoso e transformador.

Com o objetivo de expandirmos nossa visão e desenvolvermos o tipo de resiliência sistêmica vista no comportamento da slime mould, precisamos praticar empatia. Pode haver ocasiões e contextos em que as pessoas não são capazes de praticar empatia espontânea ou naturalmente, sobretudo durante tempos de mudança em uma organização, quando muitos fatores desconhecidos podem estar contribuindo para uma sensação geral de medo e estresse. O que precisamos fazer é encontrar um modo de refletir sobre como cada um de nós entende e qualifica os relacionamentos com tudo o que está ao nosso redor, incluindo a tecnologia.

Podemos fazer isso, começando pela criação de um mapa de relacionamento para nos ajudar a pensar além daqueles colegas, equipes e pessoas com quem trabalhamos mais de perto, e em relação às nossas redes mais amplas de amigos, familiares, colegas, conhecidos e também pessoas ainda não conhecidas, mas que gostaríamos de conhecer e ter uma conexão (Figura 8.3). O mapeamento de relacionamento nos possibilita criar uma imagem visual dos relacionamentos importantes para nós, que nos ajudarão a crescer e nos desenvolver em nossas jornadas profissionais e pessoais. Ao mapear esses relacionamentos, é possível identificar as áreas que exigem melhoria e o tipo de ação necessária.

FIGURA 8.3 Mapa de Relacionamentos

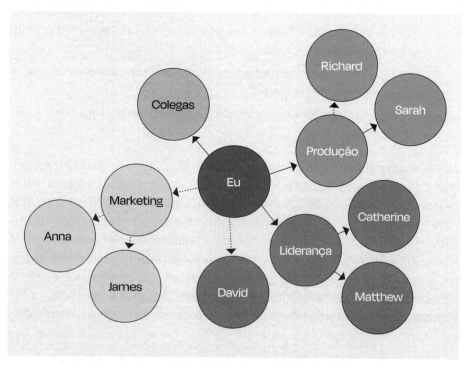

O conceito geral de um mapa de relacionamento é usar cada conexão para estimular novas ideias. Desenhar esses mapas revela a qualidade de nossos relacionamentos e o nível de cuidado que temos com cada uma das pessoas representadas. O exercício viabiliza que as pessoas aprofundem e fortaleçam seus relacionamentos com algumas mudanças simples nas rotinas e nos comportamentos.

Os mapas de relacionamento são criados colocando seu nome em um círculo no meio de uma folha de papel em branco. Em seguida, adicionam-se círculos em torno do seu, rotulando-os com os nomes de pessoas, empresas, aliados, consumidores, fornecedores, associações etc., que são importantes para o seu sucesso. Em alguns casos, podem ser pessoas ou entidades que você ainda não conhece, mas com as quais você gostaria de iniciar um relacionamento. Depois, traça-se uma linha entre você e a pessoa/entidade para representar seu relacionamento com ela. Uma linha contínua representa um relacionamento forte, uma linha tracejada representa um relacionamento estabelecido, mas que precisa de fortalecimento, e nenhuma linha representa um relacionamento que precisa ser cultivado. Com a prática, os mapas de relacionamento podem se tornar mais detalhados em sua estrutura, ajudando as pessoas a entender e explorar cenários mais complexos.

Após desenhar um mapa de relacionamento, podemos fazer as seguintes perguntas:

- Quais são os relacionamentos importantes necessários para alcançar meus objetivos profissionais e de vida?
- O que preciso fazer para fortalecer meus relacionamentos existentes?
- O que preciso fazer para iniciar relacionamentos importantes, mas que ainda não estão estabelecidos?
- O que posso fazer praticamente para que meus relacionamentos tenham uma qualidade ainda maior?

Os mapas de relacionamento também podem ser usados como uma ferramenta para respaldar as conversas entre líderes e membros de suas equipes, esclarecendo os relacionamentos que cada pessoa tem. Os mapas também facilitam as discussões sobre como as equipes podem se comportar para melhorar a qualidade de seu trabalho e projetos de design, e para que isso seja realmente eficaz, elas devem ser orientadas com uma compreensão empática das necessidades e maneiras de ver daqueles que participam da conversa.

FIGURA 8.4 Canvas do Mapa da Empatia

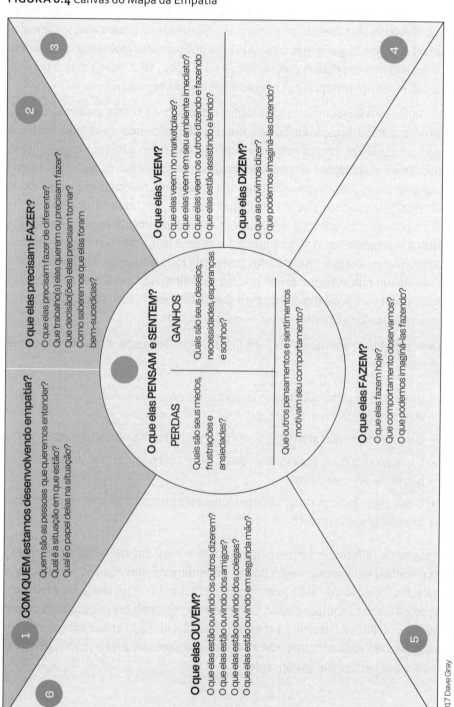

©2017 Dave Gray

Para ajudar as equipes a desenvolver uma compreensão aprofundada e empatia por outras pessoas, Dave Gray criou o mapa da empatia.[193] (Figura 8.4). Tem sido usado em muitos contextos diferentes, como conhecer mais sobre as necessidades, atitudes e opiniões dos clientes, melhorar a customer experience e entender melhor as pessoas e os modelos mentais presentes em uma organização, a fim de desenvolver equipes, projetar ambientes de trabalho e melhorar a employee experience.

Um dos grandes desafios da prática da empatia é que as pessoas muitas vezes deduzem que a maneira como percebem e experienciam a realidade é exatamente a mesma que as outras pessoas. O poder do mapa reside no modo como ele estrutura diferentes questões relacionadas com a forma como as pessoas pensam e sentem-se sobre determinadas situações, que muitas vezes serão percebidas de maneiras notoriamente diversas. Em tempos de mudança e transformação, a prática da empatia se torna ainda mais relevante. A razão é que, no contexto de incerteza, as pessoas geralmente se fecham e não expressam como estão se sentindo por medo ou ansiedade, e isso pode prejudicar o desempenho individual e também de toda a equipe.

Como qualquer ferramenta, existem diretrizes sobre como o mapa da empatia pode ser melhor utilizado. Gray explica como trabalhar com o mapa da empatia da seguinte maneira:

1. Comece com a seção de OBJETIVOS, definindo quem será o assunto do Mapa da Empatia e seu objetivo: algo que precisam fazer. Isso deve ser definido em termos de um comportamento observável.
2. Após esclarecer o objetivo, trabalhe no sentido horário ao redor da tela, até que você tenha contemplado VER, DIZER, FAZER e OUVIR. A razão para isso é que o processo de se concentrar em fenômenos observáveis (coisas que as pessoas veem, dizem, fazem e ouvem) nos possibilita entender as experiências e perspectivas das pessoas. Isso nos dá a chance de imaginar como seria a experiência delas, para nos dar uma noção de como é "ser elas".
3. Somente depois de ter feito o caminho das seções externas, concentre-se no que está acontecendo na cabeça das pessoas, um dos aspectos mais importantes do design do mapa. A ideia principal é imaginar como é estar dentro da cabeça de outra pessoa. Esse foi e é o principal poder do exercício de mapeamento.[194]

O mapeamento da empatia é um processo vital para a ideação e o design de soluções Deep Tech, bem como na gestão de pessoas. Ou seja, é uma das ferramentas mais fundamentais para a customer experience e para o design da employee experience. A eficácia se dá por meio do fornecimento de um framework estruturado para explorar as diferentes questões necessárias a fim de construir um panorama tão completo quanto possível sobre pensamentos, sentimentos e ações dessas pessoas em nossas esferas imediatas.

Tendo concluído um Mapa da Empatia e refletido sobre os sentimentos e pensamentos que influenciam o comportamento das pessoas, pode-se criar um plano de ação com base no que foi observado no mapa. Isso possibilita que os líderes, por exemplo, definam a melhor maneira de lidar com as ansiedades, medos e objetivos de aprendizagem de seus membros da equipe, fortalecendo assim os relacionamentos.

Ao realizar esse exercício de empatia, designers e líderes são capazes de entender claramente os sofrimentos e problemas que as pessoas passam, em vez de tentar minimizá-los. Toda jornada de mudança começa com o autoconhecimento. Antes de podermos aprender a liderar, inspirar e envolver outras pessoas, devemos primeiro aprender a nos ajudar e, para isso, precisamos de autoconhecimento.

AUTOCONHECIMENTO

Normalmente, é incomum que as pessoas nas organizações sejam incentivadas a reservar um tempo de seus horários de trabalho ocupados para refletir e entender como as muitas situações desafiadoras que passam impactam suas vidas, como a primeira vez que se mudaram de casa, cidade ou país, a perda de entes queridos ou uma mudança significativa na carreira. Em um ambiente corporativo, é ainda mais raro ter tempo e espaço para parar e refletir em conjunto sobre nossas histórias de vida pessoal, como nos tornamos as pessoas que somos hoje e os caminhos que temos percorrido. Quando dedicamos tempo para nos concentrarmos em nossas jornadas pessoais, os resultados podem ser positivos e extremamente gratificantes. Passamos a reconhecer nossos pontos fortes e aquelas áreas que exigem melhorias, e nos tornamos os protagonistas de nossas histórias de uma maneira mais consciente.

Apesar de nos desafiar, esse processo de autoconhecimento também nos cativa. Muitos filmes que nos tocam emocionalmente são aqueles com heróis em conflito consigo mesmos, ou um personagem que se encontra em uma situação desafiadora no início de sua história. Em alguns filmes, a identidade do protagonista é definida pela qualidade da disciplina à medida que desenvolve o autoconhecimento, como em *Star Wars*, quando o personagem principal Luke Skywalker é treinado pelo Mestre Yoda. Outros filmes apresentam personagens principais que descobrem qualidades inesperadas dentro de si em tempos de necessidade e mudança.

Cada um de nós é único, e temos a própria maneira de enxergar as coisas, uma janela através da qual vemos o mundo. Esta "janela" é de fato o modelo mental com o qual entendemos a realidade. O conceito "modelo mental" se refere às estruturas, paradigmas, ideias, suposições e crenças que construímos ao raciocinar sobre situações e aceitar ou refutar conclusões. Segundo Philip Johnson-Laird: "Cada modelo mental representa uma possibilidade, captando o que é comum às diferentes maneiras pelas quais a possibilidade poderia ocorrer."[195] Tudo é resultado de nossa educação e experiência de vida. Como cada um de nós tem a própria história de aprendizagem, cada um de nós faz uma "leitura" diferente e individual da realidade, enxergando o mundo através das próprias janelas individuais. As particularidades de cada janela são exclusivas de cada pessoa e são maiores ou menores, dependendo da quantidade de conhecimento e experiência aprendida.

Estudos cognitivos demonstraram que nossos modelos mentais podem limitar a qualidade de nosso raciocínio, devido ao fato de que as pessoas não buscam contraexemplos para seus modelos mentais espontaneamente. Marco Ragni e Markus Knauff, por exemplo, obtiveram evidências para sustentar a suposição teórica de que as pessoas têm preferência por modelos mentais simples e normalmente apenas constroem um em vez de diversos modelos mentais por meio dos quais testem suposições e raciocínio dedutivo.[196]

Quando nos tornamos conscientes de como nossos modelos mentais impactam o modo como enxergamos o mundo, somos capazes de nos entender melhor, sabendo que não podemos "enxergar" a totalidade das coisas. Estamos mais preparados para ouvir os outros — pessoas que têm uma "janela" diferente da nossa e que podem, portanto, nos complementar. Isso nos permite desenvolver mais humildade, entendendo que precisamos ampliar nossa visão de situações, contextos e pessoas antes de avaliar uma situação e chegar a conclusões sobre elas.

Bruce Lee escreveu extensivamente sobre o tema do autoconhecimento. Ele estudou kung fu em Hong Kong com o lendário Mestre Yip Man. Embora seja mais famoso pela carreira na televisão e no cinema, que durou sete anos, ele também estudou filosofia na Universidade de Washington.

Desde tenra idade, Lee escreveu prodigiosamente sobre uma série de tópicos que atraíram seu interesse. Suas ideias ajudaram a energizar sua vida e carreira e possibilitaram que ele vivesse uma vida feliz e plena, superando obstáculos desafiadores com aparente facilidade. Lee morreu em 1973, aos 32 anos de idade. E foi apenas em 2000 que o livro *Striking Thoughts: Bruce Lee's Wisdom for Daily Living* [Pensamentos Impactantes: A Sabedoria de Bruce Lee para a Vida Diária, em tradução livre] foi publicado, englobando setenta tópicos como realização, adversidade, superação de desafios, sucesso e libertação pessoal.[197] Concluímos este capítulo com insights e inspiração, oriundos de alguns dos pensamentos mais impressionantes de Lee sobre autoconhecimento e como eles se relacionam com projetos Deep Tech e iniciativas de transformação.

1) O autoconhecimento envolve relacionamento

Trabalhar com empatia e mapeamento de relacionamento em diversos programas de mudança de longo prazo possibilita que as pessoas desenvolvam empatia e uma consciência mais aprofundada sobre o impacto de sua linguagem corporal inconsciente e comportamentos nos outros, ao mesmo tempo em que as ajuda a reconhecer as necessidades emocionais dos outros durante os momentos de transformação organizacional.

2) Criticar os outros é mais fácil do que conhecer a si mesmo

Os programas de transformação digital e cultural precisam fornecer espaço para as pessoas praticarem o diálogo.

Quando as conversas se tornam acaloradas, emocionais e conflituosas, as pessoas podem tentar impor seus pensamentos sem pensar. Quando aprofundamos nosso nível de autoconhecimento, desenvolvemos a capacidade de perguntar a alguém por que esse alguém pensa da maneira que pensa, em vez de nos opormos automaticamente a eles para "vencer".

3) A verdadeira visão leva a novas descobertas e à descoberta de nossa potencialidade

Ao praticarmos o diálogo genuíno, conseguimos nos afastar de forma consciente de enxergar apenas nossa própria perspectiva para pensar melhor sobre a perspectiva de outrem. A capacidade de participar do diálogo nesse nível é uma habilidade poderosa para designers de tecnologia, designers de experiência e líderes.

4) A dependência de outros para se ter autoestima reduz a autossuficiência

Quando desenvolvemos um grau autêntico de autoestima, somos mais capazes de nos concentrar no trabalho a fazer, em vez de perder tempo e energia tentando obter a aprovação dos outros. Isso não significa agir sem cuidado ou respeito pelos outros. A autoestima é um exemplo de valores humanos universais na prática.

5) O autoconhecimento é a verdadeira maestria

Antes que possamos superar nossos desafios externos e alcançar todos os objetivos que temos, precisamos olhar para dentro de nós mesmos. Quando temos essa paz interior, analisamos as situações com mais precisão e damos sentido ao que está acontecendo e, assim, podemos inspirar as pessoas ao nosso redor.

No próximo capítulo, examinaremos o domínio pessoal e como ele se relaciona com as práticas de design de consciência Deep Tech.

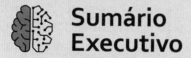

Sumário Executivo

→ A maneira como enxergamos o mundo é baseada em nossa experiência vivida. A fim de melhorar nossos relacionamentos e a resiliência do sistema, devemos nos conscientizar das muitas histórias de vida únicas e experiências vividas das pessoas ao nosso redor, e procurar compreendê-las.

→ O conceito de experiência vivida está estritamente relacionado ao conceito de empatia, que é a capacidade de compreender e compartilhar os sentimentos dos outros. A empatia é uma capacidade essencial às relações humanas. É a capacidade de se colocar no lugar das outras pessoas e reconhecer suas perspectivas, de compreender o ponto de vista da outra pessoa e de vivenciar seus sentimentos. A empatia é uma qualidade vital nos relacionamentos que temos com os outros, e também uma qualidade necessária no relacionamento que temos conosco.

→ O departamento de RH tem um papel fundamental a desempenhar na employee experience, e esta tem um papel fundamental a desempenhar na customer experience. O papel estratégico do departamento de RH está mudando na era digital. Os departamentos de RH não são mais apenas responsáveis pelo recrutamento, treinamento, desenvolvimento de pessoal e relações com os funcionários, eles também são responsáveis, juntamente com os líderes, pela employee experience — a soma total de todas as interações que um funcionário tem com o empregador.

→ O poder da empatia nos possibilita entender a perspectiva dos outros. É uma ferramenta essencial na concepção de soluções Deep Tech e na gestão de pessoas.

→ O autoconhecimento é fundamental para as práticas de design consciente Deep Tech. É o primeiro passo para entender, ter empatia, servir e inspirar os outros.

CAPÍTULO NOVE

O Domínio Coletivo da Deep Tech

A EVOLUÇÃO DO DESIGN THINKING

Definimos "design" como criação proposital por meio de habilidades artísticas e técnicas. Nossa abordagem de design Deep Tech sempre inclui pensar nossa experiência vivida de tecnologia e seu impacto no bem-estar material das pessoas, bem como o impacto em nossa vida interior.

Nos últimos vinte anos, o design thinking se tornou popular como forma de inserir mais pensamento criativo e inovação em organizações que não eram anteriormente orientadas a design. A ênfase está no desenvolvimento de uma abordagem multidisciplinar que reúna pessoas de diferentes origens para resolver problemas corporativos e organizacionais usando os mesmos processos que os designers tradicionais sempre usaram no desenvolvimento de produtos e serviços, como carros, aparelhos elétricos, sistemas de computador etc.

Todas as variantes do design thinking incorporam os mesmos princípios, descritos pela primeira vez pelo Prêmio Nobel Herbert Simon em *The Sciences of the Artificial* [A Ciência do Artificial, em tradução livre], em 1969. Um exemplo é o popular modelo de cinco fases proposto pelo Instituto de Design Hasso Plattner, em Stanford:

Empatia — com os usuários.

Definir — as necessidades dos usuários, seu problema e seus insights.

Fazer a ideação — questionando suposições e criando ideias para soluções inovadoras.

Fazer o protótipo — para começar a criar soluções.

Testar — as soluções.[198]

Um dos principais equívocos do design thinking tem sido a maneira como foi reduzido a uma metodologia própria, o que significa que o pensamento de design thinking se perdeu. Por essa razão, como vimos no Capítulo Quatro, nossa fase de Deep Tech Discovery em projetos de design envolve um componente educacional para expandir o entendimento das pessoas sobre os conceitos básicos Deep Tech, além de uma exploração multidisciplinar da problemática. Assim, usamos uma definição mais diferenciada de design thinking com três dimensões interconectadas:

1. Mentalidade de inovação que entende o valor do design.
2. Abordagem de design democrática, envolvendo pessoas que não são designers.
3. Coleção de metodologias e ferramentas usadas no design de produtos e serviços que são utilizadas na busca de soluções para problemas complexos em todos os tipos de organização.

Quando visto dessa perspectiva mais expandida, fica mais fácil compreender o impacto positivo que pode ser alcançado trabalhando com o design thinking como metodologia. Shane Ketterman, user experience designer e pesquisador, apresentou os principais benefícios para empresas e organizações:

Inclusividade: os processos democráticos reduzem a lacuna entre designers e usuários, ajudando a criar soluções diversificadas.

Compreensão: os designers têm como objetivo descobrir as verdadeiras causas dos problemas.

Diferentes vozes: a inclusão de pessoas de diferentes origens em sessões de brainstorming para aumentar a criatividade.

Risco reduzido: questionar o problema, questionar premissas e questionar as repercussões.[199]

Nos últimos anos, o design thinking como prática tem sido alvo de críticas devido à maneira pela qual o objetivo da inclusão muitas vezes não é alcançado de forma autêntica. Outras críticas focam o modo como pode haver a ausência de pensamento sistêmico na obtenção de soluções. Muitos designers conscientes estão explorando a maneira pela qual o design thinking pode evoluir para se tornar genuinamente inclusivo.

O Creative Reaction Lab, por exemplo, foi pioneiro no Equity-Centred Community Design [Design Comunitário Orientado à Equidade, em tradução livre], um framework criativo de resolução de problemas baseado em "equidade, desenvolvimento de humildade, integração da história e práticas que promovem cura, levando-se em conta as dinâmicas de poder e cocriação com a comunidade".[200] Como ressaltado em sua teoria da mudança: "Segundo o US Census Bureau, até 2050, as comunidades negras e latinx constituirão quase 40% da população dos Estados Unidos e, atualmente, muitos são jovens. No entanto, essas comunidades enfrentam desigualdades raciais e de assistência médica desproporcionais que restringem o crescimento social, econômico e cultural. Enquanto os jovens negros e latinx querem melhorar o bem-estar para si mesmos e suas famílias, amigos, comunidades e cultura, eles sentem que não são ouvidos, que não têm apoio ou são excluídos das oportunidades de amplificar seu poder e trabalhar rumo aos direitos igualitários".[201]

Por esse motivo, sua abordagem de design foca tanto o modelo mental quanto a experiência vivida daqueles que eles estão procurando ajudar:

"Quando falamos sobre Equity-Centred Community Design e apoiamos sua integração na prática das pessoas, afirmamos incisivamente que estamos promovendo uma mudança de mentalidade em vez da adoção de um processo. Embora a integração inicial possa parecer um simples preenchimento de uma lista de tarefas, para realmente centralizar a equidade e a experiência vivida na prática diária, precisamos chegar a um lugar onde as perguntas sobre poder, inclusão, identidade e equidade estejam consistentemente presentes em nossas mentes."[202]

A abordagem do Creative Reaction Lab ressalta a importância que as diferentes visões de mundo desempenham para ajudar a tornar o processo de design genuinamente mais inclusivo. O design thinking está agora evoluindo para integrar práticas e princípios de pensamento sistêmico, sem a necessidade de pensar neles como disciplinas separadas com comunidades separadas.

Sarah Gibbons, designer-chefe do Nielsen Norman Group, explica o processo de design thinking em termos de um framework que segue um fluxo geral de i) entender, ii) explorar e iii) materializar (Figura 9.1).[203] Como o processo de design thinking é iterativo e não linear, Gibbons define seis fases dentro desses fluxos maiores: empatia, definição, ideação, protótipo, teste e implementação.

Um dos principais desafios que as organizações enfrentam é como estruturar equipes, departamentos e laboratórios de inovação orientados a cliente etc. O diagrama de Gibbons é importante pela forma como estende os modelos típicos de pensamento de design, passando a incluir uma fase final com foco na materialização e implementação daquilo que foi ideado e testado. Quando o design thinking é visto como função de um departamento de inovação, o risco é que o investimento de uma organização em design thinking seja focado principalmente na fase de ideação, com projetos nunca sendo implementados. Isso ocorre, pois, muitas vezes, há uma falha em integrar o propósito de iniciativas de design thinking e engajar pessoas e departamentos que têm interesse em sua implementação, lançamento e sucesso.

FIGURA 9.1 Processo de Design Thinking

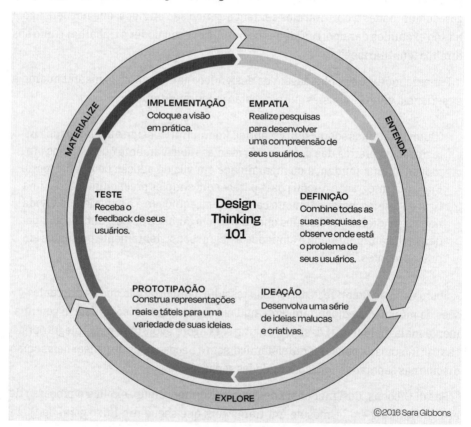

A questão de onde situar a experiência em design thinking é fundamental para qualquer organização devido às quatro maneiras pelas quais o design thinking pode não conseguir alcançar todo seu potencial:

1. O design thinking ocorre no departamento de pesquisa e design de uma organização sem qualquer envolvimento de representantes de desenvolvimento de negócios ou marketing de produtos. Nesses casos, não importa o quanto a qualidade da pesquisa seja boa, ela não conseguirá encontrar um patrocinador comercial.
2. O design thinking ocorre com o envolvimento de equipes comerciais e de produtos, mas, em seguida, não consegue fazer uma entrega adequada para os responsáveis pelo gerenciamento do ciclo de vida do produto e do cliente. Nesses casos, os insights podem não ser divulgados de forma apropriada e, é claro, sempre há questões políticas, como a síndrome do "não inventado aqui".
3. O design thinking não é gerenciado por alguém totalmente qualificado em design. Nesses casos, os membros de uma organização podem participar de workshops de design thinking que geram muita energia e entusiasmo, só que não ocorre nenhuma aprendizagem real de design que seja efetivamente integrada à cultura organizacional devido ao nível de superficialidade do workshop.
4. O design thinking é utilizado em alguma forma de projeto Deep Tech, mas, devido à novidade e à complexidade dos novos conceitos que estão sendo introduzidos, a iniciativa não consegue alcançar o alinhamento da qualificação dos termos principais ou um acordo sobre o propósito e a proposta de valor.

Como um chefe anônimo do Departamento de Engenharia Industrial da Universidade de Yale (e que não era o Einstein) disse em meados da década de 1960: "Se eu tivesse apenas uma hora para resolver um problema, gastaria até dois terços dessa hora na tentativa de determinar qual é o problema."[204] As fases de descoberta de projetos de design Deep Tech devem ter recursos e suporte adequados, com tempo dedicado a tanto estudar o problema quanto ajudar os membros da equipe não especialista a entender a questão com uma investigação mais completa possível. E, como temos ressaltado incessantemente, a descoberta deve estar totalmente alinhada com o mapa estratégico e a proposta de valor elevada.

Uma organização pode lidar com esses desafios de duas formas. Uma opção é criar um recurso de design central que faça a ideação, o design e, em seguida, passe a responsabilidade para a gestão de produtos. Uma alternativa é alocar determinados profissionais de design dentro de equipes comerciais e de gerenciamento de produtos e garantir que essas pessoas tenham responsabilidade sobre o ciclo de vida formal do produto, ciclo de vida do cliente e sobre lucros e perdas. Não há resposta certa ou errada, e muitas coisas dependem do contexto, mas acertar essa pergunta significa que o design thinking, sua filosofia e práticas permeiam mais profundamente e amplamente a cultura da organização, tendo um impacto mais profundo nas principais atividades.

O termo "design thinking" não foi cunhado como resultado de uma nova disciplina, e sim como uma maneira de descrever as inúmeras abordagens ao design orientado a usuário que estavam sendo desenvolvidas em diversos centros de pesquisa ao redor do mundo e que, obviamente, faziam parte do continuum da evolução de décadas de prática de design. Em meados dos anos 1990, Simon, junto com vários colegas do departamento Human Factors do centro de pesquisa e desenvolvimento da British Telecom, desenvolveu um processo que eles chamaram de "fazendo o design da customer experience", criado para reposicionar o departamento de Human Factors e o design orientado a usuário no coração do ciclo de vida do produto dentro das organizações, ajudando assim a estabelecer os alicerces para o desenvolvimento do design thinking, service design, mapeamento da jornada do cliente e conceitos como sucesso do cliente.

Em 1995, Simon e Mike Atyeo publicaram o artigo *Delivering Competitive Edge* [Entregando Vantagem Competitiva, em tradução livre], no qual descrevem em termos sucintos as vantagens provenientes da abordagem mais profunda para explorar problemáticas que acompanham os designers:

> "Em resposta à frenética mudança tecnológica e ao aumento da concorrência global, as indústrias de serviços passaram por mudanças radicais. Focados inicialmente na redução de custos e tempo de comercialização, mais recentemente, esses serviços se concentraram em maneiras de entender e prever as necessidades dos clientes. Adotamos uma abordagem que chamamos de 'fazer o design da customer experience'. Em seu cerne, está um programa de pesquisa sobre as necessidades humanas. Ao reunir o marketing e o Human Factors com perspectivas mais radicais, como semiótica e antropologia, habilidades criativas e de visualização e rápidos avanços tecnológicos, geramos um ambiente para a inovação orientada ao usuário."[205]

Aqui chegamos ao cerne do design thinking, que é o uso de maneiras radicalmente diferentes de conhecer o mundo, oriundas de anos de prática de design fundamentadas por filosofias que se baseiam em diferentes maneiras de ver, observar e compreender o que está sendo investigado. À medida que rumamos para a economia digital e para o desenvolvimento e aplicação Deep Tech, conceitos como experiência vivida e consciência artística, quando totalmente compreendidos, tornam-se integrados em processos de design thinking em constante evolução.

As organizações que adotam apenas as metodologias de design thinking e não seus fundamentos teóricos e mentalidade subjacentes muitas vezes não conseguem evoluir suas culturas para aquelas em que o design é genuinamente integrado às práticas, aos rituais e aos valores de uma organização. Dentro de nossa metodologia Deep Tech Design, facilitamos o tipo de experiências e contato com usuários, clientes e comunidades de partes interessadas levando, do âmbito intelectual para o prático, os executivos que não são focados em design, possibilitando que elevem sua compreensão das práticas de user design e das experiências vividas de seus clientes e partes interessadas.

Apesar de muitos líderes corporativos conseguirem valorizar o papel das habilidades técnicas no design, ainda é raro encontrar a valorização da consciência artística nas organizações. Ao desenvolvermos a consciência artística como designers, não desenvolvemos apenas a capacidade de fazer design empregando metodologias de pesquisa qualitativas e quantitativas, mas também o que chamamos de "criatividade filosófica" — a capacidade de explorar múltiplos paradigmas científicos ao mesmo tempo, a fim de investigar mais a fundo a problemática.

Como vimos no Capítulo Seis, nossas metodologias e frameworks de design Deep Tech que desenvolvemos incorporam um nível ontológico. Essas práticas conectam ontologias computacionais formalmente estruturadas com descrições de experiências vividas codificadas por meio de metodologias como a análise fenomenológica interpretativa.[206] Trabalhar em um nível ontológico é trabalhar no nível do ser, do que são as coisas, e é aí que reside o domínio pessoal dentro do design.

Um designer alcança o domínio pessoal quando o que é projetado revela novos mundos e novas formas de ser. Deep Tech não trata apenas da funcionalidade, mas de como podemos usá-la para nos ajudar a desenvolver novas formas de ver. Isso é o que a torna verdadeiramente profunda, em vez de altamente avançada ou complexa. Precisamos de modelos mentais transformacionais para nos levar a novos níveis de pensamento criativo. O uso magistral da arte pode ajudar as pessoas a fazer isso, formulando novas perguntas, levando-nos a diferentes experiências vividas e revelando significados e interpretações que antes não nos eram familiares.

Um exemplo de como isso pode funcionar é a maneira como integramos as investigações artísticas na apresentação do *Deep Tech Podcast*, organizado por Maria e Igor e lançado em maio de 2020. O podcast foi criado para ajudar os líderes corporativos a entender as muitas maneiras diferentes pelas quais nosso ecossistema Deep Tech estava concebendo, fazendo o design e implementando projetos Deep Tech. Para isso, Igor Postiga, diretor de arte e design da 1STi, fez parceria com o artista Guilherme Gerais e com o designer visual Rafael Fontoura para explorar a maneira pela qual a arte poderia ser usada para exprimir e representar muitos dos novos conceitos que foram introduzidos ao longo da série de podcasts. Como Igor nos explicou:

> "Em vez de produzir uma identidade visual própria, o projeto resultou na criação de toda uma coleção de imagens orgânicas, tridimensionais, dinâmicas e provocativas que captam a noção de representar múltiplas perspectivas, e não apenas uma única visão Deep Tech. Nossa ideia artística era revelar as conexões ocultas que normalmente não seriam reconhecidas, ajudando as pessoas a desenvolver uma postura mais aberta, criando obras de arte que convidassem a formas abertas, em vez de fechadas, de questionamento."

A arte é um caminho pelo qual podemos aprender a aceitar o mundo de novas maneiras, de reconexão e interconexão, usando todas as quatro formas de conhecer: pensar, sentir, perceber e intuir. Portanto, arte e design são caminhos em que podemos encontrar equilíbrio entre eles, trabalhando conscientemente em todas as quatro modalidades, afastando-nos da homogeneidade e entrando em uma experiência de texturas orgânicas, explorando paradoxos e contradições. Trata-se do design operando nos mais altos níveis de arte, estratégia e domínio pessoal.

O alerta de Martin Heidegger sobre os perigos da obsessão com a tecnologia foi publicado em 1954. Seu ensaio, *The Question Concerning Technology* [A Questão Relativa à Tecnologia, em tradução livre], termina com a reflexão final:

> "Quando questionamos, nos tornamos testemunhas da crise que, em nossa preocupação absoluta com a tecnologia, ainda não experienciamos o 'vir a ser' da tecnologia, pois em nossa mentalidade estética, não mais guardamos e preservamos o 'vir a ser' da arte. No entanto, quanto mais questionamos a essência da tecnologia, mais misteriosa se torna a essência da arte. Quanto

mais nos aproximamos do perigo, mais intensamente os caminhos para o poder salvador começam a brilhar e mais questionadores nos tornamos. Pois questionar é a piedade do pensamento."[207]

Por meio do nosso ecossistema Deep Tech, estamos desenvolvendo novas formas de parceria com organizações que desejam aprender a usar o design orientado a propósito para implementar soluções Deep Tech que impactam o mundo de forma significativa. Pode-se alcançar isso por meio do desenvolvimento de domínio pessoal em design, customer experience, plataformas, estratégia e valores humanos universais. Nossa rede não está simplesmente desenvolvendo habilidades técnicas, também estamos criando novas formas de ser, novas formas de trabalhar em conjunto e perguntando quais novas habilidades de liderança farão sentido no contexto Deep Tech. Nossa abordagem é descobrir novas formas de criatividade para ajudar a abrir novos horizontes às pessoas e às organizações, e estamos fazendo isso possibilitando que nossa criatividade filosófica fundamente nossa prática por meio de novas maneiras de explorar o mundo e fazer perguntas qualitativamente novas.

A nova geração de líderes das organizações pode ser considerada como guardiã do domínio coletivo. O poder de qualquer rede se dá por meio da qualidade dos relacionamentos; não se trata da qualidade de nós únicos na rede, ou indivíduos únicos que podem ser altamente talentosos, mas que não têm a capacidade de trabalhar dentro de uma rede.

A próxima geração de líderes exigirá a capacidade de desenvolver não apenas níveis mais altos de maestria do design em si mesmos, como também a capacidade de desenvolver o domínio coletivo dentro de suas organizações e ecossistemas. Isso significa desenvolver novos rituais, maior qualidade de cultura e entender a organização como um sistema vivo, como um todo dinâmico. Ao serem guardiões do domínio coletivo, os novos líderes que entendem e trabalham com design terão a capacidade de usar sua criatividade inerente para fazer o design e oferecer algo extraordinário, abrindo novos horizontes aos seus clientes, às partes interessadas e à sociedade.

EXPRESSANDO OS NOVOS 4PS POR MEIO DA CONSCIÊNCIA ARTÍSTICA

No Capítulo Três, exploramos o papel que a experiência vivida pode desempenhar na busca de soluções mais humanizadas para nossos problemas globais. A criatividade filosófica pode proporcionar uma nova dimensão crucial para descobrir novos insights e maneiras de ver, complementando os desenvolvimentos de tecnologias avançadas. Em vez da inteligência artificial remover o fator humano na inovação Deep Tech, a ideia é que complementará o domínio pessoal da nova geração de designers, de tecnólogos e de líderes Deep Tech.

Em *Customer Experiences with Soul: A New Era in Design*, Maria e Simon descrevem como a Abordagem Holonomics pode ser usada na área de customer experience design.[208] O termo "experiências com alma para clientes" foi criado para expressar que já não basta para uma organização ter um propósito declarado; ela também precisa estar em contato com sua alma, uma alma que se expressa coletivamente por meio de cada parte. A alma tem que ser autêntica; não é uma qualidade somada a uma experiência existente como um componente adicional.

Se o propósito de uma organização passar como inautêntico, consumidores, ativistas e grupos de pressão acabarão descobrindo. Os jovens empreendedores ativos e orientados a propósito que chamam a atenção do mundo incorporando a alma podem descobrir que, uma vez que suas startups alcancem níveis exponenciais de crescimento, se perdida por algum motivo, a alma pode ser um dos atributos mais difíceis de recuperar.

A jornada de onde estamos agora para desenvolver customer experiences com alma começa com nós mesmos e nossos relacionamentos com aqueles que estão ao nosso redor. Se pudermos compreender, entender e regenerar esses relacionamentos rompidos e inautênticos, podemos começar a redescobrir o que significa compartilhar e cocriar genuinamente, seja lá o que estamos tentando imaginar, inovar e trazer para este mundo.

O Círculo Holonomic está no coração das *Customer Experiences with Soul* (Figura 9.2). Ele proporciona um framework para designers, empreendedores, líderes e equipes explorarem juntos as qualidades da alma nas organizações em todas as suas dimensões. No centro está a Trindade, onde a autenticidade é expressa como coerência máxima entre o que uma pessoa diz, o que ela quer dizer e o que ela faz. A Trindade vale igualmente para qualquer grupo, equipe, organização, negócio ou ecossistema. Coerência é uma qualidade que permeia toda a organização, tanto interna quanto externamente, e nas cadeias de suprimentos, ecossistemas de negócios e comunidades com as quais uma pessoa ou entidade interage. Deparamo-nos com propósitos falsos quando o que uma pessoa ou grupo diz, ou faz, falha em criar um todo autêntico.

FIGURA 9.2 O Círculo Holonomic

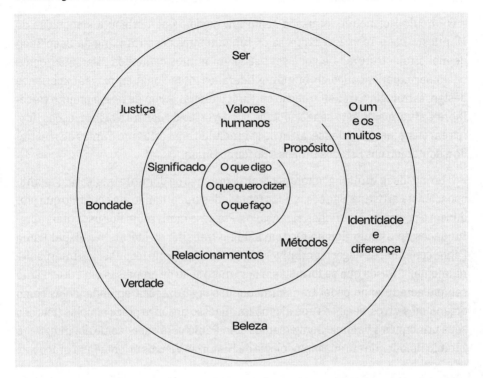

O nível médio do Círculo Holonomic nos ajuda a pensar sobre os fatores que fundamentam nossas ferramentas e técnicas, e a entender por que elas às vezes funcionam e outras não. Essa dimensão é sobre explorar os fundamentos das ferramentas e técnicas que estão sendo usadas nas empresas hoje e analisar quais princípios precisam estar operando para se tornarem mais eficazes.

O círculo externo contém os Transcendentais, conjunto de ideias interligadas que podemos usar para explorar e falar sobre nossos produtos, serviços e customer experience. Se quisermos de fato entender as customer experiences e como as pessoas estão interpretando nossos produtos, serviços e marcas, precisamos explorar a maneira pela qual a linguagem e a realidade são indissociáveis — como participamos da realidade e interpretamos o mundo. Nunca podemos chegar definitivamente à "verdade", devido às limitações da linguagem. Mas por meio do diálogo autêntico, da humildade e de um nível de consciência expandida, podemos permanecer abertos a uma visão sempre mutável de pontos de vista e interpretações, de modo que beleza, verdade, bondade e justiça sejam indissociáveis.

O Círculo Holonomic foi usado como um modelo que norteou a elaboração do Manifesto Deep Tech. Ele expressa os fundamentos deep thinking da Deep Tech de maneira estruturada e pode ser usado em muitos contextos diferentes, como customer experience design, branding, liderança intencional, employee experience design, estratégia e transformação cultural e digital. Além de nosso próprio trabalho, ele atualmente está sendo adotado por diversos designers e organizações líderes em customer experience, além de ser incluído em vários programas de mestrado e doutorado nos Estados Unidos e no Reino Unido.

O termo "deep thinking" expressa tanto um senso de domínio intelectual quanto consciência artística. São essas duas faculdades trabalhando em conjunto que produzem o poder dos resultados alcançados. Por esse motivo, um dos usos mais aprofundados do Círculo Holonomic tem sido no trabalho do storyteller visual Paulo Fabre, consultor de negócios criativos brasileiro e fotógrafo reconhecido internacionalmente.[209] Desde que se formou em administração de empresas em 2002, Paulo sempre acreditou no poder transformador das organizações, entendendo-as como organismos vivos, sendo as que alcançam sucesso no longo prazo aquelas fiéis aos seus princípios e valores. Conversamos com Paulo para saber como ele integrou o Círculo Holonomic em sua metodologia de Histórias Visuais orientadas a propósito:

> "Naquela época, quando eu era jovem, recém-formado e cheio de sonhos, ganhei muita experiência em muitos setores diferentes enquanto trabalhava para uma consultoria. Aprendi a reconhecer que a verdadeira identidade de uma empresa é composta das histórias daqueles que a construíram e daqueles que trabalham lá. Em muitos casos, a identidade real é bastante diferente dos slogans que elas usam em sua publicidade."

Embora Paulo ainda acreditasse piamente no poder transformador das organizações, ele começou a sentir que não estava realizando seu sonho de ser capaz de causar um impacto pessoal. Por essa razão, aos trinta e poucos anos, ele decidiu se concentrar no que era apenas um hobby, mudando-se para Nova York para estudar fotografia. Ele ainda realizou diversos projetos de consultoria nesse período de transição, mas ao retornar ao mundo corporativo, descobriu que havia de fato um modo de coexistir no mesmo espaço os mundos da arte e dos negócios:

> "Ao decidir que esses dois poderiam falar a mesma língua, comecei a pensar e a fazer o design para uni-los em um único serviço. Eu já sabia da importância do storytelling, e que fazê-lo de forma autêntica e verdadeira pode ser uma estratégia interessante para prender a atenção e passar uma mensagem a um público. Vivemos em uma época em que, por um lado, há muita riqueza de informações e, por outro, há pobreza de atenção. Para atrair e reter a atenção das pessoas, é necessário, portanto, oferecer conteúdo relevante e interessante de forma que o público reconheça sua própria história no conteúdo exibido."

Desejando encontrar uma maneira de diferenciar sua abordagem mais artística da consultoria empresarial, Paulo se inspirou no potencial que via no Círculo Holonomic:

> "Acredito na arte como forma de tocar a alma humana e revelar a verdade por meio de sua beleza. Após estudar Customer Experiences with Soul, a ficha finalmente caiu, salientando a importância de as marcas e empresas situarem os elementos que compõem sua alma no centro da tomada de decisão. Um livro de negócios que aborda a alma é revolucionário, para dizer o mínimo. Com sua compreensão dinâmica do relacionamento entre o todo e as partes de um sistema — consumidores, funcionários, acionistas, sociedade, meio ambiente, concorrentes, fornecedores —, é possível enxergar como todos estão integrados e conectados em um ecossistema maior. Minha missão é tornar esses links visíveis e tangíveis, contando histórias, dando contornos à alma das marcas."

Ao explorar o Círculo Holonomic em toda a sua profundidade, Paulo passou a desenvolver uma nova metodologia de Histórias Visuais, processo criativo que ajuda as marcas a enxergar seu propósito e estabelecer processos de comunicação autênticos e verdadeiros para o público interno e externo, que ele descreve da seguinte maneira:

> "Buscando ser eficaz, desenvolvi minha metodologia para me ajudar a mergulhar a fundo, captando as histórias mais relevantes e pertinentes em uma organização — assim como um mergulhador encontra as pérolas —, trazendo à tona a essência, o DNA de uma marca. Na primeira etapa, utilizo o Círculo Holonomic para identificar os principais elementos que

constituem o propósito de uma marca e também entender sua história, sua trajetória e alinhar expectativas."

"Adaptei o círculo em um canvas e, por meio da dinâmica do design thinking, consegui criar um ótimo mapa mental. Esse mapa serve como um guia para desenvolver uma narrativa visual, artística e textual e me orienta na busca pelas histórias mais relevantes. O resultado é um banco autêntico, exclusivo e personalizado de imagens fotográficas de pessoas dentro de uma organização que retrata a essência de uma marca e seu momento atual. Escrevo também um texto poético, o manifesto da marca, que serve de base para o desenvolvimento de diferentes tipos de comunicação nas mídias sociais, a confecção do brand book e também a base para o posicionamento e reposicionamento da marca."

Durante a fase de desenvolvimento de sua metodologia, Paulo conheceu o Estúdio Nume, agência boutique de design, branding e comunicação especializada em criação e gestão de marcas. Após uma reunião, o Estúdio Nume apresentou o trabalho de Paulo a um de seus clientes, a Donatelli, empresa brasileira de design de tecidos fundada em 1943, que estava reestruturando sua marca.[210] Enquanto a Donatelli desenvolvia tecidos no Brasil e no exterior há mais de 75 anos, a empresa começou a investir em inovação, por meio do LAB Donatelli, uma nova divisão de serviços que tem como objetivo transformar os desejos dos clientes em designs únicos, como cortinas e almofadas sob medida ou a redecoração de móveis, projetada e realizada por artesãos experientes.

A Donatelli procurava expandir sua marca além de seu público tradicional para novos clientes mais jovens com interesses em arte, cultura e design. Com o objetivo de descobrir insights sobre como comunicar esses novos conceitos ao seu público de forma clara e estruturada, Paulo iniciou um processo de imersão na história da marca, entendendo seu legado, seu contexto atual e sua trajetória. Paulo facilitou três sessões de design thinking em que as perguntas que fez levaram à conclusão do canvas do Círculo Holonomic. Nessas sessões, participaram a equipe de liderança sênior da Donatelli, incluindo Paula Coussirat, diretora do LAB Donatelli; Deny Barbosa, diretor comercial e líder do processo de reposicionamento da marca; e os sócios do Estúdio Nume, Paula Paron e Maurício Albuquerque.

Paula Coussirat começou a trabalhar na fábrica Donatelli a partir dos vinte anos, tendo herdado de uma das tias a paixão por criar e buscar sempre novas formas de satisfazer as necessidades dos clientes. Assim, foi interessante ouvi-la descrever a experiência de desenvolver uma nova narrativa de marca com Paulo e com o Estúdio Nume por meio da delimitação do Círculo Holonomic:

> "Não estava claro o que estávamos fazendo. A parte mais valiosa do processo foi entregue sem perceber, durante a fase de descoberta. Cada cortina ou almofada carrega uma história de paixão, legado, dedicação e envolvimento, que não tínhamos percebido. Preencher o Círculo Holonomic trouxe a conscientização sobre elementos importantes da nossa marca que, por serem intangíveis, acabavam sendo deixados de lado. Ver todas as palavras no canvas realmente me impressionou. Foi um trabalho realizado com tanta sensibilidade, de modo tão habilidoso, que revelou riquezas, habilidades e valores que eu nem sabia que existiam em mim."

Paulo utilizou o Círculo Holonomic para aproximar pessoas diferentes conectadas ao cotidiano da marca, possibilitando compartilhar suas opiniões diversas e refletir coletivamente sobre as qualidades de propósito, valores humanos universais, relacionamentos, significado, identidade, verdade, beleza, justiça e Ser. A partir da compreensão do grupo sobre cada um desses elementos no canvas, Paulo conseguiu construir uma narrativa unificada para a Donatelli ao chegar a definições claras dos elementos do círculo.

Ele acompanhou o processo completo de desenvolvimento de um produto, começando com a chegada do pedido do consumidor no escritório, passando para os ateliês que fazem travesseiros, bordados especiais, cortinas e tapeçarias e terminando com a entrega. Para os designers da Donatelli, a história do consumidor é o ponto de partida e a maior fonte de inspiração. Na segunda fase do projeto, Paulo e o Estúdio Nume criaram um brand book, escrito a fim de expressar a essência do LAB Donatelli. Para isso, Paulo embarcou em um estudo fotográfico imersivo capturando as experiências cotidianas de seus artesãos, norteando o mapa mental que havia construído com base no Círculo Holonomic, dando-lhe a apreciação artística de como o propósito do LAB Donatelli é expresso pelas pessoas:

> "Na hora de fotografar, meu foco foi ajustado para ver a harmonia — aquela beleza intrínseca quando se confecciona um objeto com amor — e o brilho nos olhos que um artesão tem quando vê seu trabalho progredir."

A partir dessas sessões de fotografia, um banco de imagens abrangente e completo foi entregue para ser usado nas mídias sociais e outros canais de comunicação da Donatelli. Junto com o texto de Paulo, escrito na forma de um manifesto, o Estúdio

Nume elaborou o brand book para auxiliar a Donatelli em seus processos de definição de marca. Como explicou Paula Paron: "O Círculo Holonomic foi um guia importante para o Estúdio Nume, possibilitando mapear toda a marca, algo que a Donatelli nunca havia tentado antes. Funcionou como uma bússola. Por meio da metodologia de Histórias Visuais, conseguimos construir uma base conceitual de palavras, e a partir daí, desenvolver a comunicação e o branding."

Deny Barbosa é a terceira geração da família a trabalhar para a Donatelli. Acompanhando os pais desde criança, cresceu envolvido na cultura da empresa. Hoje, além de diretor comercial e de marketing, ele lidera o processo de reposicionamento da marca. Foi trabalhando com o processo das Histórias Visuais de Paulo que ele percebeu quantos elementos ricos e significativos da essência Donatelli haviam permanecido ocultos da marca:

> "Antes deste trabalho, nosso propósito e história eram muito intrínsecos, ou seja, sabíamos da existência de nossa cultura e de nossos valores, mas como não os expressávamos em nossas conversas, eles não se exteriorizavam, permaneciam ocultos. Levamos 75 anos para construir nossa história de valores e propósitos, mas como não havíamos prestado atenção, não conseguíamos expressá-los aos nossos consumidores."

> "Após realizarmos o exercício com o Círculo Holonomic, um campo muito amplo de percepção se abriu para a Donatelli. Isso incluiu a história da empresa e a forma como ela foi construída, sobretudo no que diz respeito ao caráter da família e à maneira como aprendemos e nos educamos. Esse processo abriu nossos olhos e trouxe à luz todos esses valores, algo que era tão importante, com a perspectiva externa nos ajudando e sendo de enorme valor para a empresa."

Na perspectiva de uma agência de marca criativa, Maurício Albuquerque acredita que o processo de Histórias Visuais foi capaz de levar o Estúdio Nume a "um nível mais alto de relacionamento" com o cliente, criando uma profunda conexão de valores e propósitos que vai além de um relacionamento tradicional de parceria comercial:

> "O Círculo Holonomic nos ajudou a realmente conhecer melhor nosso cliente, alinhar nossos valores e nos aproximar ainda mais deles. Tínhamos muito material bruto de branding para trabalhar, servindo de base para fazermos o redesign e o reposicionamento da marca. O banco de imagens fotográficas de Paulo e o manifesto resultaram em muitos meses de material para postagens nas redes sociais, alterando o nível de alcance e de impressões no Instagram e

gerando engajamento pela forma como ele criou empatia no público ao capturar as experiências vividas pelos artesãos. Lembro-me, por exemplo, da forma como as pessoas se identificaram com a história fotográfica de Ângela, uma costureira que aprendeu o ofício de costura ainda jovem e que hoje é uma das principais parceiras do LAB Donatelli."

Além dos resultados objetivos deste projeto — a matéria-prima para postagens, elementos visuais para o site, mídias sociais e branding —, a imersão proporcionada pelo Círculo Holonomic e as histórias fotografadas possibilitaram que a Donatelli descobrisse e manifestasse sentimentos fundamentais dentro da organização, e fortalecesse a qualidade dos relacionamentos em toda a cadeia produtiva da empresa. Como nos explicou Paula Coussirat: "Todo esse processo de descoberta me trouxe maior confiança para fortalecer alianças, imensa gratidão pelas pessoas que me transmitiram e me ensinaram o que sei, respeito por aqueles que habilmente executam cada item que vendemos e a responsabilidade de repassar e perpetuar o que aprendi e recebi".

Como mostramos no Capítulo Quatro, a definição da proposta de valor elevada de uma organização começa com sua proposta de valor atual, que é então amplificada por meio dos prismas de seus valores organizacionais, visão future-fit e entendimento de práticas regenerativas e sustentáveis. É a proposta de valor elevada que expressa a essência fundamental de uma organização, afirmando exatamente como essa organização beneficia a vida dos consumidores e das partes interessadas em geral. Devido à sua importância vital, é necessário tempo na fase de descoberta de projetos Deep Tech para definir coletivamente a proposta de base e depois fazer a ideação, visando alcançar a proposta de valor elevada. O cuidado e a atenção demonstrados pela Donatelli em sua profunda jornada de descoberta e a sensibilidade à experiência vivida de todos os artesãos que contribuem para o seu sucesso mostram o quanto as metodologias fundamentadas pela consciência artística e pela criatividade filosófica podem contribuir para o processo de desvendar novas formas de valor, expressando e manifestando a alma e a essência de uma organização.

A JORNADA PARA O DOMÍNIO COLETIVO

Quando criamos nosso ecossistema Deep Tech, vieram à tona muitas conversas que, não raro, são esquecidas em tempos de aparente normalidade. São perguntas como "Quem somos?", "Qual é o nosso propósito no mundo?" e "Como nossas ações podem contribuir para um mundo melhor?". Esse nível de reflexão pessoal nos possibilita repensar como nos vemos, como enxergamos as outras pessoas e como entendemos tudo o que está ao nosso redor. Nossas explorações também incluem a questão da contribuição da tecnologia, sendo ao mesmo tempo uma ferramenta de grande poder e um reflexo de nossas próprias crenças.

Para Ricardo Razuk, filósofo e diretor financeiro da 1STi, o problema da tecnologia não é a tecnologia propriamente dita, mas o que está norteando os avanços tecnológicos, principalmente os valores do livre mercado:

"Ao analisar a história da humanidade, vemos que as pessoas, apesar de terem filosofia, religião e inúmeros conceitos de espiritualidade, que nos ensinam a ser prudentes, acabam não sendo tão prudentes assim na prática. As discussões sobre o potencial das novas tecnologias, sobretudo a biotecnologia, podem gerar um choque muito grande para as pessoas, devido às suas possibilidades ilimitadas, incluindo a possibilidade de basicamente criar um ser humano. Chegamos ao ponto de desenvolver uma enorme capacidade tecnológica enquanto nossa capacidade de reflexão permanece pouco desenvolvida".

Esse nível de reflexão filosófica é de suma importância em nossa abordagem Deep Tech, pois nos possibilita fazer perguntas de design novas e altamente práticas, como: "Qual é o impacto do uso e da adoção de novas tecnologias na percepção de quem somos?" Um exemplo é o crescimento exponencial das redes sociais e a maneira pela qual a selfie mudou a forma como pensamos sobre nós mesmos e como escolhemos nos representar perante os outros. Ao explicitar essas questões, somos capazes de explorar os perigos da tecnologia sendo usada para nos condicionar como seres humanos sem que percebamos. A escolha de algoritmos do Facebook, por exemplo, pode mudar o que vemos no Facebook e de quem vemos, e isso, por sua vez, pode impactar nossas emoções, atitudes e opiniões.[211]

Ravi Venkatesan é um executivo de negócios e investidor de risco indiano que, no passado, foi presidente da Microsoft Índia, do conselho do Banco Baroda, co-chairman do conselho da Infosys e desde 2018 é representante especial da UNICEF para Jovens e Inovação. Em 2018, fundou a GAME – Global Alliance for Mass Entrepreneurship [Aliança Global para o Empreendedorismo de Massa, em tradução livre]. A ideia de empreendedorismo em massa é importante para economias emergentes como a Índia, devido aos desafios históricos de criação de emprego e desemprego. Conforme Venkatesan ressalta, as startups de tecnologia são "extremamente importantes para a economia, mas não tão importantes para a criação de emprego", devido ao fato de que podem alcançar altas avaliações empregando poucas pessoas. "Um milhão de pessoas fazem dezoito anos todos os meses na Índia e, na economia formal, as grandes empresas não produziram novos postos de trabalho, com o emprego crescendo à metade da taxa de crescimento populacional."[212]

A iniciativa de empreendedorismo em massa da GAME visa micro e pequenas empresas devido à sua significativa criação de empregos. Mas o problema é que, apesar de essas empresas gerarem a maioria dos empregos, elas não estão crescendo. O intuito da GAME, portanto, é criar um novo movimento empreendedor com o objetivo de criar 10 milhões de empreendedores até o final da década, dos quais 50% são mulheres, juntamente com a criação de 50 milhões de novos empregos. Venkatesan explica sua visão GAME de maneira sistêmica e interconectada, em que todos os quatro pilares principais Deep Tech — deep thinking, deep impact, deep talent e deep collaboration — estão presentes:

"O empreendedorismo não surge do nada. O empreendedorismo é o resultado de um ecossistema muito saudável. Na natureza, o que é um ecossistema? Um ecossistema é basicamente um lugar, um local geográfico onde os seres vivos — animais, plantas, microrganismos — interagem com o solo, a paisagem e o clima. E depois há essa bolha de vida — esse é o ecossistema. E você tem um ecossistema muito bonito como a floresta tropical, pois o sistema é saudável. É a mesma coisa com o empreendedorismo. Você precisa de uma boa combinação do que chamamos de semente, solo e clima.

"A semente é essencialmente o conjunto de pessoas que querem construir negócios; elas têm a mentalidade empreendedora e algumas habilidades. O solo é muito importante. Trata-se da infraestrutura: aquele lugar, aquele município, aquela cidade tem boa infraestrutura física como estradas, tem conectividade digital e acesso à energia, há relações com o mercado, há algum acesso a financiamento? E, por último, há o clima, que abarca duas coisas. Uma delas é como é fácil começar e administrar um negócio. Quanta corrupção existe? É limitado ou é insustentável? E então, temos a cultura. A cultura já é extremamente importante, aprendemos. Se já existem empreendedores de sucesso, eles se tornam modelos, eles se tornam mentores. O que a cultura empreendedora diz sobre assumir riscos quando um jovem quer iniciar um negócio? O que aprendemos é que, a menos que todos esses fatores estejam reunidos em um lugar, não é possível que o empreendedorismo floresça."[213]

A GAME reconhece que, embora existam muitas iniciativas excelentes, como a criação de incubadoras, programas de formação e angariação de fundos para microempreendedores, é necessária uma visão sistêmica para reunir essas iniciativas de forma intencional. Venkatesan não acredita que isso tenha sido alcançado antes, devido à complexidade e a fatores emergentes que resultaram em centros de tecnologia como Vale do Silício, Bangalore e centros financeiros como Londres e Nova York. Por essa razão, a GAME está investigando a dinâmica do empreendedorismo de massa e ponderando como sair desses centros que têm o potencial de se tornarem centros monoculturais. Ainda que Venkatesan reconheça que, embora a oportunidade de criar tais níveis de impacto social seja "extraordinariamente grande", ele acredita que aqueles nas áreas de tecnologia e sustentabilidade "ainda não usaram nossas mentes o suficiente" para desafios e oportunidades de tal complexidade.[214]

Uma maneira de revelar os padrões ocultos de complexidade em nossos sistemas humanos e tecnológicos é por meio das artes. No passado, as artes e a cultura moldaram o modo como nos enxergamos e nos entendemos. Agora precisamos perguntar como o impacto da tecnologia nas artes está transformando a expressão artística, e como as maneiras pelas quais nossa própria arte está evoluindo em relação a como nos enxergamos, como podemos explorar nossa humanidade e como podemos encontrar maneiras para a tecnologia e as artes evoluírem.

Nosso ecossistema Deep Tech está explorando a filosofia como um meio de desenvolver a tecnologia que consiga produzir mais impacto significativo no mundo. Ao desenvolver nossos próprios níveis de maestria pessoal em Deep Tech, mantendo conscientemente nossas identidades individuais, nosso objetivo não é apenas desenvolver habilidades técnicas, mas também criar formas de ser e maneiras de trabalhar em conjunto, explorando novos tipos de habilidades de liderança coletiva que fazem sentido no contexto da economia digital.

A nova geração de líderes pode ser considerada guardiã do domínio coletivo dentro de suas organizações amplificadas, desenvolvendo novos rituais, maior qualidade de cultura, e entendendo a organização como um sistema vivo, como um todo dinâmico. Essa nova forma de liderança exige capacidade de desenvolver não apenas níveis mais altos de maestria pessoal nos indivíduos, como também de desenvolver o domínio coletivo em seus ecossistemas.

O poder de qualquer rede se dá por meio da qualidade de seus relacionamentos. Como guardiões do domínio coletivo, ao assumir esse novo papel, os líderes terão a capacidade de abrir novos mundos para aqueles que fazem parte de suas organizações e, ao fazê-lo, por meio dos empenhos coletivos e da inteligência de seus ecossistemas, serão capazes de usar sua sabedoria para criar algo extraordinário, abrindo novos horizontes para aqueles aos quais, em última análise, estão servindo.

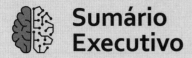

Sumário Executivo

→ O design thinking é uma metodologia poderosa que pode ser usada para resolver problemas complexos. O design thinking não é "coisa" única – é uma coleção de práticas e ferramentas que podem ser usadas de diferentes maneiras para solucionar diferentes tipos de problemas. O segredo para o sucesso é garantir que o processo de design thinking seja gerenciado adequadamente e que as pessoas certas estejam envolvidas o tempo todo.

→ Uma solução Deep Tech não abarca somente a tecnologia; abarca também a forma pela qual ela pode ser usada para desenvolver novas maneiras de ver. Isso é o que a torna verdadeiramente profunda, em vez de altamente avançada ou complexa. Precisamos de modelos mentais transformacionais para nos abrir a novos níveis de pensamento criativo. O uso magistral da arte pode ajudar as pessoas a fazê-lo, levando-nos a diferentes experiências vividas e abrindo-nos a significados e interpretações anteriormente não familiares a nós.

→ O Círculo Holonomic é um framework que pode ser usado para explorar a qualidade dos valores, propósito, experiências, comunicação e alma de uma organização em todas as dimensões. Pode ser empregado em muitos contextos diferentes, incluindo customer experience design, branding, liderança intencional, employee experience design, estratégia e transformação cultural e digital.

→ Histórias Visuais é uma metodologia para a criação de narrativas visuais usadas para criar uma visão holística da organização e seu ecossistema. É um processo desenvolvido por Paulo Fabre que incorpora o Círculo Holonomic, utilizando um canvas para mapear o significado do propósito, dos relacionamentos e das histórias de uma organização, juntamente com os valores humanos universais.

→ À medida que nos esforçamos para entender o que está acontecendo em nosso mundo, precisamos nos perguntar "quais são as principais forças globais que estão direcionando a mudança e moldando nosso mundo?". Nossa resposta a essa pergunta é Deep Tech, movimento que está transformando a maneira como entendemos a tecnologia e que está moldando nosso mundo de maneiras nunca antes vistas.

10

CAPÍTULO DEZ

A Organização
Amplificada

BLUEPRINT DA ORGANIZAÇÃO AMPLIFICADA

Organizações amplificadas são negócios regenerativos intencionais, com propósito, engajados e hiperconectados. Elas alcançam impacto significativo por meio de um processo contínuo de elevação, escalonamento e amplificação, desenvolvendo tecnologia com alma e transformando-se por meio da estrela guia dos Novos 4Ps. Subjacentes a cada palavra e ação estão os valores humanos universais, que são vividos em cada pessoa, manifestos por meio das tecnologias profundas desenvolvidas e utilizadas, e expressos na qualidade dos relacionamentos dentro da organização e em todo o ecossistema, economia, sociedade e meio ambiente.

Para encerrar, queríamos fornecer uma definição sistêmica sucinta da organização amplificada. A razão é que, ao longo deste livro, temos proposto uma mudança da maneira mecanicista de conceber uma organização, que gera concepção e compreensão fragmentadas, para uma que se inspire na teoria dos sistemas vivos, que inspire indivíduos e empresas a concretizar todo o seu potencial por meio da qualidade dos relacionamentos e da capacidade contínua de evoluir, em resposta às mudanças nas circunstâncias e no ambiente.

A fim de nos ajudar a expressar essa visão sistêmica, criamos o blueprint da organização amplificada (Figura 10.1). Embora demonstre os principais elementos que constituem a arquitetura de uma organização amplificada, é importante lembrar que a visão sistêmica e de plataforma abrangem uma organização muito mais do que sua composição molecular. Como Brian Goodwin explicou: "As partes de um organismo — folhas, raízes, flores, membros, olhos, coração, cérebro — não são feitas independentemente e depois montadas, como em uma máquina, mas surgem como resultado de interações dentro do organismo em desenvolvimento."[215] O blueprint deve ser visto como dinâmico, concentrando os líderes na criação e melhoria da qualidade dos relacionamentos, e não apenas na otimização das peças de maneira fragmentada e não sistêmica.

Escolhemos criar este blueprint para ajudar líderes e tomadores de decisão a facilitar formas multidisciplinares, interdisciplinares e transdisciplinares de trabalho em equipe dentro de suas organizações e em iniciativas em todo o ecossistema, que perpassam as fronteiras organizacionais. Assim sendo, o blueprint é um convite para que os líderes iniciem novos diálogos e gerenciem a comunicação e o alinhamento, possibilitando que as pessoas mudem seu foco de funções e departamentos em silos para entender a organização amplificada como um todo integrado.

Uma nova forma de diálogo empático e comunicação fluente é possibilitada por meio da presença dos valores humanos universais que facilitam a transparência, a confiança, a honestidade e o trabalho em equipe estreitamente colaborativo. Desse modo, as pessoas podem começar a entender que projetos, processos e iniciativas são bem-sucedidos não somente pelas metodologias adotadas, mas porque todos entendem plenamente a forma expandida de consciência e pensamento sistêmico que os sustentam. Por esse motivo, o blueprint é delimitado pelos valores humanos universais, tecnologia com alma e os Novos 4Ps.

As organizações amplificadas existem em estados de fluxo contínuo e não ficam presas em metodologias que restringem suas habilidades de evoluir e se adaptar quando necessário. Por exemplo, programas de certificação para scrum masters e agile coaches podem ser importantes para ajudar as pessoas a adquirir habilidades e conhecimentos necessários ao desenvolvimento ágil de software. Mas tirar uma certificação não deve virar uma camisa de força que impede as pessoas de se adaptarem e serem incapazes de considerar as características específicas do contexto de uma organização. A agilidade em toda a empresa não será completa, a menos que uma mentalidade ágil seja incutida em toda a organização, incluindo o CEO.

Por essa razão, enfatizamos a natureza sistêmica dos mapas estratégicos e a forma como incorporam a proposta de valor elevada. Nossa abordagem Deep Tech Discovery é uma maneira de os líderes iniciarem o processo de comunicação e alinhamento, garantindo que a proposta de valor elevada expresse a estratégia e leve a desenvolvimentos e inovações de maneira coordenada. Podem-se definir os OKRs alinhados entre equipes e departamentos que expressam o principal propósito e a

FIGURA 10.1 Blueprint da Organização Amplificada

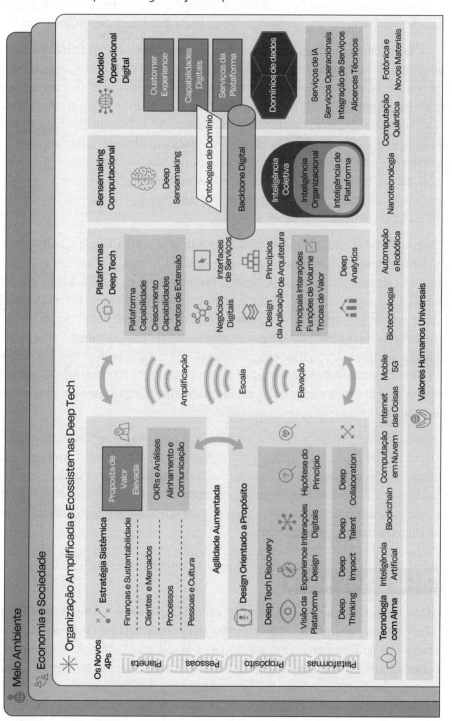

visão da organização, que é elevar, escalar e amplificar suas iniciativas Deep Tech para obter impacto em seu ecossistema, sociedade, economia e meio ambiente.

O lado esquerdo do blueprint apresenta o porquê da organização amplificada — seu propósito, sua proposta de valor elevada e sua visão de futuro —, expresso em sua estratégia. Isso só pode ser alcançado por meio do movimento — a elevação, a escala e a amplificação das plataformas da organização, o modelo operacional digital e o sensemaking computacional no lado direito. Neste lado do blueprint, vemos vários elementos que estão presentes e expressos em diversos sistemas digitais, por exemplo, o backbone e as ontologias de domínio, que não devem ser vistos como sistemas limitados e discretos, mas como capacidades que aumentam e coordenam a complexidade técnica e cognitiva das capacidades operacionais de uma organização amplificada.

Aparentemente é simples alcançar a agilidade, mas, na verdade, é difícil. A razão é que não se trata apenas de dominar a metodologia, trata-se de dominar a complexidade e o desconhecido. Ou seja, há uma série de ciclos de feedback operando no blueprint que destacam as principais áreas para a aprendizagem organizacional. Uma organização amplificada é aquela que domina o deep sensemaking, entendendo o poder da inteligência em rede e das ontologias computacionais, a fim de transformar a qualidade da análise organizacional e da tomada de decisões. Esse nível de conhecimento e sabedoria contribui para a atualização da estratégia, do processo Deep Tech Discovery e dos OKRs, possibilitando que a organização se adapte continuamente às mudanças nas circunstâncias.

Assim sendo, o blueprint fornece um caminho pelo qual as organizações podem alcançar o domínio coletivo Deep Tech, entendendo-o por meio da concepção amplificada de deep impact, deep thinking, deep talent e deep collaboration. O impacto econômico, social e ambiental é alcançado por meio de design orientado a propósito, agilidade aumentada e produtos, serviços, experiências e tecnologias profundas que expressam e manifestam alma.

CALL TO ACTION

Nossa esperança é que nosso blueprint proporcione aos líderes, tomadores de decisão, empreendedores, tecnólogos e designers começarem a tomar as atitudes necessárias para elevar suas organizações e amplificar seu impacto no mundo. Pedimos ao GPT-3 que contribuísse para esta discussão final, fornecendo algumas palavras finais:

"Na nova era da sabedoria, as pessoas e organizações precisarão ter uma melhor compreensão de sua relação com a tecnologia para evoluir, desenvolver-se e progredir em um ritmo mais rápido. Isso exigirá uma forma diferente de pensar a tecnologia. Isso significa que temos que passar de um foco em ferramentas e produtos para um foco em sistemas mais abertos, interativos e participativos que nos possibilite aprender e evoluir como espécie."

O insight do GPT-3 nos lembra de que as organizações amplificadas exigem uma nova forma de liderança, com o foco na qualidade dos relacionamentos, não apenas pessoa a pessoa, mas equipe a equipe, departamento a departamento, capabilidade a capabilidade, plataforma a plataforma e organização a organização. Esse foco nos relacionamentos tem implicações significativas na forma como as organizações valorizam seus departamentos de recursos humanos, requerendo que os profissionais de RH fomentem as próprias iniciativas de descoberta Deep Tech para transformar suas employee experiences, programas de treinamento, estratégias de talentos e cultura organizacional.

Os departamentos de RH também têm um papel de liderança no design, divulgação e implementação das estratégias de suas organizações, uma vez que nossa concepção de Deep Tech muda a ênfase das tecnologias avançadas para uma visão centrada no ser humano de deep impact, deep thinking, deep talent e deep collaboration. O domínio em RH envolve ajudar as pessoas a expandir seu pensamento de concepções ponto a ponto de relacionamentos — B2B e B2C — para uma visão estratégica e em rede de relacionamentos — ecossistemas de negócios, ecossistemas de experiência e ecossistemas naturais.

A oportunidade de regeneração por meio de ecossistemas digitais é imensa, com novas perspectivas abrindo novas oportunidades. Práticas de design, métodos ágeis e liderança elevada dentro de organizações amplificadas exigem domínio pessoal e coletivo para se ter sucesso. Este nível de domínio exige que os líderes sejam protagonistas, evitando os erros do passado e a replicação cega de fórmulas lineares que já não servem à sociedade ou ao nosso meio ambiente. É preciso coragem para repensar as organizações, mas essa coragem e paixão para enfrentar desafios podem ser ativadas, como Cris dos Prazeres salientou, por meio da nossa capacidade de sonhar.

Quando solicitado a fornecer uma contribuição criativa para este capítulo final, tendo lido nosso livro, um tema-chave no qual o GPT-3 se concentrou foi "disrupção":

"Precisamos de um questionamento crítico dos impactos sociais e ecológicos das ferramentas de alta tecnologia. Desta vez, faremos a disrupção certa. As maiores conquistas da humanidade aconteceram quando não esperamos."

O GPT-3 nos falou sobre a necessidade da governança da disrupção digital impulsionada pela inteligência artificial, levantando uma série de questões pertinentes:

"Em um mundo cada vez mais impulsionado pela demanda por mais dados privados, IA e algoritmos de aprendizado de máquina, quais freios e contrapesos colocaremos em prática para proteger as pessoas? Como podemos garantir efetivamente que as empresas de algoritmos privados não abusem ou transformem essa tecnologia em arma, enquanto ainda preparam o governo, agências da ONU e órgãos reguladores para aproveitar esses dados de maneiras que potencialmente protejam enormes faixas da humanidade e promovam a inovação para resolver muitos de nossos maiores desafios? Como podemos contra-atacar as vozes mais extremas da inércia, ao mesmo tempo em que nos envolvemos e colaboramos para alavancar de forma responsável a disrupção digital e a IA de maneiras inovadoras a fim de resolver um conjunto crescente de desafios, que vão desde o clima e energia à saúde e pobreza globais?"

A noção original de inovação disruptiva descrevia um processo pelo qual pequenas empresas empreendedoras sem a escala de recursos de grandes empresas estabelecidas são capazes de competir com sucesso, oferecendo produtos e serviços para consumidores de baixo custo ou novos mercados. A ideia é que elas tenham lucratividade vendendo para novos mercados, preservando os aspectos que levaram ao seu sucesso.[216] Seguindo a introdução de Joseph L. Bower e Clayton M. Christensen do conceito de inovação disruptiva em 1995, outros acadêmicos e pesquisadores tentaram definir as características dessa forma de inovação, sendo exemplos a funcionalidade radical, padrões técnicos descontínuos e modelos de propriedade aberta e coletiva.[217]

A ambiguidade do que realmente constitui inovação disruptiva resultou na aplicação e interpretação equivocadas do termo. Não raro, as pessoas o empregavam a qualquer situação em que os incumbentes anteriormente bem-sucedidos se tornam obsoletos. Há também uma série de qualidades dentro do termo que o enquadram em uma metáfora de agressão, competição e desvalorização de tudo o que foi criado anteriormente. Acreditamos que Deep Tech oferece à humanidade a oportunidade de mudar nossa metáfora. Se conseguirmos entender as metáforas pelas quais vivemos, podemos entender melhor como estamos construindo a realidade e, consequentemente, o que aceitamos como verdade.

Quando a inovação disruptiva ignora as lições do passado, os mesmos erros são repetidos. Assim, gostaríamos de propor a mudança do termo *disrupção* digital, que pode ser destrutiva e subestimada, para *emergência* digital, que tem uma visão de sistemas vivos da tecnologia digital. O objetivo da emergência digital é levar os ecossistemas Deep Tech para um patamar superior, com base em tudo o que aconteceu antes, resultando em uma nova ordem de organização fundamentada na qualidade das relações sistêmicas. Essa metáfora nos encoraja a ver o potencial daquilo que existe atualmente e que já temos tudo o que é necessário para que o novo surja.

Desse modo, as organizações amplificadas visam dar o salto evolutivo da disrupção digital para a emergência digital. A liderança se caracteriza por visão inclusiva, domínio coletivo, coragem, acolhimento da complexidade e por facilitar a mais elevada forma de colaboração entre a tecnologia digital e a humanidade, entendendo Deep Tech como a alma da tecnologia.

Portanto, nosso convite a líderes, designers, tecnólogos, empreendedores, investidores e agentes de mudança é mudar coletivamente nossa metáfora. Agora temos o blueprint disponível para gerar novas conversas, diálogos e perguntas, explorando novos caminhos de crescimento, valor e impacto. Deep Tech nos convida a enfrentar o desafio de elevação, escalonamento e amplificação da tecnologia para trazer o novo à existência e criar a transformação que importa. É esse caminho e jornada que possibilitará às pessoas amplificar as qualidades internas de suas organizações, para que seu valor e impacto sejam amplificados externamente, nos ecossistemas, na sociedade e no nosso planeta.

Notas

1. Matt Anniss, *Instrumental Instruments: The Fairlight*, redbullmusicacademy.com, 11 de novembro de 2016.
2. Will Brewster, The Fairlight CMI: How two Australians took sampling from their shed to the world stage, mixdownmag.com.au, 6 de outubro de 2020.
3. *Don't Stand So Close to Me*, wikipedia.org.
4. *GPT-3 Powers the Next Generation of Apps*, openai.com, 25 de março de 2021.
5. *Launching the Contract for the Web*, contractfortheweb.org, 23 de novembro de 2019.
6. Dylan Lowe, *Check Out These 11 Vintage Apple Ads*, businessinsider.com, 11 de outubro de 2011.
7. Veja, por exemplo, Barley, S.R and Kunda, G. (2006) Gurus, *Hired Guns, and Warm Bodies: Itinerant Experts in a Knowledge Economy*, Princeton University Press.
8. *Accelerated Growth Sees Amazon Crowned 2019's BrandZ™ Top 100 Most Valuable Global Brand*, prsnewswire.com, 11 de junho de 2019.
9. Dave Chaffey, *Boo.com case study – a classic example of failed ecommerce strategy*, smartinsights.com, 19 de junho de 2014.
10. Ibid.
11. Andy Carvin, *Tim Berners-Lee: Weaving a Semantic Web, A Sense of Place Network*, alaska.edu, 1 de fevereiro de 2005.
12. Tom Goodwin (2018) *Digital Darwinism: Survival of the Fittest in the Age of Business Disruption*, Kogan Page.
13. Richard Pallot, *Amazon destroying millions of items of unsold stock in one of its UK warehouses every year, ITV News investigation finds*, itv.com, 22 de junho de 2021.
14. Ibid.
15. Carole Cadwalladr e Emma Graham-Harrison, *Revealed: 50 million Facebook profiles harvested for Cambridge Analytica in major data breach*, theguardian.com, 17 de março de 2018.
16. Chris Huhne, *Orwell's 1984 was a warning, not an instruction manual*, fhld.uk, 27 de fevereiro de 2009.
17. *Launching the Contract for the Web*, contractfortheweb.org, 23 de novembro de 2019.
18. Ibid.
19. Ibid.
20. Simon Robinson e Maria Moraes Robinson (2017) *Customer Experiences with Soul: A New Era in Design*, Holonomics Publishing.
21. Informações acessadas de companiesmarketcap.com, 13 de julho de 2021.
22. Peter Fisk, *"Platform" companies now dominate markets, fundamentally disrupting how value is created... time for a business model revolution*, thegeniusworks.com, 2 de junho de 2019.
23. Veja, por exemplo, companiesmarketcap.com.

24   *Riding the Storm: Billionaires Insights 2020*, UBS and PWC, ubs.com/billionaires.
25   *Ibid.*
26   *Digital Economy Report 2019: Value Creation and Capture: Implications for Developing Countries*, unctad.org, 2019.
27   *Ibid.*
28   *Ibid.*
29   Veja, por exemplo, Juan Enriquez e Steve Gullans (2015) *Evolving Ourselves: How Unnatural Selection is Changing Life on Earth*, Oneworld Publications.
30   Simon Robinson, *Brazil's Second Bioeconomics Forum*, transitionconsciousness. org, 13 de outubro de 2013.
31   *Ibid.*
32   Werner Baumann, *We need to think bigger*, linkedin.com, 27 de setembro de 2020.
33   Jef Feeley, Tim Loh e Bloomberg, *Bayer agrees to pay $12 billion in legal settlements, in effort to put Roundup scandal behind it*, fortune.com, 25 de junho de 2020.
34   *Breaking through the impossible*, leaps.bayer.com.
35   *Ibid.*
36   Speech given by Mark Carney, Governor of the Bank of England, European Commission Conference: A global approach to sustainable finance, arabesque.com, 21 de março de 2019.
37   *Biodiversity and Ecosystem Services: A business case for re/insurance*, swissre.com, setembro de 2020.
38   Damian Carrington, *Fifth of countries at risk of ecosystem collapse, analysis finds*, theguardian.com, 12 de outubro de 2020.
39   Swati Chaturvedi, *So What Exactly is 'Deep Technology'?*, linkedin.com, 28 de julho de 2015.
40   *Ibid.*
41   *What is Deep Tech?*, techworks.org.uk.
42   Ingrid Lunden, *What do we mean when we talk about deep tech?*, techcrunch.com, 11 de março de 2020.
43   Megan Molteni, *Now You Can Sequence Your Whole Genome for Just $200*, wired.com, 19 de novembro de 2018.
44   Josh Lovejoy, *When are we going to start designing AI with purpose?*, medium.com, 20 de janeiro de 2021.
45   Alex Hern, *Twitter founder feels 'complicated' about Donald Trump's tweeting*, theguardian.com, 7 de dezembro de 2016.
46   *Permanent suspension of @realDonaldTrump*, blog.twitter.com, 8 de janeiro de 2021.
47   Mitchell Baker, *We need more than deplatforming*, Mozilla, 8 de janeiro de 2021.
48   *Ibid.*
49   Comentário do LinkedIn.
50   Simon Robinson e Maria Moraes Robinson (2014) *Holonomics: Business Where People and Planet Matter*, Floris Books.
51   Andy Last, *Corporate vs Consumer: Who Owns Purpose In The Organisation?* Sustainable Brands Bangkok, 13 de outubro de 2016.
52   Simon Robinson e Maria Moraes Robinson (2017) *Customer Experiences with Soul: A New Era in Design*, Holonomics Publishing.
53   *What new research reveals about rude workplace emails*, sciencedaily.com, 25 de setembro de 2020.
54   *Future-Fit Business Benchmark*, the naturalstep.org.

55 *A Digitalização da Economia: Inteligência Colaborativa em Rede*, Deep Tech Podcast, deeptech.network, junho de 2020.

56 União Rio, movimentouniaorio.org.

57 Elifas Andreato (1996) *Impressions*, Editora Globo.

58 Ibid.

59 *Base Nacional Comum Curricular: Educação é a Base*, Ministério da Educação, basenacionalcomum.mec.gov.br.

60 Elifas Andreato (2017) *Brasil Almanaque de Cultura Popular*, PróAutor.

61 Michael C. Jackson (2019) *Critical Systems Thinking and the Management of Complexity*, Wiley.

62 Michael C. Jackson, *How We Understand "Complexity" Makes a Difference: Lessons from Critical Systems Thinking and the Covid-19 Pandemic in the UK*, Systems 2020, 8, 52

63 Gareth Morgan (2006) *Images of Organization*, SAGE Publications.

64 Simon Robinson e Maria Moraes Robinson (2014) *Holonomics: Business Where People and Planet Matter*, Floris Books.

65 Ibid.

66 Iain McGilchrist (2010) *The Master and his Emissary: The Divided Brain and the Making of the Modern World*, Yale University Press.

67 *RSA Animate: The Divided Brain*, RSA, youtube.com, 21 de outubro de 2011.

68 Iain McGilchrist, *Iain McGilchrist replies to Stephen Kosslyn and Wayne Miller on the divided brain*, transitionconsciousness.org, 16 de novembro de 2013.

69 Richard E. Nisbett e Yuri Miyamoto, *The influence of culture: holistic versus analytic perception*, Trends in Cognitive Sciences, Vol.9, No.10, outubro de 2005.

70 Robert S. Kaplan e David. P. Norton (1996) *The Balanced Scorecard: Translating Strategy into Action*, Harvard Business Review Press.

71 Simon Robinson e Maria Moraes Robinson (2014) *Holonomics: Business Where People and Planet Matter*, Floris Books.

72 Maria Moraes Robinson e Simon Robinson, *Holonomic Thinking – Como transformar estratégias e resultados por meio de um novo sistema operacional mental*, Harvard Business Review Brasil, abril de 2014, HBR Reprint R14004H-P.

73 Simon Robinson e Maria Moraes Robinson (2014) *Holonomics: Business Where People and Planet Matter*, Floris Books.

74 *Tears for Fears – Mad World/The Story Behind The Song*, Top 2000 a gogo, youtube.com, 8 de maio de 2020.

75 Ibid.

76 Dave Simpson, *Tears For Fears: how we made Mad World*, The Guardian, 10 de dezembro de 2013.

77 Henri Bortoft (2012) *Taking Appearance Seriously: The Dynamic Way of Seeing in Goethe and European Thought*, Floris Books.

78 Para uma discussão aprofundada deste estudo de caso, consulte Simon Robinson e Maria Moraes Robinson (2017) Customer Experiences with Soul: A New Era in Design, Holonomics Publishing.

79 Chris Lawer (2021) *Interactional Creation of Health: Experience ecosystem ontology, task and method*, Umio Books.

80 *Hurun Global Rich List 2021*, hurun.net, 2 de março de2021.

81 Associated Press and Chris Pleasance, *An extra 200 billionaires were created in China last year as the country's economy outpaced the rest of the world among Covid pandemic*, dailymail.co.uk, 2 de março de 2021.
82 *Hurun Global Rich List 2021*, Hurun, 2 de março de 2021.
83 Mark Knickrehm, Bruno Berthon e Paul Daugherty, *Digital Disruption: The Growth Multiplier*, Accenture, oxfordeconomics.com, 2016.
84 Michael E. Porter, *How Competitive Forces Shape Strategy*, Harvard Business Review, maio de 1979 (Vol. 57, No. 2).
85 Ibid.
86 *What is digital economy?*, deloitte.com.
87 *Email pollution and CO2 emissions*, cleanfox.io, 12 de maio de 2020.
88 Emily Safian-Demers, *Digital Sustainability*, wundermanthompson.com, 25 de fevereiro de 2021.
89 Design Council, *Our Mission*, designcouncil.org.uk.
90 Design Council, *The Double Diamond: A universally accepted depiction of the design process*, designcouncil.org.uk.
91 Ibid.
92 *Minimum Viable Product (MVP) and Design – Balancing Risk to Gain Reward*, Interaction Design Foundation, interaction-design.org.
93 Bill Sharpe (2013) *Three Horizons: The Patterning of Hope*, Triarchy Press.
94 Ame Digital, linkedin.com.
95 The Future-Fit Benchmark é publicado por, e está disponível em the Future-Fit Foundation, futurefitbusiness.org.
96 *About Us*, Future-Fit Foundation, futurefitbusiness.org.
97 *What You Need to Know*, Future-Fit Foundation, futurefitbusiness.org.
98 Ibid.
99 Jeanne W. Ross, Ina M. Sebastian, Cynthia M. Beath, Lipsa Jha e the Technology Advantage Practice of The Boston Consulting Group (2017) *Designing Digital Organizations: Summary of Survey Findings*, MIT Center for Information Systems Research. (A pesquisa observa que a constatação da agilidade não é estatisticamente significativa devido ao pequeno tamanho da amostra.)
100 Simon Robinson, *A Dramatic Visualisation of Terms & Conditions*, medium.com, 17 de dezembro de 2020.
101 Ibid.
102 Brian Foote e Hans Rohnert (1999) *Pattern Languages of Program Design 4*, Addison Wesley.
103 John Furrier, *Exclusive: The Story of AWS and Andy Jassy's Trillion Dollar Baby*, medium.com, 30 de janeiro de 2015.
104 What is FinOps, FinOps.org.
105 Matthew Skelton e Manuel Pais (2019) *Team Topologies: Organizing Business and Technology Teams for Fast Flow*, IT Revolution Press.
106 *Antitrust: Commission fines Google €4.34 billion for illegal practices regarding Android mobile devices to strengthen dominance of Google's search engine*, European Commission, ec.europa.eu, 18 de julho de 2018.
107 Ibid.
108 Graeme Wearden, *Facebook suffers biggest one-day rout ever as shares tumble 19% – as it happened*, theguardian.com, 26 de julho de 2018.
109 E-mail de campanha de marketing do SoundCloud, 18 de março de 2021.
110 SoundCloud Introduces Fan-Powered Royalties, soundcloud.com, 2 de março de 2021.

111. RideFair: An Open-Source Driver Co-Op Ridesharing Platform, kickstarter.com.
112. Mike Pieredes and Morgan L. Richman, The Concept of Good Faith in Commercial Contracts Under English Law, Morgan Lewis & Bockius LLP, lexology.com, 10 de dezembro de 2019.
113. Atakan Kantarci, *Bias in AI: What it is, Types & Examples, How & Tools to fix it*, aimultiple.com, 13 de fevereiro de 2021.
114. Montuori A. (2011) *Systems Approach*. In: Runco M.A, and Pritzker S.R. (eds.) Encyclopedia of Creativity, Second Edition, vol. 2, pp. 414-421 Academic Press.
115. Living Species: *Biodiversity*, National Geographic, www.nationalgeographic.org.
    Animals: Alisa Mala, *Most Populous Animals On Earth*, worldatlas.com, 20 de agosto de 2020.
    Human cells: Eva Bianconi et al., *An estimation of the number of cells in the human body*, Annals of Human Biology, 40:6, 463-471.
    Viruses: David Pride, *The Viruses Inside You*, Scientific American 323, 6, 46-53 (dezembro de 2020).
    Trees: Crowther, T., Glick, H., Covey, K. et al. Mapping tree density at a global scale, Nature 525, 201–205 (2015).
116. Darrin Qualman, *Unimaginable output: Global production of transistors*, darrinqualman.com, 4 de abril de 2017.
117. Peter Grad, *Trillion-transistor chip breaks speed record*, techxplore.com, 26 de novembro de 2020.
118. Cerebras Systems: Achieving Industry Best AI Performance Through A Systems Approach, White Paper 03, cerebras.net.
119. Ibid.
120. Dr. Ian Cutress, *Cerebras Unveils Wafer Scale Engine Two (WSE2): 2.6 trillion Transistors Yield*, anandtech.com, 20 de abril de 2021.
121. Bob Yirka, *Chinese achieve new milestone with 56 qubit computer*, phys.org, 12 de julho de 2021.
122. Medição tirada de internetnetlivestats.com em 3 de julho de 2021.
123. Ben Beaumont-Thomas, *Baby Shark becomes most viewed YouTube video ever, beating Despacito*, theguardian.com, 2 de novembro de 2020.
124. Donnella Meadows (2008) *Thinking in Systems: A Primer*, Chelsea Green Publishing.
125. *12 Systems of the Body: A Medical Assistant's Guide*, hunterbusinessschool.edu, 4 de novembro de 2017.
126. F. David Peat (1997) *Infinite Potential: The Life and Times of David Bohm*, Basic Books.
127. Donella (Dana) Meadows — *Lecture: Sustainable Systems (Full version)*, Christopher C. Cemper, youtube.com.
128. Simon Robinson e Maria Moraes Robinson (2017) *Customer Experiences with Soul: A New Era in Design*, Holonomics Publishing.
129. *What Is SAFe®?*, scaledagile.com.
130. *Manifesto for Agile Software Development*, agilealliance.org.
131. *12 Principles Behind the Agile Manifesto*, agilealliance.org.
132. Simon Robinson e Maria Moraes Robinson (2017) *Customer Experiences with Soul: A New Era in Design*, Holonomics Publishing.
133. *ClinicalTrials.gov Background*, ClinicalTrials.gov.

134 Eric Evans (2003) *Domain-Driven Design: Tackling Complexity in the Heart of Software*, Addison-Wesley.

135 Don Tapscott (1995) *The Digital Economy: Promise and Peril In The Age of Networked Intelligence*, McGraw-Hill Education.

136 Don Tapscott, *Four Principles for the Open World*, TEDGlobal 2012, ted.com.

137 *Ontologies*, bbc.co.uk.

138 The National Center for Biomedical Ontology, ncbo.bioontology.org.

139 Svetlana Chuprina, Vassil Alexandrov e Nia Alexandrov, *Using Ontology Engineering Methods to Improve Computer Science and Data Science Skills*, Procedia Computer Science, Volume 80, 2016, Pages 1780 – 1790.

140 Karl E. Weick (1995) *Sensemaking in Organizations*, Sage.

141 Namvar, Morteza, Cybulski, Jacob L, Phang, Cynthia Su Chen, Ee, Yaw Seng e Tan, Kevin Tee Liang 2018, *Simplifying sensemaking: concept, process, strengths, short-comings, and ways forward for information systems in contemporary business environments*, Australasian Journal of Information Systems, vol. 22, pp. 1-10.

142 Murray Shanahan (2015) *The Technological Singularity*, MIT Press, 2015.

143 Stanislaw Ulam, *Tribute to John von Neumann*, Bulletin of the American Mathematical Society. 64, #3, part 2: 5, maio de 1958.

144 Simon Robinson e Maria Moraes Robinson (2014) *Holonomics: Business Where People and Planet Matter*, Floris Books.

145 *The Future of Jobs Report 2020*, World Economic Forum, weforum.org, 20 de outubro de 2020.

146 *Ibid.*

147 *Ibid.*

148 Tichenor, P.A.; Donohue, G.A.; Olien, C.N. (1970) *Mass media flow and differential growth in knowledge,* Public Opinion Quarterly. 34 (2): 159–170.

149 Hannes Selhofer e Tobias Hüsing, *The Digital Divide Index — A Measure of Social inequalities in the Adoption of ICT, Proceedings of the 10th European Conference on Information Systems*, Information Systems and the Future of the Digital Economy, ECIS 2002, Gdansk, Poland, junho 6-8, 2002.

150 *Understanding the Digital Divide*, OECD Publications, oecd.org, 2001.

151 *Ibid.*

152 *Digital Economy and Society Index Report 2020* – Human Capital, European Commission, ec.europa.eu.

153 Kimberly Faith (2020) *Your Lion Inside: Discover the Power Within and Live Your Fullest Life*, Advantage.

154 *Women in Management (Quick Take)*, catalyst.org, 11 de agosto de 2020.

155 *Ibid.*

156 *Women in Digital Scoreboard 2020*, The European Commission, ec.europa.eu, 2020.

157 *Why Gender Parity Matters*, World Economic Forum, weforum.org, 16 de dezembro de 2019.

158 *Global Gender Gap Report 2020*, World Economic Forum, weforum.org, 16 de dezembro de 2019.

159 Victoria Masterton, *The state of women's leadership in 5 statistics*, weforum.org, 3 de novembro de 2020.

160 *Diversity, Equity and Inclusion 4.0 A toolkit for leaders to accelerate social progress in the future of work*, World Economic Forum, weforum.org, junho de 2020.

161 *Ibid.*

162   Ibid.

163   Ibid.

164   Larry Fink, *Larry Fink's 2021 Letter to CEOs*, blackrock.com, janeiro de 2021.

165   Nathan Reiff, *How BlackRock Makes Money*, Investopedia.com, 27 de fevereiro de 2021.

166   Ibid.

167   *Favela*, wikipedia.org.

168   Data Forum Favela, *Data Favela Forum: Racism, COVID-19 and Inequality in Brazil*, UNESCO, unesco.org.

169   *Lista de países e dependências por população*, wikipedia.org, informação acessada em 13 de julho de 2021.

170   Instituto Data Favela, pesquisa apresentada no 2º Fórum Nova Favela Brasileira, 2015.

171   Ibid.

172   Ibid.

173   TIC Domicílios – 2019, cetic.br.

174   Peter C. Evans, *The Race for Platform Talent: Who is Looking and Why?*, linkedin.com, 6 de janeiro de 2020.

175   University of Glasgow, *Trees may work together to form resource-sharing networks with root grafts*, phys.Org, 5 de maio de 2021.

176   Veja, por exemplo, Anthony Toby O'Geen (2013) *Soil Water Dynamics*, Nature Education Knowledge 4(5):9.

177   Michael E. Porter e Mark R. Kramer, *Creating Shared Value: how to reinvent capitalism — and unleash a wave of innovation and growth*, Harvard Business Review, janeiro–fevereiro de 2001.

178   Ed Michaels, Helen Handfield-Jones e Beth Axelrod (2001) *The War for Talent*, Harvard Business Review Press.

179   Peter F. Drucker (1993) *Post-Capitalist Society*, HarperCollins.

180   Ibid.

181   Estima-se que a Terra tenha 4,54 bilhões de anos, mais ou menos 50 milhões de anos. *Idade da Terra*, National Geographic, nationalgeographic.org.

182   Dr. Neil deGrasse Tyson (2014) *Cosmos: A SpaceTime Odyssey*, 20th Century Fox.

183   Global Footprint Network, *Earth Overshoot Day*, overshootday.org.

184   R. Andres Castaneda Aguilar et al., *September 2020 global poverty update from the World Bank: New annual poverty estimates using the revised 2011 PPPs*, World Bank, worldbank.org, 7 de outubro de 2020.

185   Simon Robinson e Maria Moraes Robinson (2017) *Customer Experiences with Soul: A New Era in Design*, Holonomics Publishing.

186   *Apple names Deirdre O'Brien senior vice president of Retail + People*, apple.com, 5 de fevereiro de 2019.

187   Dr. Kaveh Abhari, *Why meaning is the key to employee experience – and customer satisfaction*, The Economist Intelligence Unit, theexperienceofwork.economist.com, 2019.

188   *The experience of work: The role of technology in productivity and engagement*, The Economist Intelligence Unit, theexperienceofwork.economist.com, 2019.

189   Simon Robinson e Maria Moraes Robinson (2014) *Holonomics: Business Where People and Planet Matter*, Floris Books.

190   Fotos reproduzidas de Simon Robinson e Maria Moraes Robinson (2014) *Holonomics: Business Where People and Planet Matter*, Floris Books.

191   Kazuo Inamori (2012) *Amoeba Management: The Dynamic Management System for Rapid Market Response*, Productivity Press.

192 *John Bonner's slime mold movies*, Princeton University, youtube.com, 22 de janeiro de 2010.

193 Dave Gray, Sunni Brown e James Macanufo (2010) *Gamestorming: A Playbook for Innovators*, Rulebreakers and Changemakers, O'Reilly.

194 Dave Gray, *Updated Empathy Map Canvas*, medium.com, 17 de julho de 2017.

195 Philip N. Johnson-Laird (2004) *Mental models and reasoning.* In J.P Leighton and R.J. Sternberg (eds.) The nature of reasoning, Cambridge University Press.

196 Marco Ragni e Marcus Knauff (2013) *A theory and computational model of spatial reasoning with preferred mental models.* Psychological Review, 120: 561-88.

197 *Ibid.*

198 Rikke Friis Dam e Teo Yu Siang (2020) *What is Design Thinking and Why Is It So Popular?*, Interaction Design Foundation, interaction-design.org.

199 Shane Ketterman, *Exploring the reasons for Design Thinking criticism*, UX Collective, medium.com, 5 de junho de 2009.

200 *Redesigners for Justice: the leaders we need for an equitable future*, Creative Reaction Lab, medium.com, 23 de setembro de 2019.

201 *Our Theory of Change*, Creative Reaction Lab, creativereactionlab.com.

202 *Ibid.*

203 Sarah Gibbons, *Design Thinking 101*, Nielsen Norman Group, nngroup.com, 31 de julho de 2016.

204 Variações desta citação foram atribuídas a Albert Einstein. A fonte da citação histórica foi extraída de quoteinvestigator.com: William H. Markle, *The Manufacturing Manager's Skills* in Robert E. Finley and Henry R. Ziobro (1966) *The Manufacturing Man and His Job*, American Management Association, Inc.

205 Mike Atyeo e Simon Robinson (1995) *Delivering Competitive Edge*, in Human-Computer Interaction: Interact '95 (IFIP Advances in Information and Communication Technology, Knut Nordby (Editor), Per Helmersen (Editor), David Gilmore (Editor), Springer.

206 Veja, por exemplo, Jonathan A. Smith, Paulo Flowers e Michael Larkin (2009). *Interpretative Phenomenological Analysis*, Sage.

207 Martin Heidegger (1977) *The Question Concerning Technology: And Other Essays*, Harper and Row.

208 Simon Robinson e Maria Moraes Robinson (2017) *Customer Experiences with Soul: A New Era in Design*, Holonomics Publishing.

209 Paulo Fabre, paulofabre.com.br.

210 Donatelli, donatelli.com.br.

211 Veja, por exemplo, Robert Booth, *Facebook reveals news feed experiment to control emotions*, theguardian.com, 30 de junho de 2014.

212 *"Ask an Expert" with Ravi Venkatesan on empowering entrepreneurs to help communities thrive*, IKEA Foundation, youtube.com, 12 de novembro de 2020.

213 *Ibid.*

214 *Ibid.*

215 Brian Goodwin (1994) *How the Leopard Changed Its Spots*, Phoenix.

216 Clayton M. Christensen, Michael E. Raynor e Rory McDonald, *What Is Disruptive Innovation?*, Harvard Business Review, dezembro de 2015.

217 Joseph Schuessler e Delmer Nagy, *Defining and Predicting Disruptive Innovations*, Conference: 2014 Annual Meeting of Decision Sciences Institute, novembro de 2014, publicado por Joseph Schuessler em researchgate.net.

Índice

A

Abhari, Kaveh, 183
ágil
    desenvolvimento, 78, 138, 224
    design, 52
    estratégia, 12, 49
    manifesto, 138
    metodologia, 51, 138
agilidade aumentada, 105, 137–138, 140, 142
Airbnb, 3
Albuquerque, Maurício, 212–214
algoritmos, 14, 21, 32, 97, 113, 163, 228
Alibaba, 3, 6
Almanaque Brasil, 33–37
Almanaque Digital, 33–37, 163, 175
Amazon, 2, 6, 101, 113
Ame, 81–82
Americanas, 81
Andreato, Bento, 34–36
Andreato, Elifas, 33, 36
Android, 111–113
antipadrões, 101
Apple, 2, 6, 183–184
Aristides, Diego, 139–140
Arnault, Bernard, 65
arquitetura intencional, 89, 103, 105
arquiteturas corporativas e digitais, 93

B

backbones, 33, 68, 85–87, 99
Baker, Mitchell, 21
Balanced Scorecard, 47–49, 51–53, 56
Barbosa, Deny, 212
Baumann, Werner, 8
Bayer, 8
BBC, 150
Berners-Lee, Tim, 1–4, 153, 172
Berthon, Bruno, 66
Bezos, Jeff, 2, 65
big data, 137, 144–145, 153
biomimética, 126
biotecnologia, 216
BlackRock, 169
blockchain, 12
blueprint, 223
Bohm, David, 133–134
Bohn, Jeffrey, 10–11
Bonner, John, 187–188
Bortoft, Henri, 55
Bower, Joseph L., 228–229
Braga Machado, Tiago, 139
Brandão, Ailton, 140
British Telecom, 204

C

Cambridge Analytica, 111

Cerebras, 126-127
Chaturvedi, Swati, 11
Christensen, Clayton M., 228-229
Chrome, navegador, 111
Círculo Holonomic, 209
Clearfox, 70
consciência
   artística, 13, 205-210
   cultural, 163
Cook, Tim, 183
coreografia dos serviços, 101
Coussirat, Paula, 212
Couto, Arthur, 139
Couto, Eric, 139
Couto, Igor, 247
Covid-19, 5, 7, 41, 65, 73, 139
Creative Reaction Lab, 201
Critical Systems Thinking, 41
customer experience design, 12, 208
Customer Experiences with Soul, 28

D

data analytics, 121
DataOps, 107
Daugherty, Paul, 66
deep
   analytics, 99
   collaboration, 15, 106, 149, 175
   impact, 14
   sensemaking, 155
   talent, 15, 169
   thinking, 13, 15, 23, 33, 155
Deep Tech Talks, 25, 162
deGrasse Tyson, Neil, 182
Del Grande, Roberto, 27

design orientado a propósito, 130, 132, 135, 207
design thinking, 60, 77, 199, 200, 205
desigualdade, 171
developer experience, 99
Didi, 112
discriminação, 168, 171
disrupção, 6, 227
Donatelli, 212-215
Dorsey, Jack, 20
Dos Santos Cambinda, Yago, 176
Drucker, Peter, 181
Duarte Silva, Felipe, 141

E

economia
   budista, 161
   compartilhada, 4
   digital, 22, 66-67, 70-73, 125, 205
   gig, 4
   sustentável, 8
ecossistemas, 20, 33, 68, 74, 207
   digitais, 227
Eisermann, Richard, 74
emergência digital, 229
empatia, 163, 183-184
   mapa da, 191
employee experience, 183
empreendedorismo, 217-218
Enríquez, Juan, 8-9
epistemologia, 143, 154
ESG, 10
   critérios, 10
   estratégia, 10
   objetivos, 169, 174

obrigações, 10
ética, 14
Evans, Eric, 147
Evans, Peter, 171
exclusão social, 171
experiência vivida, 53, 148

Fabre, Paulo, 210
Facebook, 3, 4, 88
   Cambridge Analytica, 4
Faith, Kimberly, 165
favelas, 32, 170-173
fenômeno glass ceiling, 166
filosofia, 143
Fink, Larry, 169
FinOps, 107
Firefox, 111
Fonseca, Ygor, 139
Fontoura, Rafael, 206
Foote, Brian, 101
framework, 201
   4Ps, 22
   avaliativo, 41
   de mudança, 44
   de transformação, 21
frameworks
   inovativos, 57
   regenerativos e sustentáveis, 83
   sistêmicos, 47
Frankenstein, 134
Fróes, Aline, 172
future-fit, 27, 83
Future-Fit Benchmark, 83

Gates, Bill, 65
Gerais, Guilherme, 206
Gibbons, Sarah, 201
Goodwin, Tom, 3
Google, 6
GPT-3, 226
grafos de conhecimento, 155
Gray, Dave, 191

hard tech, 12
Heidegger, Martin, 206
Holonomics, 12, 24, 28, 42, 49, 138,
   162-177, 208
   Abordagem Holonomics, 28
Hoogewerf, Rupert, 65
Hospital Sírio-Libanês, 56, 139-141
Huhne, Chris, 4

Inamori, Kazuo, 186
inibidores de plataforma digital
   interconectados, 115
inovação disruptiva, 81
inovações tecnológicas
   avançadas, 5
Instagram, 86-88, 88, 94
Instituto de Design Hasso Plattner, 199
inteligência artificial, 12, 20, 113, 142, 148
inteligência aumentada, 13
inteligência coletiva, 148-151
inteligência de plataforma, 149
inteligência em rede, 115, 148

inteligência organizacional, 149
interação sistêmica, 14

Jackson, Michael C., 41
Janov, Arthur, 53
Johnson-Laird, Philip, 193

Kaplan, Robert, 47
Kendall, Geoff, 83
Ketterman, Shane, 200
Knauff, Markus, 193
Knickrehm,, Mark, 66
Kramer, Mark, 174
Kyocera, 186

LAB Donatelli, 212
Last, Andy, 24
Lawer, Chris, 57
Leaps by Bayer, 9
Lee, Bruce, 193-194
leis de sustentabilidade, 135
Linck, Rodrigo, 27
linguagem ubíqua, 147
Lovejoy, Josh, 20
Luciano, Maria, 139
Lyft, 112

Machado, Joice, 145
Maia, Ulli, 139
Manifesto Deep Tech, 25, 109

mapa de relacionamento, 188
mapa estratégico, 49
  estratégia de mapeamento sistêmica, 51
Marx, Karl, 181
McGilchrist, Iain, 45
Meadows, Donella, 135
mercados digitais
  novos, 73
Microsoft, 20
MLOps, 107
Modelo de Impacto Social Como Serviço, 33
modelos de negócios
  baseados em plataformas, 125
  digitais transformacionais, 9
  disruptivos, 1
  novos, 22
modelos mentais, 143-144, 147-148
modelos operacionais digitais
  otimizados, 93
MOOCs, 81
Moraes Robinson, Maria, 247
Morgan, Gareth, 41
Mulgan, Geoff, 148
Musk, Elon, 65
MVP, 77

negócios digitais, 80, 109, 111
Netflix, 81
Nielsen Norman Group, 201
Norton, David, 47
Novos 4Ps, 5, 21, 70, 113, 130, 223

O'Brien, Deirdre, 183

Ola, 112
ontologia, 143
ontologias
   computacionais, 145
   de domínio, 79
organizações amplificadas, 148, 184, 223
Orzabal, Roland, 53

P

pandemia da Covid-19, 32
Pan, Jian-Wei, 127
Paron, Paula, 212
pensamento
   analítico, 13
   crítico, 163
   sistêmico, 41, 148
Pinkfong, 127
pioneirismo, 2
plataformas, 6, 94
poder computacional, 127, 148, 155
Porter, Michael, 174
Postiga, Igor, 206
Pravy, 27
Prazeres, Cris dos, 175, 227
Precisa Ser, 175
princípios sistêmicos, 44
privacidade, 14
propósito, 51
   consciência do, 34
propostas de valor, 24, 51, 82, 115

Q

Queiroz, Desirée, 175

R

Ragni, Marco, 193
Razuk, Ricardo, 216
realidade digital
   nova, 1
regeneração, 10
resiliência, 185
RideFair, 112
Robinson, Simon, 247
robótica, 12
Rozenthuler, Sarah, 22

S

Sagan, Carl, 182
Salt Communications, 24
Schwab, Klaus, 162
sensemaking computacional, 155
SIAAS, 172
Simon, Herbert, 199
Sistema de Gestão Amoeba, 186
sistemas digitais, 126, 132, 147, 226-227
slime mould, 185-188
Smith, Curt, 53
Snapchat, 88
soluções
   criativas, 9
   digitais, 79-81, 149
   sistêmicas, 33, 171
SoundCloud, 112
startups, 11
Steibel, Fabro, 31
storytelling, 211
sustentabilidade, 10

Tapscott, Don, 148
tecnologia
  avançada, 5
  com alma, 5, 115, 129, 224
  coração da, 5
  digital, 7
  disruptiva, 9
Teoria Geral de Sistemas, 126
Tinder, 88
tomada de decisão
  alicerces da, 24
transformação
  cultural, 93, 184
  digital, 12, 93, 184
  estratégica dos negócios, 93
Trump, Donald, 20
Twitter, 100

1STi, 12, 24, 75, 138–156, 162–177, 206
Uber, 3, 112
Udemy, 81
Ulam, Stanislaw, 161
Umio, 57
União Rio, 32
unicórnios, 2
US Census Bureau, 201
user experience, 99

Vai na Web, 12, 32, 173, 162–177, 175
valores
  da organização, 83

  humanos universais, 14, 30, 135–137, 184, 224
  situacionais, 30
Volkswagen, 70
von Bertalanffy, Ludwig, 126
von Neumann, John, 161
  singularidade, 161

WeChat, 88
Weick, Karl, 154
Weissman, Michael, 112
WhatsApp, 87
world wide web, 1, 31
Wylie, Christopher, 4

Yarovinsky, Dima, 88
Yoder, Joseph, 101
YouTube, 97, 127, 187

Zahidi, Saadia, 162
Zuchongzhi, 127
Zuckerberg, Mark, 65

Sobre os Autores

Simon Robinson
Com três décadas de experiência em customer experience design [design de experiência do cliente, em tradução livre], Simon é pioneiro da internet e inovador premiado, cofundador da Genie Internet da British Telecom, o primeiro portal de internet móvel do mundo. Contribuiu para o design e lançamento dos primeiros smartphones do mundo. Ele é o CEO (global) da Holonomics, cofundador da Deep Tech Network, autor da Harvard Business Review e coautor dos livros *Customer Experiences with Soul: A New Era in Design* e *Holonomics: Business Where People and Planet Matter*. Simon é respeitado em todo o mundo por suas contribuições para a estratégia de customer experience e Deep Tech, tendo criado inúmeros métodos e frameworks de design, como os Novos 4Ps e o Círculo Holonômico.

Igor Couto
Igor é um tecnólogo visionário e empreendedor de impacto social, procurado pelas maiores organizações do mundo devido à sua experiência na implementação de sistemas de missão crítica, gerando impacto transformacional para empresas nacionais e multinacionais nas áreas de economia digital, organizações ágeis, arquiteturas digitais, sistemas inteligentes e design orientado ao propósito. Ele é o CEO e cofundador da Deep Tech design house 1STi, cofundador da Deep Tech Network e do Vai na Web, movimento reconhecido internacionalmente que capacita profissionais de TI talentosos, oriundos de contextos desfavorecidos.

Maria Moraes Robinson
Maria é economista e especialista em estratégia e transformação organizacional, reconhecida internacionalmente pela inovação nas áreas de transformação digital e cultural, Balanced Scorecard (BSC), employee experience (EX), estratégia ágil e defensora do papel dos valores humanos universais na Deep Tech. Suas contribuições para o pensamento de liderança transformaram o modo pelo qual os líderes empresariais conseguem conquistar a agilidade aumentada por meio do entendimento e da implementação de uma forma sistêmica de estratégia, focando os valores humanos, uma forma expandida de consciência, e a qualidade das relações den-

tro das organizações e entre os ecossistemas. Maria é CEO (Brasil) da Holonomics, cofundadora da Deep Tech Network, autora da *Harvard Business Review* e coautora dos livros *Holonomics: Business Where People and Planet Matter*, *Customer Experiences with Soul: A New Era in Design* e *O Ativista da Estratégia e Gestão da Estratégia: Experiência e Lições de Empresas Brasileiras*.

Sobre Nossas Organizações

Holonomics
holonomics.co

A Holonomics é uma consultoria de negócios que auxilia as organizações em seus processos de transformação com base nos Novos 4Ps: plataformas, propósito, pessoas e planeta. Somos especialistas nas áreas de estratégia, customer experience, Deep Tech e transformação cultural e digital.

Trabalhamos com líderes para implementar estratégias de alto impacto, experience design (desenho de experiência) e transformação organizacional usando nosso deep thinking para gerar soluções que se baseiam no poder e no impacto Deep Tech. Ao desenvolver as habilidades e os conhecimentos das pessoas no nível mais profundo — os valores, as formas de ver, a criatividade e o pensamento sistêmico —, possibilitamos que as organizações melhorem suas propostas de valor, escalonem suas tecnologias e amplifiquem seu impacto.

1STi
1sti.com.br

A 1STi é uma consultoria Deep Tech que constrói arquiteturas digitais de missão crítica, possibilitando que as empresas gerem valor no longo prazo e adotem mudanças futuras — hoje. Consolidamos uma abordagem sistêmica ímpar, juntamente com uma ampla experiência em projetar e desenvolver tecnologias e estratégias digitais future-proof a fim de responder aos desafios complexos de modo efetivo e impulsionar a transformação estratégica.

A abordagem original da 1STi para ajudar as empresas a implementar estratégias de plataforma toma como base os Novos 4Ps: plataformas, propósito, pessoas e planeta. Esses pilares se alinham com nossa prática Deep Tech, enfatizando valores além do produto, preço ou promoção, levando nossos clientes a uma abordagem orientada ao propósito que os diferencia e impulsiona o sucesso no longo prazo.

The Deep Tech Network
deeptech.network

O Deep Tech Network é um movimento nascido no Brasil, de alcance internacional, resultado de uma colaboração entre a 1STi, a Holonomics e o Vai na Web, três organizações que se entregam de corpo e alma a uma única missão: aliar as inovações tecnológicas avançadas com consciência e valores humanos.

O movimento Deep Tech Network foi, portanto, criado com o objetivo de ajudar as organizações a encontrar soluções de grande alcance para problemas complexos, ampliando suas percepções sobre a evolução da tecnologia por meio do desenvolvimento de uma maior conscientização de seu impacto na sociedade e em nosso planeta.

Holonomics Publishing
holonomics.pub

Holonomics Publishing é a divisão internacional de publicação da Holonomics. Nossa missão é publicar livros inspirados na filosofia de nossa abordagem holonomics para a transformação cultural e digital e nos cinco valores humanos universais de paz, verdade, amor, retidão e não violência.

Projetos corporativos e edições personalizadas
dentro da sua estratégia de negócio. Já pensou nisso?

Coordenação de Eventos
Viviane Paiva
viviane@altabooks.com.br

Contato Comercial
vendas.corporativas@altabooks.com.br

A Alta Books tem criado experiências incríveis no meio corporativo. Com a crescente implementação da educação corporativa nas empresas, o livro entra como uma importante fonte de conhecimento. Com atendimento personalizado, conseguimos identificar as principais necessidades, e criar uma seleção de livros que podem ser utilizados de diversas maneiras, como por exemplo, para fortalecer relacionamento com suas equipes/ seus clientes. Você já utilizou o livro para alguma ação estratégica na sua empresa?

Entre em contato com nosso time para entender melhor as possibilidades de personalização e incentivo ao desenvolvimento pessoal e profissional.

PUBLIQUE SEU LIVRO

Publique seu livro com a Alta Books. Para mais informações envie um e-mail para: autoria@altabooks.com.br

 /altabooks /alta-books /altabooks  /altabooks

CONHEÇA OUTROS LIVROS DA **ALTA BOOKS**

Todas as imagens são meramente ilustrativas.

Este livro foi impresso nas oficinas gráficas da Editora Vozes Ltda.,
Rua Frei Luís, 100 – Petrópolis, RJ.